L'APPRENTISSAGE CHEZ L'ANIMAL
Faits et théories

PSYCHOLOGIE ET SCIENCES HUMAINES

Traduit et adapté de l'américain par
Marc Blancheteau

l'apprentissage chez l'animal
faits et théories

d'après le livre: *Animal Learning - Survey and Analysis*
de M.E. BITTERMAN, V.M. LOLORDO, J.B. OVERMIER et
M.E. RASHOTTE
Plenum Press, New York, 1979

PIERRE MARDAGA, EDITEUR
2, GALERIE DES PRINCES, BRUXELLES

© by Pierre Mardaga, éditeur
37, rue de la Province, 4020 Liège
2, Galerie des Princes, 1000 Bruxelles
D. 1982-0024-11

Préface

En décembre 1976 s'est tenu en Allemagne, près de Ulm, un séminaire scientifique (ASI, ou *advanced studies institute*) organisé par l'O.T.A.N. et consacré à «l'Apprentissage chez l'Animal». Il n'était pas destiné à un public de psychologues, mais à des chercheurs spécialisés dans d'autres disciplines et pouvant cependant se trouver concernés par le comportement des animaux qu'ils étudient et par ses modifications. Des neurophysiologistes, des zoologues, des pharmacologues et des vétérinaires se sont regroupés ainsi comme «étudiants» autour de quatre professeurs américains, spécialistes de psychologie animale expérimentale: MM. Bitterman, LoLordo, Overmier et Rashotte; leur réputation scientifique est de niveau international. Durant deux semaines, leurs leçons se succédèrent sur des thèmes variés, tels que: le conditionnement pavlovien et ses formulations modernes; l'apprentissage latent; les théories de l'extinction et de la frustration; les effets de punition; l'apprentissage d'évitement et la peur; la généralisation et la discrimination, etc...

Ayant pu participer à ce séminaire, j'en suivais les exposés et il m'apparaissait que tous ces thèmes auraient pu être traités avec profit devant de futurs psychologues expérimentalistes, intéressés par le comportement animal et par ses capacités d'acquisition et de mémoire. J'en fis part au Professeur Bitterman, directeur du séminaire. Il me proposa alors de rédiger une version en langue française d'un livre qui devait rassembler les leçons de ce séminaire, ainsi que les nombreuses références bibliographiques récentes qui avaient été citées à cette occasion. Depuis lors, cet ouvrage est paru sous le titre: *Animal Learning: Survey and Analysis*, par M.E. Bitterman, V. Lo-Lordo, J.B. Overmier et M.E. Rashotte, chez Plenum Press à New York (1979). Un tel livre, à la fois guide théorique et recueil de références modernes, fait défaut depuis bien des années aux lecteurs de langue française.

Le présent ouvrage constitue la version française de ce livre américain. Il s'agit d'une version abrégée: pour des raisons pédagogiques, je n'ai pas reproduit divers développements théoriques ardus et par trop spécialisés, ni certaines discussions d'expériences de caractère trop technique ou controversé. Par contre, aucune modification n'a été apportée au fond même des textes qui forment la partie essentielle de cet enseignement, et j'ai veillé à respecter l'enchaînement de ses idées principales, qu'il s'agisse d'exposés systématiques, de démonstrations expérimentales, ou d'oppositions théoriques. De même, j'ai cité la plupart des références d'articles et de livres, n'omettant que celles des documents difficiles à consulter pour un lecteur européen.

Je remercie mes quatre collègues américains de m'avoir autorisé à traduire leurs textes et à présenter leur enseignement sous cette forme, en le signant de mon seul nom, alors que tous auraient pu légitimement y associer le leur. Je remercie surtout le Professeur Bitterman de m'avoir incité à écrire ce livre, et d'avoir ensuite suivi de près mon travail, relisant soigneusement chapitre après chapitre, malgré ses déplacements fréquents dans les pays où l'on fait appel à son enseignement, et à Hawaï où le ramènent ses recherches. Cette relecture, et les corrections qu'elle a occasionnées, garantissent la caution intellectuelle des auteurs du texte original dont je ne suis, après tout, que l'interprète.

Espérons que grâce à ce livre, les universitaires francophones, et notamment les étudiants avancés en Psychologie, trouveront matière à approfondir des connaissances qui ont beaucoup évolué ces dernières années.

Marc Blancheteau

Introduction et historique

C'est principalement sous l'influence des idées darwiniennes concernant l'évolution humaine, qu'on a entrepris d'étudier expérimentalement « l'intelligence des animaux » vers la fin du siècle dernier. En effet, Darwin (1871) reconnaissait lui-même que la ressemblance anatomique qu'on note entre l'Homme et certains animaux ne suffit pas à elle seule pour conclure à une parenté : il faudrait pour cela constater également qu'il existe une continuité au plan mental. Est-ce à dire, par exemple, que les animaux sont, comme nous, capables de raisonnement? C'est ce que Darwin croyait pouvoir affirmer en se fondant sur les témoignages d'observations effectuées incidemment par des naturalistes, des chasseurs, des soigneurs de ménageries et des propriétaires d'animaux domestiques.

A l'instigation de Darwin, Romanes (1881) fit une compilation d'observations diverses, de type anecdotique, qu'il publia sous le titre *L'intelligence des animaux*. Cet auteur avait soigneusement trié les faits qu'il rapportait, ne conservant que ceux qui étaient dus à des observateurs dignes de confiance, et dont la vraisemblance « ne laissait guère de doutes ». Néanmoins un grand nombre de naïvetés et d'erreurs figurent dans ce livre, comme par exemple le récit d'un enterrement pratiqué par des fourmis.

C'est surtout à propos du comportement des chats que Romanès fut amené à conclure à l'existence d'un véritable raisonnement chez les animaux. Ainsi on aurait vu certains chats disperser les miettes de table et les reliefs d'un repas, jetés au jardin, puis se cacher à proximité. Ils agiraient ainsi pour appâter des moineaux et les capturer quand ils se posent pour manger ces miettes. Romanès, à vrai dire, était sceptique mais il se sentait obligé de mentionner ces faits par déférence pour les observateurs qui les lui avaient rapportés. D'ailleurs il paraissait plausible d'admettre un tel «raisonnement» chez les chats dans ce cas, puisque Romanès admettait par ailleurs que ces animaux «comprennent» comment s'ouvre une porte. En effet, certains chats savent les ouvrir en sautant après la clenche, voire même après le fil de fer extérieur à la maison qui actionne une cloche à l'intérieur, bien qu'ils ne la voient pas s'agiter quand ils la font tinter de cette façon!

Les débuts de l'approche expérimentale

Un psychologue anglais, Lloyd Morgan, est à l'origine de l'abandon des témoignages anecdotiques et du passage aux études expérimentales de l'intelligence chez l'animal. Son livre *Introduction à la Psychologie comparée* fut publié en 1894; il y soulignait la nécessité d'effectuer des recherches systématiques et des observations répétables et prolongées au cours du temps. Il insistait auprès de ceux qui pensaient avoir observé chez un animal une conduite apparemment intelligente, de ne pas se contenter de la rapporter telle quelle, mais d'essayer d'en découvrir la véritable nature. Par exemple, Morgan possédait un chien qui était capable d'ouvrir la porte de son jardin en soulevant le loquet avec son museau; mais pouvait-on dire que ce chien avait compris comment fonctionnait le mécanisme de fermeture? L'interprétation proposée par Morgan est plus simple, car il avait pu observer la manière dont son chien était parvenu à réaliser cette manœuvre du loquet. L'action correcte s'était tout d'abord produite par hasard, quand le chien venait se jeter contre la barrière au cours d'une période d'excitation, et quand il introduisait ainsi sa tête entre les barreaux. S'il s'agissait des barreaux qui supportent le loquet, il arrivait qu'en relevant le museau le chien décrochait celui-ci. Ce n'est que peu à peu, au cours des trois semaines suivantes, que l'animal apprit à placer sa tête entre ces deux barreaux et non plus entre les autres, et à relever le museau sans faire de mouvements inutiles.

En tant qu'évolutionniste, Morgan était tout disposé à admettre une continuité au plan de la conduite entre les animaux et l'être humain. Cependant il n'admettait pas l'anthropomorphisme excessif de ceux qui se contentaient d'observations anecdotiques. Au contraire il énonça, au nom du principe d'Economie, une règle qu'on a nommée «le canon de Morgan», disant que «nous ne devons en aucun cas interpréter une action comme l'effet d'une faculté mentale de niveau supérieur, si nous pouvons le faire comme étant celui d'une faculté de niveau moins élevé». Ainsi l'habileté du chien de Morgan, entre autres, paraissait bien n'être fondée que sur des tâtonnements, sur des essais et des erreurs, permettant parfois à l'animal de réussir à ouvrir la porte. Une action qui, à l'origine, n'était pas effectuée en vue d'un résultat particulier, peut donc se trouver avoir des conséquences intéressantes ou favorables; elle est alors répétée en fonction des associations qui se sont formées avec la situation où elle a lieu, et avec les conséquences qui s'ensuivent. Pour expliquer cette conduite et son apprentissage, il n'est pas besoin de faire appel à une pensée de type conceptuel ni à une inférence logique.

Mais c'est surtout l'œuvre de Thorndike qui a marqué le début de l'ère expérimentale, et notamment son livre publié en 1911: *Etudes expérimentales sur l'intelligence des animaux*. Thorndike, tout comme Morgan, s'intéressait aux origines de l'intelligence chez l'Homme, se méfiait des anecdotes, et ressentait le besoin d'études consistant en une analyse soigneuse du comportement. Les conditions qu'il mit en œuvre ressemblent d'ailleurs aux situations décrites par Morgan, mais sous une forme pleinement expérimentale. Ainsi, il enfermait des chats ou des chiens dans des cages qu'il dénommait «boîtes à problème», et dont ces animaux pouvaient sortir en appuyant sur une pédale, ou en soulevant un levier, ou en tirant sur une corde. En outre, il plaçait des aliments hors de la boîte, bien en vue du sujet; il notait le temps nécessaire pour que celui-ci sorte et s'empare de cette nourriture. La décroissance progressive de ces temps, mesurée lors d'essais successifs, se marque sur des «courbes d'apprentissage» qui permettent d'apprécier la vitesse ou la lenteur de l'acquisition de la réponse correcte. Thorndike voyait plusieurs avantages à sa méthode: objectivité, reproductibilité, possibilité de quantification, rentabilité (pour l'expérimentateur); il la trouvait même «naturelle»!

Apparemment les animaux de Thorndike ne «comprenaient» rien: ils se débattaient tout d'abord, autant pour s'évader que pour atteindre la nourriture, jusqu'au moment où ils donnaient par hasard la réponse correcte. Lors des essais suivants, l'agitation diminuait et les actes inutiles s'éliminaient, tandis que la réponse produisant l'ouverture était émise de plus en plus tôt. Ces progrès variaient beaucoup d'un animal à l'autre d'une même espèce; ils pouvaient être rapides chez eux qui avaient déjà été soumis à d'autre épreuves de ce type. Les macaques paraissaient résoudre ces «problèmes» plus vite que les chats et les chiens, mais sans paraître employer des solutions d'une nature différente.

Selon Thorndike, le comportement de tous ces animaux, et même celui des hommes, était réglé par deux lois: celle de l'Exercice et celle de l'Effet. La première dit que chaque fois qu'une réponse est émise en présence d'un stimulus donné, cela augmente la probabilité qu'a ensuite ce stimulus de provoquer ladite réponse. La seconde loi dit que la probabilité qu'a un stimulus de produire une réponse est augmentée si les conséquences de la réponse sont satisfaisantes pour le sujet, et diminuée dans le cas contraire où les conséquences sont désagréables.

Dans les premières décades du 20e siècle, on a expérimenté avec de nombreuses espèces animales et on a poursuivi le travail de Thorndike, notamment celui qu'il avait commencé sur l'apprentissage discriminatif. En effet, les animaux apprennent bien à répondre à un stimulus donné si la conséquence en est une récompense, et à ne pas répondre à un autre stimulus, un peu différent du premier, si ce n'est pas récompensé. Mais cette distinction s'opère graduellement et non soudainement, ce qui suggère qu'elle est due à la formation d'une association et non à un raisonnement ou à un processus conceptuel. On étudia également l'orientation d'animaux placés dans un labyrinthe (Small, 1901), en notant la diminution du nombre de leurs erreurs de parcours lors d'essais successifs. Si l'on compare les courbes d'apprentissage ainsi obtenues par divers auteurs avec des animaux aussi divers que des rats, des moineaux et des singes, ayant à traverser un labyrinthe dont le plan est le même pour tous ces sujets, on constate que les résultats sont très semblables. La quantité d'erreurs, tout d'abord importante, décroît rapidement d'abord, puis graduellement, ce qui fait penser à un mécanisme associatif fondé sur la répétition, non sur la compréhension; mais comment pourrait-il en être autrement dans une telle situation?

Le besoin de conditions expérimentales qui permettent à l'animal de manifester le mieux possible une compréhension même élémentaire, fut ressenti en premier lieu par Hobhouse (1901) à propos des macaques. Il leur proposa des situations simples où tous les éléments étaient en vue, telles que: s'emparer d'une pomme posée trop loin en l'attirant à l'aide d'un bâton; ou, le fruit étant posé sur une table trop haute, approcher une caisse de celle-ci pour s'en faire un marchepied. Ce genre de situations fut employé avec succès par Yerkes (1916, 1927) et par Köhler (1925), qui conclurent à des cas non douteux de compréhension chez les singes.

Néanmoins les résultats obtenus de cette manière ne semblaient guère reproductibles. Ainsi Watson (1908) ne parvint-il pas à faire comprendre à ses macaques à ramener des fruits vers eux à l'aide d'un bâton ou d'une bande d'étoffe, même au prix de très nombreux essais. Ces singes étaient-ils donc moins intelligents que ceux de Hobhouse, ou bien celui-ci avait-il « vu » de la compréhension là où il n'y en avait pas ? Cette seconde éventualité est bien possible, comme l'a montré ensuite Holmes (1916) dans le cas précisément. On peut croire qu'un macaque « comprend » qu'en attirant dans sa cage une planche sur laquelle est posé un morceau de pomme, il pourra s'emparer de celui-ci. Mais cette impression disparaît quand on procède à une épreuve de contrôle expérimental, où le morceau est posé à côté de la planche, et non dessus : or cela n'empêche pas le singe d'attirer cette planche, vide, dans sa cage.

Ainsi, a-t-on appris à se méfier de la notion de « compréhension immédiate » et « d'intuition » (*insight*), en raison de la part d'interprétation subjective qui est due à l'observateur. On a donc abandonné peu à peu ces techniques au profit de celles d'apprentissage par essais et erreurs, qui avaient été mises au point entre temps sous forme quantifiée et planifiée. Et comme les résultats obtenus avec des animaux d'espèces animales très diverses avaient révélé de grandes similitudes, on s'en tint finalement à utiliser principalement le rat blanc, en raison de sa petite taille, de sa docilité et de la facilité qu'il y a de s'en procurer en quantité.

D'ailleurs c'est à cette époque qu'on commença à connaître le travail de Pavlov (1927) sur les réflexes conditionnés. Malgré les différences d'âge, de formation et de buts de recherche qui séparaient Pavlov de Thorndike, la ressemblance de leur démarche scientifique apparut comme évidente. Watson (1916) en saisit toute l'importance pour l'étude scientifique de l'apprentissage chez l'Animal, et il contribua à en faire prendre conscience aux chercheurs américains.

Conditionnement classique et conditionnement instrumental

Parmi les nombreuses appellations qui désignent les méthodes de Pavlov et celles de Thorndike, et qui distinguent les unes des autres, les plus employées sont celles de «conditionnement classique» et de «conditionnement instrumental».

Le conditionnement classique consiste à soumettre un animal à la présentation successive de deux stimulus, à leur conjonction, et à en noter les effets sur son comportement. Ces effets consistent principalement en un changement des propriétés du stimulus présenté en premier lieu (S1) à la suite de son couplage avec le stimulus suivant (S2). Ainsi, un son, après avoir été présenté plusieurs fois avec de la nourriture, finit par produire une réponse de salivation; de même, une lumière qui s'allume avant qu'un choc électrique soit appliqué au sujet, finit par déclencher une agitation générale à elle seule. Ce ne sont pas que des réponses motrices ou glandulaires qui peuvent être ainsi conditionnées, mais également des états de motivation. Ainsi, après avoir placé plusieurs fois un rat affamé dans une boîte (S1) contenant des aliments (S2), on constate qu'il est possible de faire apprendre à ce rat un parcours dans un labyrinthe pour parvenir jusqu'à cette boîte, alors qu'elle est vide. Dans ce cas, la boîte joue le rôle de renforcement *secondaire* (Williams, 1929).

Le conditionnement instrumental vise aussi à modifier le comportement, mais au moyen de ses conséquences. On peut rapprocher cette méthode de celle de conditionnement classique, en ce sens que tout se passe comme si la succession S1 - S2 dépendait du comportement de l'animal. Par exemple, si on le place dans une cage d'expérience (S1), il doit appuyer sur un levier (R1) pour que des aliments lui soient décernés (S2). On peut également concevoir que le S2 soit un choc électrique, et que l'appui R1 empêche le choc de survenir. Dans le premier cas, on a un apprentissage par récompense, avec deux issues de réponse: S1 - R1 - R2 ou bien S1 - ∅ - ∅; dans le second cas, on a un apprentissage par évitement, avec deux issues: S1 - R1 - ∅ ou bien S1 - ∅ - S2.

On a donc deux variables principales:
- le signe de la dépendance de S2 vis-à-vis de R1, positive si R1 produit S2 ou négative si R1 empêche ou supprime S2;
- la valeur de motivation propre au S2, qui constitue par rapport à R1 une conséquence soit agréable ou souhaitable, soit aversive ou désagréable.

On peut classer les conditionnements instrumentaux en quatre catégories (Tableau I).

TABLEAU I

		Valeur du S2:	
		Agréable	Aversive
Dépendance du S2 envers R1	Positive	Récompense Echappement	Punition
	Négative	Omission	Evitement

On nomme « échappement » un type de conditionnement qui est assimilable à celui de récompense; c'est le cas où la réponse R1 *met fin* à un stimulus aversif, tel qu'une électrisation modérée mais durable des barreaux de la cage. Dans le cas contraire où la R1 *produit* un stimulus S2 semblable (choc électrique), celui-ci exerce un effet de « punition » sur R1. Celle-ci sera donc émise de moins en moins souvent, alors que dans la condition d'échappement sa fréquence d'émission augmente. Il est une autre condition où l'animal apprend à ne plus émettre la réponse R1: c'est quand celle-ci empêche la présentation d'un S2 agréable, comme de la nourriture; il s'agit alors d'un conditionnement « d'omission ».

Le terme de récompense (*reward*) désigne les conséquences favorables d'une réponse donnée. On nomme plus généralement « renforcement » (*reinforcement*) le stimulus S2, aussi bien dans la procédure classique que dans l'instrumentale; un S2 consistant en un choc électrique est considéré comme un renforcement *négatif* vis-à-vis de la réponse dont il serait la conséquence.

On distingue également les situations « unitaires » (*unitary*) de celles « de choix ». Dans les premières, on étudie une seule réponse, dont on enregistre la fréquence (par ex.: appuyer sur un levier) ou dont on mesure la durée (par ex.: traverser un couloir). Dans les situations de choix l'animal peut émettre plusieurs réponses différentes et on note laquelle est choisie (par ex.: tourner à droite, ou à gauche, dans un labyrinthe en forme de lettre T ou Y).

Il faut mentionner également la différence qui existe entre les situations constantes, ou généralisées (*generalized*), et les situations de discrimination. Dans les premières, les conditions où sont émises les réponses sont les mêmes d'un essai sur l'autre. C'est le cas de la boîte à problème de Thorndike, du couloir droit, et du labyrinthe en T ordinaire. Au contraire, dans les situations de discrimination, les conditions diffèrent d'un essai à l'autre du fait qu'on présente un indice variable qui signale que la conséquence de la réponse est modifiée. Ainsi, la chambre de but d'un couloir contiendra-t-elle de la nourriture si l'allée qui y mène est blanche, mais elle sera vide si cette allée est noire. Ou encore: dans un labyrinthe en T, le rat trouvera sa nourriture s'il tourne à droite au carrefour si l'allée d'introduction est blanche, tandis qu'il doit tourner à gauche si elle est noire.

Enfin, rappelons que les premières expériences étaient réalisées selon une procédure d'*essais distincts*, c'est-à-dire que l'animal était introduit dans l'appareil jusqu'à ce qu'il émette une réponse servant de critère à l'essai considéré, après quoi on le sortait de là jusqu'à l'essai suivant. Si le délai qui sépare deux essais consécutifs est court, on parle d'*essais massés* (dans le temps), tandis que s'il est long on parle d'*essais distribués*. Puis, en 1938, Skinner automatisa le fonctionnement des boîtes à problèmes et put y laisser l'animal (rat ou pigeon) pendant toute la durée d'une session expérimentale, libre d'émettre ses réponses à son rythme spontané, dont on enregistre la fréquence temporelle. C'est la procédure de « débit de réponses libre » *(free operant)*, qui a été raffinée et programmée sous plusieurs formes dont on trouvera la description dans l'un des chapitres suivants.

Les premières théories du conditionnement

Les deux sortes de conditionnement, classique et instrumental, constituent des techniques efficaces de modification du comportement; c'est pourquoi l'on s'est efforcé d'élucider leurs mécanismes d'action. De nombreuses hypothèses ont été émises à ce sujet, que nous aurons l'occasion de décrire en détail dans ce livre; nous allons simplement présenter ci-après les principales d'entre elles.

Conditionnement classique

Indépendamment des spéculations physiologiques de Pavlov et de ses continuateurs, le principe fonctionnel de la formation d'une liaison conditionnel, tel que le concevaient ces auteurs, était celui de la *contiguïté* S-R. Cela signifie que l'occurrence répétée d'une réponse R en présence d'un stimulus S facilite le déclenchement ultérieur de l'une par l'autre. Dans cette perspective, quand on présente à l'animal une lumière, puis de la nourriture, cette dernière sert essentiellement à produire une réponse de salivation, et donc à réaliser la contiguïté de la lumière (S) et de la salivation (R) au cours du temps.

La conception opposée repose sur le principe de *contiguïté* S-S, signifiant que l'association s'établit entre les stimulus qui sont présentés successivement à l'animal. Ici, le premier (la lumière) évoque le second (la nourriture), et en devient ainsi l'équivalent fonctionnel.

Conditionnement instrumental

Ce conditionnement est moins facile à comprendre que le précédent. En effet, soit une situation (S1) dans laquelle l'animal émet diverses réponses Ra, Rb, Rc... Rn, dont une (Ra) est suivie de nourriture (S2), qui produit une réponse de consommation (R2). On comprendrait bien que S1 finisse, comme en conditionnement classique, par produire R2, sous forme de salivation pour le moins; mais pourquoi Ra spécialement et non toute autre réponse?

Là encore, nous retrouvons les deux principes associatifs, S-R et S-S, dans les interprétations théoriques de ce type d'apprentissage. La théorie que proposait Thorndike (1911) est celle du *renforcement*, et se fonde sur la loi de l'Effet. Si le fait de récompenser une réponse en présence d'un stimulus augmente la probabilité que ce dernier produise la réponse en question (loi empirique de l'Effet), c'est dû à ce que la récompense renforce la liaison du stimulus et de la réponse (loi théorique de l'Effet). Selon cette conception, un animal rassasié qui va en un certain lieu (S1) et qui y trouve de la nourriture (S2), sans la manger, n'a pas été récompensé. Il ne se peut donc pas qu'il ait appris à se diriger vers ce lieu, et qu'il le fasse si on le prive de nourriture ensuite; or, c'est pourtant bien ce qui se passe dans les expériences d'apprentissage «latent».

Ce genre de résultat s'explique bien, par contre, selon les théories fondées sur les liaisons S-S (Tolman, 1932): le rat s'attend à trouver des aliments en un lieu défini. Cette «connaissance» qu'aurait l'animal de son environnement a donné leur nom aux théories de ce genre, dites *cognitivistes*. Le problème reste entier, cependant, de savoir ce qui détermine l'émission de la réponse instrumentale (Ra) selon cette conception.

Les deux théories ont donc été amenées à se rapprocher. Ainsi, Hull (1943) a-t-il attribué un rôle activateur aux états internes de motivation (*drive*), afin de rendre compte du fait qu'une liaison S-R acquise sous récompense ne se manifeste plus dès lors que celle-ci n'a plus d'objet. On sait en effet qu'un rat ayant appris à parcourir un labyrinthe pour trouver à manger, se met à commettre des erreurs d'orientation dès qu'il n'a plus faim (Tolman, 1932).

D'autre part, pour rendre compte de l'émission des réponses instrumentales correctes et de l'élimination de celles qui ne le sont pas, les théoriciens cognitivistes et ceux du renforcement ont fait appel à des motivations suscitées par ces réponses elles-mêmes et médiatisées par leurs réafférences proprioceptives. De tels mécanismes hypothétiques ont été décrits aussi bien comme des liaisons S-S (Morgan, 1894; Mowrer, 1960) que S-R (Hull, 1952).

Unité ou dualité du conditionnement?

Certains auteurs ont voulu réduire le conditionnement instrumental au conditionnement classique, tandis que d'autres ont tenté la réduction inverse. Le premier exemple est celui des cognitivistes, qui concevaient tout sur le modèle du conditionnement classique formulé en termes de liaisons S-S.

Au contraire, des théoriciens tels que Hull (1943) ont montré qu'on pouvait tout aussi bien ramener le conditionnement classique à de l'instrumental, en termes de liaisons S-R et en se fondant sur le principe de renforcement. En effet, la contiguïté entre la réponse et le renforcement, qui est réalisée par une dépendance artificielle de celui-ci vis-à-vis de celle-là dans la procédure instrumentale, résulte de la réponse même que donne l'animal au stimulus S1 dans la procédure classique. Quand on obtient la succession S1 - R - S2 dans un conditionnement pavlovien, tout se passe comme si S2 constituait une récompense «adventice» de la réponse conditionnée R.

A vrai dire, de telles positions extrêmes sont difficiles à soutenir, et la plupart des auteurs admettent une dualité des processus d'acquisition, plus ou moins assimilables aux liaisons S-R et S-S, selon le type de réponse apprise, la procédure employée, et la quantité d'essais déjà effectués (Morgan, 1894; Skinner, 1938; Maier et Schneirla, 1942; Mowrer, 1947).

Le conditionnement classique

Les conceptions de Pavlov et de son école

Description d'une expérience de conditionnement classique

D'une manière générale, la réalisation de toute expérience de conditionnement classique suppose tout d'abord qu'on utilise un stimulus auquel l'animal servant de sujet ne manque jamais de réagir. Ce stimulus est dénommé «absolu» ou «inconditionnel» (SI), les mêmes termes étant appliqués à la réponse qui lui est donnée (RI). Le mot «inconditionnel» signifie simplement que la réponse donnée au SI ne dépend d'aucun traitement particulier appliqué à l'animal au cours de l'expérience considérée. Ce terme n'implique donc rien quant aux relations entre le SI et la RI au plan ontogénétique, c'est-à-dire au fait que la RI soit innée plutôt qu'apprise. Cependant la question subsiste de savoir (au moins empiriquement) si ce facteur n'a pas une influence sur la capacité du SI et de la RI à servir de support à l'établissement d'un conditionnement, et même sur la nature des lois qui régissent un tel conditionnement.

Un autre stimulus est également présenté à l'animal dans toutes les expériences de conditionnement: le stimulus «conditionné» (SC). C'est le stimulus auquel une réponse doit être attachée, ou conditionnée, d'où son nom de «réponse conditionnée» (RC). Les SC sont souvent appelés également «stimulus neutres» pour signifier qu'au début de l'expérience ils ne produisent jamais la RC.

La procédure qui caractérise le conditionnement classique et qui le distingue bien de l'apprentissage instrumental, tient au fait que les stimulus sont présentés indépendamment des réponses que donne le sujet. Si le SI est un choc électrique qui lui fait fléchir la patte, ou si c'est de la nourriture qui le fait saliver, ce stimulus est présenté de toutes façons sans tenir compte de ce que l'animal fait à ce moment précis, ou de ce qu'il vient de faire.

Les caractères importants d'une expérience de conditionnement classique sont bien illustrés par l'exemple suivant: il s'agit d'un travail réalisé par Anrep (1920) dans un laboratoire que Pavlov venait de faire aménager spécialement pour y mener à bien des recherches sur le conditionnement. Les chiens servant de sujets étaient isolés autant que possible des stimulus autres qu'expérimentaux, tels que ceux qui sont liés à la présence de l'expérimentateur. Celui-ci se tenait dans une autre pièce que celle où se déroulait l'expérience, et il observait le chien à l'aide d'un périscope; il pouvait également effectuer à distance la présentation des stimulus ainsi que l'enregistrement de la sécrétion salivaire du chien. Il fallait également réduire autant que possible les stimulus que pourraient occasionner aux chiens leurs efforts pour s'échapper. Aussi, avant même de commencer une expérience, ces animaux étaient-ils habitués à se tenir tranquilles sur une plate-forme, dans un harnais qui entourait leurs pattes et leur cou sans les serrer. Les chiens se rendaient d'eux-mêmes de l'animalerie à la salle d'expérience, et se prêtaient volontiers à se laisser harnacher. Comme ils étaient à jeûn, ils salivaient abondamment en réaction à la poudre de biscuit qui constituait le SI dans cette expérience. De temps à autre, un son résonnait durant 3 à 5 secondes, puis un bras mécanique approchait du chien un plateau contenant de la poudre de biscuit, et il était ramené automatiquement dès que l'animal avait mangé cette nourriture. Ces associations SC - SI constituaient les essais de conditionnement, qui étaient séparés par de longs intervalles temporels durant lesquels aucun stimulus n'était présenté; au cours d'une séance d'une heure, voire de deux, on n'effectuait que trois ou quatre essais.

La figure 1 montre comment évoluent, en fonction du nombre d'essais de conditionnement réalisés, la quantité de salive sécrétée ainsi que la latence de cette salivation, c'est-à-dire la durée qui s'écoule entre le début du SC et celui de la RC. Ces résultats ont été recueillis lors d'essais-tests où le son durait 30 secondes. De tels essais-tests sont nécessaires dans les cas où la latence des RC est supérieure à l'intervalle temporel SC - SI, de sorte qu'autrement il n'est

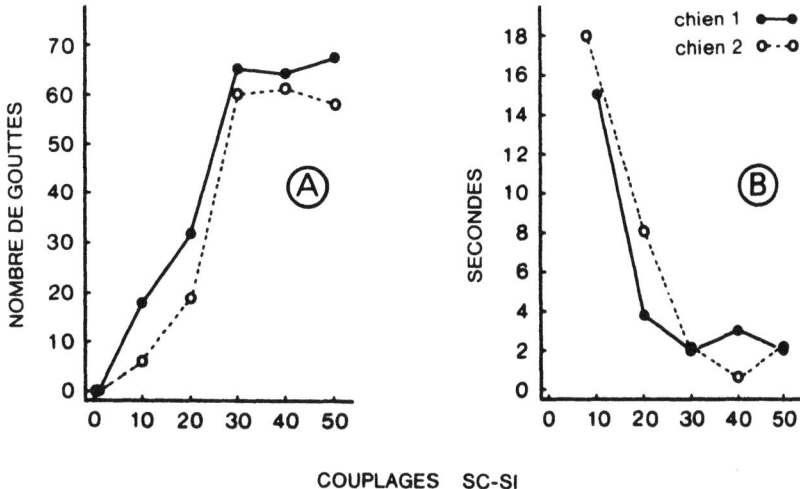

Figure 1 : Modification des réponses conditionnées salivaires chez deux chiens avec le nombre de couplages réalisés entre un signal sonore (SC) et la présentation de nourriture (SI). En A, nombre de gouttes de salive (0,01 ml) sécrétées en réponse au signal-test; en B, latence de cette réponse (Anrep, 1920).

pas possible de mettre en évidence le conditionnement (Gormezano, 1972), ainsi que dans les cas où l'on étudie spécifiquement l'influence de la durée séparant le SC du SI (Bitterman, 1965). Dans la plupart des cas cependant, les RC qu'on observe sont celles qui surviennent au cours de l'intervalle SC - SI durant les essais de conditionnement.

Aucun chien ne salivait entre deux essais, et aucun n'a salivé en réaction au SC quand il a été présenté pour la première fois. Ensuite, au fur et à mesure des essais successifs, le son a produit une salivation de plus en plus abondante, et de latence de plus en plus courte, ces deux caractères devenant stables au terme de 30 essais environ. Dans cet exemple, il y a une bonne corrélation entre l'amplitude de la réponse et l'inverse de sa latence : ces deux mesures traduisent de la même façon la force de la liaison conditionnelle. Cependant de telles corrélations entre des mesures différentes ne sont pas toujours observées; il faut donc être prudent quand on compare les résultats de diverses expériences lorsqu'ils quantifient la force des liaisons SC - RC au moyen de mesures différentes.

Buts des recherches sur le conditionnement classique

Le but primordial de Pavlov était de comprendre comment varie la probabilité des réponses salivaires en fonction des modifications des relations temporelles entre le SC et le SI. C'est pourquoi il a étudié les effets de toute une variété de conditions expérimentales sur un seul type de réponse, au lieu de faire l'inverse, c'est-à-dire d'étudier les effets de quelques conditions seulement sur divers systèmes de réaction. Il semble que Pavlov ait fait là un choix judicieux car, en peu de temps, il a pu formuler plusieurs lois du conditionnement et préciser comment les changements des réactions salivaires sont liées à des changements de l'environnement (consistant essentiellement dans les relations temporelles entre les stimulus SC et SI). On pourrait penser qu'en se limitant aux réponses salivaires, Pavlov n'obtiendrait pas des résultats généralisables à d'autres réponses ou réactions plus «intéressantes». Mais rétrospectivement il apparaît que la salivation est bien une réponse représentative: comme on va le voir, bien d'autres réponses se trouvent modifiées de la même façon par les procédures de conditionnement.

Les chercheurs modernes se sont généralement intéressés, comme Pavlov, aux effets des relations temporelles entre les SC et les SI sur la formation des réponses conditionnées. Mais leur recherche s'est élargie à l'étude de nouvelles relations établies expérimentalement entre ces stimulus. En effet, dans un souci de rigueur méthodologique toujours plus grande, ces chercheurs s'efforcent de bien distinguer les RC authentiques des autres réactions qu'on observe au cours des expériences de conditionnement et qui ne sont pas dues à des processus associatifs. Nous allons présenter un exemple de ces nouvelles recherches et, à partir de cet exemple et du travail d'Anrep (1920), nous exposerons ce qu'est la conception pavlovienne du conditionnement classique.

Contiguïté temporelle entre SC et SI

Chez le Lapin, la projection d'un jet d'air sur la cornée ou la stimulation électrique de la région péri-oculaire déclenchent aussitôt la rétraction du globe oculaire, le glissement de la membrane nictitante et la fermeture des paupières (Gormezano, 1966). Comme il est rare que le clignement nictitant soit spontané, ou qu'il soit déclenché par un son «neutre», il constitue une réponse adéquate pour mettre en évidence un conditionnement auditif «défensif» ou «aversif», ainsi dénommé en raison de la nature désagréable des SI qu'on vient de mentionner.

Smith, Coleman et Gormezano (1969) ont fait varier systématiquement l'intervalle temporel SC - SI dans un conditionnement auditif du clignement chez le Lapin. Le SC était un son d'une durée de 50 ms et le SI un choc électrique de 4 mA durant 50 ms également. Il y avait sept groupes de sujets, correspondant à autant de relations temporelles différentes entre SC et SI. En effet, le SI pouvait se produire 50 ms avant le début du SC, ou en même temps, ou bien 50 ms après; pour ces trois groupes, disons tout de suite qu'aucun clignement n'a jamais été observé en réaction au son. Pour les quatre autres groupes, le SC débutait à 100 ms, ou 200 ms, ou 400 ms, ou 800 ms respectivement avant le SI. Dans cette procédure expérimentale, le SC est terminé avant que le SI ne débute; c'est ce qu'on appelle un conditionnement «de trace», par opposition au conditionnement «différé» dans lequel le SC débute également avant le SI, mais se prolonge et dure encore pendant le début de celui-ci. Chaque lapin était soumis à huit séances expérimentales comprenant chacune 80 couplages SC - SI, ou essais de conditionnement, séparés les uns des autres par 50 à 70 secondes. A chaque 5e essai on effectuait un essai-test, lors duquel le SC durait 1 seconde afin de laisser largement le temps de se manifester à une éventuelle RC, même de longue latence. On effectuait ainsi 21 essais-tests par jour, et on a noté dans quelle proportion ils déclenchaient la RC de clignement pour chacun des groupes.

On a ainsi constaté que, pour un intervalle SC - SI de 200 ou de 400 ms, on obtient 100 % de RC lors des tests à partir de 300 essais environ, alors qu'il en faut 600 pour obtenir 80 % de RC aux tests si l'intervalle est de 800 ms, ou 60 % seulement s'il est de 100 ms. Notons que la latence de tous ces RC varie en fonction directe de l'intervalle SC - SI, ce qui montre que cette mesure ne reflète pas toujours la force de la liaison conditionnelle.

Pavlov (1927) s'est fondé sur les conditionnements salivaires «de trace» dont les résultats étaient semblables à ceux de Smith et coll. (1969) pour en déduire ceci: quand la trace de l'excitation causée par le SC est encore présente dans le système nerveux au moment où un SI produit une RI, et que cela se répète à plusieurs reprises, alors ce SC finit par produire la même réponse que le SI. Selon Pavlov, la précession du SC sur le SI et leur contiguïté temporelle sont donc des conditions nécessaires à la formation d'une réponse conditionnée. Cette notion de «trace» de l'excitation nerveuse a été reprise et modifiée par Hull (1943, 1952), puis par Gormezano (1972). On suppose que l'excitation centrale met 30 à 40 ms à se développer, qu'elle passe ensuite par un maximum, puis diminue graduellement. Cette conception rend compte de l'existence d'un délai optimum entre SC et SI pour l'établissement de la liaison conditionnée. En effet, si ce délai est négatif, on n'obtient plus rien : le conditionnement « rétrograde » n'est pas possible; de même si ce délai SC - SI est nul (simultanéité des stimulus). Si le délai est court (100 ms) l'excitation centrale due au SC n'a pas le temps d'atteindre un niveau suffisant quand survient le SI, tandis que si le délai est long (800 ms) cette excitation a déjà diminué, de sorte que dans les deux cas la liaison conditionnée se forme difficilement. Au contraire, elle s'effectue au mieux quand le SI est reçu lorsque l'excitation laissée par le SC dans les centres nerveux atteint son point culminant, et cela correspond à l'intervalle SC - SI optimum de 200 à 400 ms.

Ainsi pour Pavlov, la formation d'une RC est la traduction au plan comportemental d'une liaison entre les effets excitateurs du SC et du SI au plan nerveux. Dans le travail d'Anrep comme dans celui de Smith et coll., la contiguïté temporelle entre la trace d'excitation nerveuse laissée par le SC et la nouvelle excitation causée par le SI, produit une connection fonctionnelle entre ces deux stimulus, si bien que la réponse produite initialement par le seul SI finit par être également produite par le SC. C'est ce que Pavlov a dénommé une « excitation conditionnée », terme encore employé chaque fois qu'un SC, associé à un SI, finit par produire la même réponse (c'est-à-dire : la RC).

C'est cet aspect associationniste des conceptions touchant l'excitation conditionnée qui a amené les chercheurs à s'assurer que les RC étaient bien attribuables à des processus associatifs. En effet, le simple fait de réaliser une relation temporelle entre un SC et un SI est censée produire une association entre eux, mais ne garantit pas qu'une réponse au SC dont la probabilité va en croissant au fil des essais traduise effectivement la formation d'une association : il se pourrait bien que cela se produise de la même façon si la relation temporelle établie entre le SC et le SI était différente. C'est pourquoi nous allons examiner à présent ce que peuvent être de tels effets non associatifs et quelles procédures de contrôle ont été mises au point à leur sujet.

Facteurs non associatifs et groupes témoins

Les principaux effets auxquels peut donner lieu la répétition des associations SC - SI sont le pseudo-conditionnement et la sensibilisation. On parle de « pseudo-conditionnement » quand un SC qui ne produit pas initialement la même réponse que le SI finit par la produire à la suite de présentations réitérées du SI *seul*, et non de son association à ce SI. Un exemple souvent cité est celui de Grether

(1938). Il fit entendre une sonnette à quatre jeunes macaques; leur seule réaction fut tout d'abord de se tourner vers cette source sonore. Ensuite, il leur présenta dix fois un SI qui était, soit un éclair de magnésium, soit un faux serpent déroulant ses anneaux vers les singes, en ne s'arrêtant qu'à 15 cm de leur tête. Ces deux stimulus produisirent une frayeur brève, mais intense, avec cris et agitation. Or, quand Grether fit entendre à nouveau la sonnerie à ses macaques, ils y réagirent par ces mêmes réponses d'effroi; l'effet persista durant plusieurs jours. On pourrait citer d'autres exemples semblables (Harlow et Toltzien, 1940; Wickens et Wickens, 1942).

On nomme « sensibilisation » (*sensitization*) les cas où la réponse à la présentation intiale du SC est entretenue et facilitée par les présentations réitérées du SI, même si SC et SI ne sont jamais présentés en association. Comme exemple, nous reprendrons l'expérience de Grether. Supposons que la sonnette ait produit une réaction d'effroi la première fois qu'on l'a fait entendre, puis que cette réaction ait disparu lors des sonneries suivantes, à la condition toutefois de ne pas montrer aux macaques d'éclairs ni de serpents. Si les choses s'étaient passées ainsi, c'est-à-dire si la frayeur initiale des singes de Grether avait été maintenue par suite de présentations répétées de SI aversifs, alors le résultat rapporté par cet auteur aurait été un effet de sensibilisation. Ce genre d'effet a été observé le plus souvent dans les études sur le conditionnement du clignement chez l'Homme, quand le SI consiste en un jet d'air sur la cornée (Grant et Adams, 1944).

Les deux effets non associatifs qu'on vient de mentionner donnent lieu à des réponses au SC qui sont semblables à la RC des sujets auxquels on a présenté en association le SC puis le SI; c'est pourquoi il importe de s'assurer que ce qu'on observe chez ces derniers est bien dû à un processus d'association actif entre le SC et le SI. Il existe des procédures de contrôle inspirées par la conception pavlovienne de l'excitation conditionnée, que nous avons exposée plus haut, et plus particulièrement par l'hypothèse qu'une trace d'excitation laissée par le SC doit s'être développée au moment où survient le SI.

L'une de ces procédures consiste à présenter aux sujets témoins le même nombre de SC et de SI par session qu'aux sujets expérimentaux, mais en laissant toujours un long délai entre ces stimulus. En isolant ainsi les SC et les SI, on fait en sorte que la trace de l'excitation laissée par un SC soit déjà dissipée lorsque le SI suivant est présenté. Une autre procédure consiste à présenter systématiquement le SI avant le SC, en sorte que le premier soit achevé avant le début du second: c'est le «conditionnement rétrograde». De cette façon, le SI survient avant que l'excitation due au SC ait pu croître suffisamment.

Si le SC n'entraîne aucune réponse au cours de l'expérience quand on applique ces procédures de contrôle (soit la présentation dissociée des stimulus, soit le conditionnement rétrograde), on sera sûr que la formation d'une réponse au SC chez les sujets du groupe expérimental est bien le résultat d'un processus associatif.

Ni le pseudo-conditionnement, ni la sensibilisation, ne paraissent jouer de rôle appréciable dans le conditionnement du clignement ou de la salivation. Toutefois les résultats de Grether (1938), de Grant et Adams (1944), et ceux d'autres études mettant en jeu des stimulus nociceptifs (Harris, 1943), ainsi que ceux de recherches récentes sur le conditionnement des mouvements masticateurs à un SC associé à une injection d'eau dans la bouche, chez le Lapin (Sheafor et Gormezano, 1972), montrent qu'il ne faut pas négliger la possibilité que se produisent des pseudo-conditionnements ou des sensibilisations tant qu'on n'a pas effectué les contrôles qui sont nécessaires pour s'en assurer.

Jusqu'ici, nous n'avons considéré ces effets non associatifs que comme des facteurs à contrôler, afin de pouvoir étudier valablement les effets associatifs, considérés comme étant plus «intéressants». Tel a toujours été le point de vue dominant, et pourtant plusieurs chercheurs se sont intéressés aux mécanismes du pseudo-conditionnement, avec une conception assez large de ce qui est associatif: selon eux, les réponses pseudo-conditionnées sont bien des réponses acquises et elles dépendent entre autres choses de la ressemblance du SC au SI (Dykman, 1976; Rescorla et Furrow, 1977; Wickens et Wickens, 1942). On note actuellement un intérêt grandissant pour cette question, et il se pourrait bien que dans les prochaines années on assiste à un développement de nos connaissances des mécanismes du pseudo-conditionnement et de la sensibilisation, ainsi que des rapports qui existent entre ces processus et le conditionnement classique (Kandel, 1976).

Extinction et inhibition

Si rien ne venait s'opposer au processus d'excitation conditionnée, les RC persisteraient indéfiniment une fois qu'elles auraient été formées; or l'environnement est chose changeante, et un SC qui était régulièrement suivi par un SI jusqu'à un moment donné peut très bien cesser de l'être par la suite. Pavlov a reproduit au laboratoire de tels changements des conditions de vie: un SC auquel avait toujours succédé une présentation de nourriture, et qui déclenchait donc une réponse salivaire, est désormais présenté seul à plusieurs reprises, sans être suivi du SI alimentaire: c'est la procédure expérimentale appelée «extinction». Au fil des essais d'extinction, la latence de la salivation conditionnée augmente peu à peu, tandis que la quantité de salive sécrétée diminue, jusqu'à ce que la RC disparaisse enfin.

D'après Pavlov, les réponses qui ont été fortement conditionnées réapparaissent à nouveau sans atténuation lors d'un essai-test effectué ensuite, à condition qu'un délai de repos assez long se soit écoulé depuis qu'on a terminé la procédure d'extinction; c'est ce qu'il a dénommé la «récupération spontanée». A vrai dire, les réplications de cette expérience qu'on a faites aux Etats-Unis n'ont révélé que des récupérations incomplètes (Wagner, Siegel, Thomas et Ellison, 1964). Quoi qu'il en soit, l'existence de la récupération spontanée des RC a conduit Pavlov (1927) a rejeter l'hypothèse que l'excitation conditionnée puisse disparaître ou même diminuer durant l'extinction. Il pensait au contraire qu'elle subsiste mais qu'une inhibition de la salivation est produite par le SC lui-même durant l'extinction tant qu'on le présente isolément, sans le faire suivre du SI. Cette inhibition se composerait algébriquement avec l'excitation conditionnée et c'est ce qui donnerait lieu aux réponses salivaires qu'on observe au début de l'extinction, puis à leur diminution au fur et à mesure qu'on poursuit cette procédure et que l'inhibition s'accumule, jusqu'à surpasser finalement l'excitation. En outre le phénomène de récupération spontanée montre, selon Pavlov, que le processus d'inhibition est plus labile que celui d'excitation.

Un autre phénomène qu'avait observé Pavlov (1927) le confortait d'ailleurs dans son idée que l'inhibition est un effet fragile; il s'agit de la «désinhibition» d'origine externe. Supposons qu'un SC salivaire vienne d'être «éteint», c'est-à-dire qu'il n'ait plus produit aucune sécrétion lors des derniers essais d'extinction. Si on présente encore une fois ce SC et, en même temps que lui, un stimulus nouveau et d'intensité modérée, on observe alors qu'il y a salivation; et pourtant le nouveau stimulus ne produit pas cette réponse s'il est présenté seul. C'est ce que Pavlov a nommé «désinhibition», voulant dire ainsi que le processus inhibiteur qui surpassait et masquait celui d'excitation, est comme neutralisé par la présence du nouveau stimulus, et que cela libère l'expression de l'excitation conditionnée.

Pavlov soutenait que l'extinction était seulement une procédure parmi bien d'autres capables de produire une inhibition « interne », c'est-à-dire conditionnée. L'une de ces procédures est celle du conditionnement de l'inhibition (dite également « inhibition conditionnée », ce qui établit une confusion entre la procédure et le mécanisme qu'elle doit démonter). Cette procédure de conditionnement consiste en ce qu'un SC (le SC+) est régulièrement suivi du SI, à moins qu'il ne soit précédé par un autre SC (le SC−) : le « composé » formé de ces deux SC, soit (SC−, SC+), n'est jamais « renforcé », c'est-à-dire suivi du SI. Quand il est présenté pour la première fois, ce composé produit une certaine salivation, mais après plusieurs séances de cette procédure il n'en produit plus, non plus d'ailleurs que le SC− si on le présente isolément. Si on définit l'inhibition conditionnée comme une tendance à *ne pas* donner une certaine RC, ces résultats suggèrent que le SC− joue un rôle inhibiteur. Cependant ils ne le démontrent pas car on peut aussi bien dire que le composé (SC−, SC+), ainsi que le SC− présenté seul, sont devenus des stimulus neutres qui ne produisent aucune tendance à répondre ou à ne pas répondre.

Pour résoudre ce problème, Pavlov fit une nouvelle expérience. Comme dans la précédente, la RC salivaire est produite par le SC+ alors que le composé (SC−, SC+) ne produit pas de RC. Mais en outre on utilise un autre SC (ou SC+'), suivi du SI alimentaire, et qui détermine donc la salivation tout comme le SC+. A la différence de ce dernier, cependant, il n'a jamais été présenté en association au SC−. En cela consiste précisément l'essai-test de cette expérience : on présente à l'animal le nouveau composé (SC−, SC+'); on obtient alors une réponse salivaire, mais nettement moins abondante que celle que produit le SC+' quand il est présenté seul. Pavlov interpréta le résultat de cette expérience (que nous appellerions aujourd'hui un « test d'addition de stimulus ») comme le résultat de la somme algébrique des influences excitatrices et inhibitrices conditionnées respectivement au SC+' et au SC−. Le stimulus composé n'est donc pas neutre, et le SC− exerce bien une action inhibitrice sur la RC de salivation.

Une autre procédure qui démontre l'existence de l'inhibition conditionnée est celle que Pavlov a nommée « conditionnement différentiel » ou encore « conditionnement discriminatif ». On emploie là encore deux stimulus, mais toujours isolément; l'un d'eux (le SC+) est suivi du SI lors de tous les essais où il est présenté, tandis que l'autre (le SC−) ne l'est jamais. Cette procédure ressemble donc à la précédente, à cette différence près que le SC+ est omis lors des essais non renforcés. Souvent le SC− produit une forte salivation lors de ses premières présentations, surtout s'il est de même nature physique que le SC+ et assez semblable à lui. C'est le phénomène de «généralisation du stimulus», ou plus exactement de généralisation de l'effet excitateur d'un SC aux autres SC. Lors des séances suivantes la salivation produite par le SC− diminue, puis disparaît.

Dans ce cas encore, Pavlov a cherché à savoir si le SC− devient neutre, ou bien inhibiteur; ses résultats d'expérience indiquent une influence inhibitrice. Ainsi, un stimulus nouveau (l'odeur d'acétate d'amyle) présenté en même temps qu'un SC− qui était pourtant déjà bien différencié du SC+, rétablit partiellement la réponse salivaire à ce stimulus. En outre, la salivation produite par le SC+ est réduite si ce stimulus est présenté une minute seulement après un SC− (au lieu du délai habituel de 20 à 30 mn). Pavlov voit là un effet d'addition algébrique d'une trace inhibitrice et d'une excitation conditionnée.

Une dernière procédure produit une inhibition conditionnée: le conditionnement «différé» dans lequel le SC débute longtemps avant le SI (jusqu'à plusieurs minutes) et persiste durant tout ce délai. On obtient ainsi finalement des RC à longue latence, ce qui indique que la partie initiale de l'intervalle séparant le début du SC de celui du SI a acquis des propriétés inhibitrices. En effet, si on présente à ce moment un stimulus nouveau (le bruit d'un métronome) à l'animal, celui-ci salive dès le début du délai: l'inhibition «externe» a levé l'inhibition «interne» (ou conditionnée au délai) et libéré la manifestation sécrétoire salivaire (PC).

En résumé, Pavlov (1927) a montré que les SC soumis à extinction, comme les SC− mis en jeu dans le conditionnement d'inhibition et le conditionnement différentiel, ainsi que le début du délai SC - SI dans le conditionnement différé, produisent tous des réponses inhibitrices conditionnées. Ce processus inhibiteur peut être mis en évidence de trois façons: soit en montrant que le couplage de ces SC− à un SC+ qui produit une RC, supprime ou affaiblit celle-ci; soit en observant des effets consécutifs inhibiteurs sur les réponses aux stimulus présentés ensuite; ou bien enfin en réalisant une désinhibition externe.

Les critères modernes de l'inhibition

Les recherches modernes ont permis de formuler de nouveaux critères dénotant l'existence d'une inhibition conditionnée, et venant s'ajouter ainsi à ceux de Pavlov. Rescorla (1969) propose à ce sujet l'analyse suivante: si l'on appelle «excitation conditionnée» la modification de probabilité d'une RC qui résulte d'une relation donnée

SC - SI, alors on doit réserver le terme « inhibition conditionnée » au changement de probabilité de signes opposé, dû à la relation SC - SI différente de la précédente. Pour vérifier qu'un stimulus est bien inhibiteur, Rescorla propose deux tests : celui de l'addition des stimulus, et celui du retard d'apprentissage.

Pour ce qui est des tests d'addition, on en a vu plus haut des exemples. Le stimulus qu'on suppose être inhibiteur est présenté en même temps qu'un SC excitateur associé au même SI; on compare alors la réponse à ce stimulus « composé » (SC−, SC+) à la réponse au SC+ seul. Si la première est nettement moins forte ou moins probable que la seconde, on en déduit que le SC− exerce sur la réponse un effet opposé à celui qu'exerce le SC+, et qu'il est donc inhibiteur de la RC. Quelquefois ce test est réalisé en additionnant les effets du stimulus supposé être inhibiteur (SC−) à ceux du SI lui-même (Wagner, Thomas et Norton, 1967); néanmoins il s'agit là encore, fondamentalement, de la même méthode.

Le test de retard à l'apprentissage est également fondé sur cette idée que les RC excitatrices et inhibitrices agissent en sens opposé les unes aux autres. Si l'on admet ce point, un SC inhibiteur doit être moins facile à transformer en SC excitateur que ne l'est un SC neutre. Le retard d'apprentissage se manifeste quand on compare les quantités d'essais nécessaires pour qu'une réponse donnée se conditionne, soit à un SC neutre, soit à un SC qu'on pense être devenu un inhibiteur : en principe, l'acquisition se fait moins vite dans le second cas que dans le premier.

Ces critères une fois satisfaits, l'étude n'est pas achevée et concluante pour autant, car nous allons retrouver à propos de l'inhibition le problème fondamental que nous avons envisagé plus haut à propos de l'excitation conditionnée. En effet, même si la réalité des effets inhibiteurs d'un stimulus a été démontrée, encore faut-il s'assurer que ces effets sont bien dus à un processus de conditionnement. Par exemple, si le SC− d'un conditionnement différentiel finit par produire une RC inhibitrice (d'après les tests d'addition et de retard d'apprentissage), quelle procédure de contrôle faut-il encore employer pour être sûr que le résultat dépend bien d'une relation critique entre les stimulus, et qu'il ne se serait pas produit sans cela ? Tout dépend de ce qu'on entend par « relation critique » et, par conséquent, de la théorie sous-jacente de l'inhibition conditionnée. Nous ne pourrons donc répondre à la question posée ci-dessus qu'après avoir examiné quelques conceptions relatives à l'inhibition.

Conception pavlovienne et conception moderne de l'inhibition

Pavlov (1927) soutient qu'il suffit de présenter de façon répétée un SC pour que se produise l'inhibition de la réponse à ce stimulus. Tant que ce SC est suivi d'un SI, l'inhibition est masquée par le développement d'un effet de sens contraire, qui n'est autre que l'excitation conditionnée. Par conséquent on ne peut se rendre compte qu'une inhibition se développe également qu'à partir du moment où l'on omet de présenter le SI, en présentant le SC isolé plusieurs fois de suite. C'est ainsi qu'on procède dans l'extinction et dans les autres procédures exposées précédemment, du moins selon l'assimilation qu'en fait Pavlov.

Il est tout à fait remarquable que, selon cette conception, l'inhibition ne soit pas fondamentalement un phénomène associatif, puisque la simple répétition du SC suffit à la produire. Or cet aspect théorique est en plein désaccord avec les procédures expérimentales qui produisent l'inhibition interne ou conditionnée, telles que le conditionnement d'inhibition, le conditionnement différentiel et le conditionnement différé.

L'affirmation de Pavlov selon laquelle l'inhibition est fondée sur la simple répétition du SC, implique que l'inhibition la plus pure est produite par la présentation réitérée d'un stimulus en dehors de tout autre traitement expérimental préalable. Or cette procédure existe bien, les chercheurs américains l'ont dénommée « inhibition latente » et en ont beaucoup étudié les effets durant ces dernières années. Si un SC est présenté plusieurs fois seul, sans être suivi d'un SI, avant qu'on n'effectue des présentations couplées SC - SI, on constate que la formation d'une RC est retardée par rapport aux résultats de sujets témoins qui n'ont pas été soumis à ces présentations préalables du SC isolé (Lubow, 1973).

Cet effet « d'inhibition latente » semble bien confirmer la conception de Pavlov, d'autant qu'on a aussi noté un retard (encore plus important) dans l'acquisition d'une RC quand on présente, en association à un SI, un SC− établi préalablement grâce à un conditionnement d'inhibition (Marchant et Moore, 1974; Rescorla et LoLordo, 1965) ou à un conditionnement différentiel (Hammond, 1968; Konorski et Szwejkowska, 1952; Wessels, 1973). Ainsi, les résultats des tests de retard d'apprentissage sont-ils en accord avec ce que prédirait la conception selon laquelle de simples présentations répétées d'un stimulus le rendent fonctionnellement équivalent aux SC qui déterminent l'inhibition interne selon les procédures de conditionnements d'inhibition et discriminatif. Cependant d'autres résultats ont démontré que cette conclusion est fausse, et que la procédure dite «inhibition latente» ne produit pas de stimulus inhibiteur (Rescorla, 1971; Reiss et Wagner, 1972).

Nous décrirons en détail les expériences de Rescorla, car elles sont importantes. Elles font usage constant de la procédure de «réponse émotionnelle conditionnée» ou REC (Estes et Skinner, 1941), qui comprend trois phases. Au cours de la première, les animaux (rats) sont affamés mais ils peuvent manger dans la cage expérimentale (ou «boîte de Skinner»), d'abord librement, puis quand ils ont appris à appuyer sur un levier qui commande un distributeur automatique de nourriture. Le programme de renforcement habituellement utilisé dans ces études est celui «d'intervalle variable» (VI), ce qui signifie qu'un délai variable s'écoule entre la dernière réponse sur le levier récompensée par de la nourriture, et la prochaine réponse qui pourra être récompensée de la même façon. Cette procédure donne lieu à des cadences d'appuis qui sont stables, de sorte que leur variation permet de déceler facilement l'influence des stimulus qu'on présente aux rats durant les séances. La seconde phase d'une expérience de REC comporte une procédure de conditionnement classique: l'animal est placé dans la boîte de Skinner mais on en a retiré le levier, et durant des séances de 1 à 2 h, un SC lui est présenté durant 3 mn, s'achevant par un choc électrique (SI) qui est appliqué à ses pattes, à travers la grille métallique formant le plancher de la cage.

L'animal étant ainsi préparé, on aborde la dernière phase. Il peut à nouveau appuyer sur le levier, mais on lui présente le SC à diverses reprises au cours de la séance: on peut alors juger de l'effet produit par ce stimulus sur la fréquence des appuis. On considère que la force du conditionnement classique établi durant la seconde phase se traduit par celle d'une RC concurrente de la réponse instrumentale d'appui (Kamin, 1965), ou bien par un état de motivation conditionné qui s'oppose plus ou moins à la motivation de la réponse instrumentale (Millenson et de Villiers, 1972). Quoi qu'il en soit, le conditionnement classique sera jugé d'autant plus fort que la présentation du SC aura pour effet de diminuer davantage la fréquence des appuis.

L'effet suppresseur du SC sur le débit des réponses instrumentales est estimé par un «rapport de suppression» (Annau et Kamin, 1961). Il s'agit d'un rapport $A/(A + B)$ dans lequel A représente le nombre de réponses instrumentales émises durant le SC, et B le nombre de réponses émises durant le même laps de temps immédiatement avant la présentation du SC. Ce rapport vaut 0,5 quand le SC n'exerce aucun effet, il est supérieur à 0,5 quand le SC exerce un effet facilitateur, et il tend vers zéro quand l'effet est suppressif.

Revenons à présent aux expériences de Rescorla sur l'effet de présentations répétées d'un SC isolé sur l'établissement d'un conditionnement à ce stimulus, à effectuer ensuite. Tout d'abord, confirmant ainsi les résultats cités plus haut, cet auteur constata que les rats auxquels un SC de 2 mn avait été préalablement présenté 120 fois sans choc (SI), acquerraient ensuite la RCE plus lentement que les rats qui n'avaient pas été soumis à ces présentations réitérées du SC isolé. Mais par ailleurs une seconde expérience apporta les résultats suivants: le rapport de suppression est le même pour un SC+ et pour un composé (SC, SC+) dont le SC avait été présenté préalablement plusieurs fois sans association à aucun choc. Cette absence de différence prouve que les présentations répétées du SC seul ne lui avaient pas conféré de propriétés inhibitrices. Et comme on sait qu'un SC− établi par les procédures de conditionnements d'inhibition ou discriminatif réduit la réponse à un SC+ lors d'un test d'addition (Pavlov, 1927; Rescorla et Holland, 1977; Szwejkowska et Konorski, 1959), on voit qu'un SC qui a simplement été présenté plusieurs fois seul n'a pas les mêmes effets qu'un tel SC−.

Rescorla (1971) a fourni en outre un argument sérieux contre l'hypothèse pavlovienne, en montrant qu'un conditionnement classique inhibiteur est retardé si le SC a été préalablement présenté plusieurs fois isolément. Il a présenté 120 fois un stimulus auditif de 2 mn aux rats d'un premier groupe, tandis que ceux du groupe témoin étaient simplement placés dans la cage d'expérience durant le même temps. Ensuite on a présenté 8 fois aux sujets des deux groupes un SC visuel suivi de choc électrique, de façon à en faire un SC+ pour une REC. Enfin la procédure de conditionnement d'inhibition a été appliquée aux rats des deux groupes: durant chaque cession de 2 h, pendant que les rats pressaient le levier pour se procurer à manger, on leur présentait une fois le SC+ visuel en le faisant suivre d'un choc (SI), et trois fois un composé formé des deux stimulus, le visuel et l'auditif, mais sans donner de choc ensuite. Tous les rats ont acquis de façon comparable la REC (suppression des appuis sur le levier) au SC+ visuel, ce qui dénote une forte excitation conditionnée. Par contre le stimulus composé (visuel + auditif) a produit cette suppression durant davantage d'essais chez les rats qui avaient subi les 120 présentations préalables du SC auditif seul, que chez les rats témoins non soumis à ce traitement. Autrement dit, le son a pris une valeur inhibitrice vis-à-vis de la REC conditionnée à la lumière, mais cela a été acquis plus facilement par les rats qui *n'avaient pas eu à perce-*

voir ce son 120 fois, et isolé. Best (1975) a trouvé un résultat semblable dans une étude de l'aversion conditionnée à des indices gustatifs chez le rat. Ces données expérimentales montrent bien que la procédure dite «inhibition latente» ne produit pas, en réalité, d'inhibition conditionnée, c'est-à-dire associative. Nous voyons en effet que la préexposition répétée à un stimulus isolé produit les mêmes effets de retardement sur les conditionnements établis ensuite vis-à-vis de ce stimulus, qu'ils soient excitateurs *ou inhibiteurs*; il faut donc bien en conclure que l'effet de cette procédure n'a rien d'associatif. On pourrait tout aussi bien dire que l'animal finit par ignorer tout stimulus qui s'avère n'être jamais suivi par aucun événement de quelque intérêt pour lui (Lubow, Alek et Arzy, 1975; Mackintosh, 1975).

En somme, si l'on se réfère aux résultats des tests d'addition de stimulus et de retard d'acquisition, les procédures pavloviennes de conditionnement d'inhibition et de conditionnement différentiel produisent bien des stimulus inhibiteurs, mais un SC soumis à extinction ne devient pas un inhibiteur pour autant. La revue des travaux qu'a faite Rescorla (1969) dans ce domaine ne signale aucun résultat démonstratif dans ce sens. Par conséquent, bien que les travaux de Pavlov sur l'inhibition conditionnée soient à la base des travaux modernes sur cette question, nous devons distinguer l'extinction des autres procédures que Pavlov jugeait équivalentes parce que, selon lui, toutes donnaient lieu aux mêmes effets inhibiteurs. En réalité, la simple répétition du SC non suivi de SI renforçateur, telle qu'on la pratique dans «l'inhibition latente», ne donne pas lieu au même genre d'effet inhibiteur, c'est-à-dire conditionné ou associatif, que celui que produisent des procédures comme le conditionnement d'inhibition, le conditionnement discriminatif et probablement le conditionnement différé. Même une extinction prolongée ne produit pas de stimulus inhibiteur, bien que beaucoup d'effets associatifs puissent se produire au cours de cette procédure. Les conditions nécessaires et suffisantes à l'établissement d'une inhibition conditionnée, ainsi que le mécanisme d'action de celle-ci, font encore l'objet d'études et de débats; nous en traiterons dans la suite de ce chapitre.

Auparavant, il convient toutefois de s'arrêter sur le fait que, jusqu'ici, la plupart des expériences qu'on a citées se fondent sur quelques RC seulement. Ce sont : la salivation, le clignement et la réponse émotionnelle conditionnée (REC), pour l'essentiel; on n'a donc pas envisagé toute la diversité des réactions susceptibles d'être conditionnées. C'est cette diversité que nous allons considérer maintenant.

Nature et orientation des RC et des RI

La conception émise par Pavlov (1927) au sujet de la ressemblance des RC et RI est celle d'une «substitution de stimulus». Elle est fondée surtout sur les conditionnements salivaires: la présentation d'un SC associé à celle de nourriture produit chez un chien affamé une salivation identique à celle que produirait cette nourriture même. Par conséquent, on peut dire que le SC se substitue au SI pour produire la même réponse que lui, c'est-à-dire la RI; cela revient à admettre que le SC devient l'équivalent du SI, à part le fait qu'il agit avant lui dans le temps. Cette conception d'une substitution du SI par le SC est évidemment celle qui s'accorde le mieux avec la théorie du conditionnement selon laquelle une liaison s'établit entre le SC et la RI, mais elle n'est pas incompatible non plus avec la théorie opposée, selon laquelle des associations S-S (c'est-à-dire SC - SI) sont à la base du conditionnement classique.

C'est pourquoi Moore (1973) fait l'hypothèse que cette nouvelle variété de substitution de stimulus trouve une confirmation dans les résultats mêmes de Pavlov. C'est ce que Hearst et Jenkins (1974) ont appelé «substitution d'objet»: l'animal réagit au SC comme s'il s'agissait du SI, tant que ses propriétés (situation, dimensions, accessibilité, etc.) lui permettent de réagir de cette façon. Selon cette conception, qui ne concerne que les réponses motrices, l'animal s'approchera à le toucher d'un SC bien localisé et accessible si sa présentation précède celle de nourriture; bien plus, ce contact aura la même allure que celui qu'établit l'animal avec le SI alimentaire.

Si l'on s'en tient aux conditions où le SC est localisé et où il y a une RI motrice, les deux manières de concevoir la substitution des stimulus mènent à des prédictions différentes. Celle qui se rattache à la théorie S - R, ou pavlovienne, prédit que la RC motrice sera orientée vers l'endroit où est présenté le SI, tandis que celle de «substitution d'objet» prédit qu'elle le sera vers l'emplacement du SC. Or c'est cette dernière prédiction que vérifient les résultats obtenus par Jenkins et Moore (1973).

Ils utilisaient des pigeons, chacun d'eux étant placé dans une boîte de Skinner. La paroi de chaque appareil était percée d'un orifice carré où débouchait un distributeur de grains. Chaque fois que des grains y tombaient et pouvaient être pris par l'oiseau, cet orifice était éclairé. De chaque côté, à la hauteur de la tête de l'oiseau, se trouvaient deux disques translucides ou «clés de réponse», sur lesquels on pouvait faire apparaître diverses couleurs et figures en les éclairant par l'arrière. Chaque fois que le pigeon touchait des disques avec son bec, le contact était enregistré. Deux sortes d'essais de conditionnement se succédaient au hasard; dans la moitié des cas, l'une des clés était illuminée en rouge et 6 s plus tard de l'eau s'écoulait dans un abreuvoir. Dans l'autre moitié des essais, un fond rayé apparaissait sur l'autre clé, et 6 s après des grains tombaient du distributeur. Or les pigeons se mirent peu à peu à s'approcher de ces SC (disques éclairés) et à leur donner des coups de bec. C'est ce qu'on appelle un «auto-dressage» (*autoshaping*); découvert en 1968 par Brown et Jenkins, ce phénomène a fait l'objet de nombreuses études, car il démontre la possibilité d'un conditionnement qui avait longtemps été négligé: celui de réponses *orientées*. Or ces RC orientés, ou dirigés, jouent certainement un rôle important dans les phénomènes d'apprentissage instrumental.

Pour revenir aux observations de Jenkins et Moore, la plus remarquable consistait en ce que les coups de bec conditionnés donnés par leurs pigeons étaient semblables aux coups de bec que ces oiseaux auraient donnés sur les SI eux-mêmes, c'est-à-dire des grains ou de l'eau. Les coups donnés sur la clé annonçant les grains étaient lancés vivement, avec le bec entrouvert comme font les pigeons lorsqu'ils saisissent un grain. Au contraire, les coups donnés sur la clé annonçant l'eau étaient plus lents, avec le bec tenu fermé; ou parfois l'oiseau ouvrait et fermait le bec lentement, comme lorsqu'il boit. Sur six oiseaux, trois parurent même «boire» à plusieurs reprises, comme font les oiseaux, en touchant la clé de réponse éclairée avant l'arrivée de l'eau. Ces résultats montrent que l'hypothèse de la «substitution d'objet» est vérifiée, et non celle qui voudrait que les RC soient données sur l'emplacement du SI. Cependant Moore (1973) a noté que parfois les pigeons picorent la mangeoire durant la présentation du SC, même lorsque celui-ci consiste en l'éclairement d'une clé de réponse. On ne sait pas encore ce qui rend un stimulus «attirant» et lui confère ainsi la qualité d'objet, ni ce qui fait que la RC soit orientée plutôt vers l'emplacement du SC, ou au contraire plutôt vers celui du SI.

Jenkins et Moore ont été suivis par d'autres expérimentateurs, qui ont voulu savoir ce que deviennent les coups de bec des pigeons quand on modifie les conditions expérimentales, et notamment quand on emploie un SC diffus, et non localisé; cela peut être, par exemple, un changement de l'intensité d'éclairage dans la boîte de Skinner. Le picorage conditionné se manifeste également dans ce cas, mais il se produit principalement dans le tiers de la cage où se trouve la mangeoire (Shapiro, Jacobs et LoLordo, 1980; Newlin, 1974).

Comme nous le voyons, s'il existe deux hypothèses de substitution des stimulus, c'est toujours l'une des deux qui peut prédire correctement la forme que prendra la réponse acquise par la procédure de conditionnement classique. La « substitution d'objet » est une conception valide quand les sujets animaux peuvent se déplacer librement, quand les SC sont bien localisés et les SI de nature appétitive. Au contraire la conception de Pavlov s'applique bien aux conditions où les SC sont diffus et où les RC sont viscérales, ou bien motrices mais non orientées. Cependant plusieurs résultats d'expérience sont incompatibles avec l'hypothèse de la substitution des stimulus, en ce que celle-ci suppose que la forme de la réponse au SC doit être identique à celle de la réponse donnée au SI au cours du conditionnement.

On a décrit récemment plusieurs exemples où des animaux se sont approchés d'un SC à le toucher, alors que leur réponse au SI ne consistait nullement à l'approcher. Ainsi Wasserman (1973) a placé des poussins de trois jours dans une couveuse refroidie artificiellement ; dans cette enceinte, les essais de conditionnement comprenaient des SC consistant à éclairer durant 8 s une clé de réponse verte installée sur une paroi, et des SI succédant immédiatement aux précédents : une lampe chauffante disposée au-dessus des poussins était allumée durant 4 s. La réaction des jeunes oiseaux à ce stimulus thermique était nette : ils couraient en tous sens quand ils étaient exposés au froid, tandis que la chaleur de la lampe les faisait s'arrêter en étendant les ailes et le cou et en pépiant. Ces poussins commencèrent à becqueter la clé de réponse après 8 couplages SC - SI en moyenne et ils continuèrent généralement à le faire ensuite dans 70 à 80 % des essais de conditionnement. Les résultats d'un groupe témoin, pour lequel les présentations des SC et des SI se produisaient indépendamment les unes des autres au cours du temps, démontrèrent que le picorage de la clé de réponse qu'on observait chez les poussins du groupe expérimental ne se produisait pas chez ces sujets témoins. Ce picorage est donc bien dû au couplage répété SC - SI ou, en d'autres termes, il s'agit bien d'un phénomène associatif. Wasserman conclut de ces faits qu'il n'est pas nécessaire que l'animal s'approche du SI et qu'il vienne à son contact, pour qu'une telle approche soit conditionnée au SC (cf. Woodruff et Williams, 1976).

Néanmoins Hogan (1974) a rappelé que, dans un poulailler, les poussins réagissent envers leur mère poule d'une façon qui ressemble beaucoup aux réactions des poussins de Wasserman envers la clé de réponse : ils s'approchent de la poule, picorent les plumes de son ventre et se pressent contre elle ; d'ailleurs ce comportement amène souvent la poule à s'accroupir. On peut alors supposer que les RC observées par Wasserman sont semblables aux RI spécifiques vis-à-vis d'une source de chaleur, et que le résultat rapporté par cet auteur ne réfute donc pas l'hypothèse de la substitution d'objet si on la prend au sens large.

Timberlake et Grant (1975) ont pris un point de vue éthologique pour décrire les RC orientées et leurs rapports aux RI. Selon eux, quand un SC localisé est présenté devant un SI, c'est tout un système de comportements spécifiques en rapport à ce SI qui va se trouver conditionné. En outre, ils pensent que la forme de la RC dépend « des comportements qui, dans le système de réponses conditionné, sont produits et entretenus par le stimulus annonciateur » (ou SC). Cette position est illustrée par un conditionnement alimentaire qu'ils ont réalisé chez le Rat en présentant à l'animal, en guise de SC, un congénère vivant attaché sur une planche. Or, les contacts que prend le rat-sujet avec ce rat-SC sont très différents de ceux qu'il a avec la nourriture: il le touche avec une patte antérieure ou avec les deux, il le toilette, ou monte sur lui: bref, il s'agit de contacts sociaux et jamais le sujet ne mord son congénère. De tels résultats ne peuvent pas être expliqués en termes de substitution d'objet, même en prenant cette notion dans un sens très large.

La théorie de la substitution des stimulus est également mise en difficulté lorsqu'un même système de réponses est mis en jeu par le SC et le SI, mais que la RC et la RI s'exercent en sens contraires. Les exemples les plus intéressants en sont fournis par les expériences où les SI sont des produits pharmaceutiques. Siegel (1976) a montré qu'une telle opposition des réponses se produit lors de l'accoutumance aux effets analgésiques de la morphine.

Il y a bien des conceptions physiologiques pour tenter de rendre compte de cette accoutumance, mais Siegel suppose qu'elle est due au conditionnement classique de réactions antagonistes de celles que la drogue provoque directement. Ces RC « compensatrices » se conditionneraient aux stimulus de l'environnement que perçoit le sujet au moment où le produit lui est administré. Afin de vérifier son hypothèse, Siegel a étudié l'anesthésie morphinique chez le Rat. La latence avec laquelle un rat ôte sa patte d'une plaque métallique chauffée à une température donnée, constitue un bon test de l'efficacité d'une injection de morphine, puis de sa dissipation au cours de l'accoutumance. Siegel a pu montrer que celle-ci se manifeste plus tôt si les injections sont toutes effectuées dans les mêmes conditions locales, que si l'on varie systématiquement ces conditions préliminaires; le lieu où l'on pratique l'injection servirait donc de SC vis-à-vis des SI pharmaceutiques. L'effet d'une injection ne serait que la somme algébrique des RI causées par la morphine et responsables d'une diminution de la douleur, et des RC qui s'opposent à cette analgésie et restaurent la sensibilité à la douleur.

En fait, Siegel remarque qu'on sait assez mal quelles sont les variables qui déterminent le fait que la réponse à un SC annonçant une administration d'agent pharmaceutique agisse dans le même sens que la réaction déclenchée directement par celui-ci, ou bien en sens contraire. On peut étendre cette remarque à tout le domaine du conditionnement classique. Comme on l'a vu, la RC est souvent une copie de la RI. Mais dans d'autres cas, la RC est une séquence bien organisée de réactions appétitives, qui assurent que le contact soit bien pris avec le SI, lequel déclenche à son tour la réaction consommatoire ou RI. Dans d'autres cas enfin, le RC s'oppose aux effets physiologiques (RI) du SI, souvent en une sorte de compensation anticipatrice. Et encore, cela n'épuise pas toute la diversité des réponses qu'on peut observer dans le conditionnement classique (cf. Konorski, 1967, ch. I).

Contiguïté et éventualité dans le conditionnement

Nous venons de décrire diverses expériences qui définissent, selon l'école pavlovienne, quelles sont les conditions nécessaires et suffisantes pour que se forme une liaison conditionnée, excitatrice ou inhibitrice. Maintenant, nous allons situer les relations entre le SC et le SI dans un cadre notionnel plus large, capable d'intégrer un ensemble de résultats encore plus vaste, et d'inspirer de nouvelles expériences de conditionnement.

L'espace des éventualités ou contingences

Ce nouveau cadre est constitué par un espace d'éventualités, où l'on traduit les procédures de conditionnement en termes probabilistes qui indiquent quelles relations statistiques existent entre la présentation du SC et celle du SI. Un tel espace (fig. 2) met en rapport deux probabilités conditionnelles pour que survienne le SI: soit en présence du SC ou de sa trace d'excitation, soit en son absence. On désigne la première probabilité par: p = (SI/SC), et la seconde par: p = (SI/$\overline{SC}$). La conjonction de ces deux valeurs définit ce qu'on nomme la contingence reliant SI à SC, ainsi que son signe et sa va-

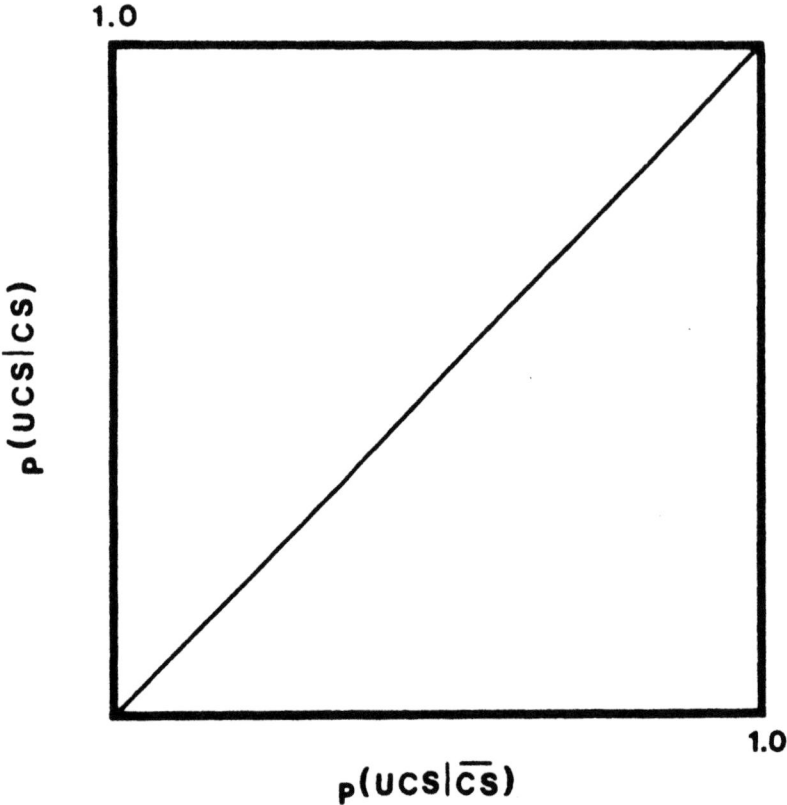

Figure 2: Espace des éventualités, figurant le rapport de la probabilité que le SI soit présenté en même temps que le SC ou que la trace de l'excitation qu'il a laissée: p (UCS/CS), et de la probabilité que le SI soit présenté en l'absence du SC ou de sa trace d'excitation: p (UCS/$\overline{CS}$). La diagonale indique les divers cas d'équiprobabilité.

leur, de sorte qu'on peut la représenter par un point dans l'espace des contingences (voir par ex.: Catania, 1971).

Voyons comment on repère les coordonnées de ce point. Considérons par exemple une expérience de Wagner et coll. (1964): la salivation d'un chien est conditionnée à un SC auditif qui précède de 20 s la présentation d'un morceau de nourriture. Si l'on divise la durée d'une séance expérimentale en intervalles égaux à celui qui s'écoule entre le SC et le SI (ici: 25 s), nous constatons que chaque intervalle qui débute par un SC contient également un SI; par conséquent p (SI/SC) = 1. Par ailleurs, comme le SI ne survient jamais à d'autres moments qu'à la suite du SC, on a: p (SI/$\overline{SC}$) = 0. Ces deux probabilités conditionnelles déterminent la valeur limite de contingence positive, c'est-à-dire un point situé à l'angle supérieur gauche du graphique. On peut décrire de la même manière l'expérience d'Anrep (1920) citée plus haut, mais comme des essais-tests sont inclus parmi les essais de conditionnement, le SC est présenté sans être suivi du SI dans un cas sur dix environ, de sorte qu'on aura: p (SI/SC) = 0,9. Le point figurant cette valeur de contingence sera donc situé un peu plus bas que le précédent sur l'ordonnée du graphique.

Comme autre exemple, on peut citer le conditionnement différentiel pavlovien, ou procédure « de contraste » : le SC+ est toujours suivi par le SI, alors que le SC− ne l'est jamais (même pas par un SI qui serait présenté lors de l'essai suivant, car l'intervalle entre essais est trop long pour que la trace du SC− subsiste encore). Pour le SC+, le calcul donne: p (SI/SC+) = 1 et p (SI/$\overline{SC}$+) = 0; pour le SC−, comme sa présentation n'est jamais suivie par celle du SI, on a: p (SI/SC−) = 0, mais comme le SI survient à d'autres moments, on a: p (SI/$\overline{SC}$−) > 0. Pour quantifier cette positivité, il faut connaître le nombre de SI présentés par unité de temps; une valeur caractéristique est: 0,1. Ainsi, la contingence du SI vis-à-vis du SC−, dans une expérience de conditionnement discriminatif, peut être représentée par un point situé sur l'abscisse du graphique, vers la gauche.

Dans les travaux cités plus haut, nous avons vu qu'une contingence positive forte entre un SC et un SI donne lieu à une augmentation de la capacité du SC à produire une RC salivaire; il y a donc excitation conditionnée, ou conditionnement excitateur. Mais quand la nourriture est négativement contingente vis-à-vis d'un SC−, on constate que l'animal finit par cesser complètement de saliver quand on lui présente ce stimulus, et qu'il manifeste une tendance active à *ne pas* saliver lors des tests d'addition de stimulus ou de retard d'acquisition; il y a donc inhibition conditionnée, ou conditionnement inhibiteur. Ces résultats montrent bien que la contingence reliant les SC aux SI constitue l'un des facteurs importants dans la détermination causale du conditionnement classique. C'est en présentant ce point de vue, alors tout nouveau, que Rescorla (1967) raviva l'intérêt porté aux études de conditionnement pavlovien, et ce sont sa théorie et ses recherches que nous allons présenter dans ce chapitre.

Auparavant, toutefois, il convient de mentionner les principales questions que pose cette reformulation, car elles ont eu une influence décisive sur la recherche et sur la réflexion théorique au cours de ces dernières années. La première question concerne la généralité des lois de contingences: dans les exemples qu'on vient de citer, une contingence positive entre SC et SI donne lieu à une excitation conditionnée, et une contingence négative à une inhibition conditionnée, mais en va-t-il toujours ainsi? Cela a-t-il été vérifié sur diverses espèces animales, et avec différents types de SI et de modes de réactions?

D'autre part, est-ce que les animaux se comportent comme s'ils calculaient les deux probabilités conditionnelles et formaient des associations SC - SI sur la base d'une relation entre ces probabilités, telle que leur différence, par exemple? Ou, ce qui revient au même: peut-on expliquer pourquoi différents points de l'espace de contingence correspondent à un même résultat de conditionnement?

Troisièmement, quel peut bien être l'effet de procédures dans lesquelles la probabilité du SI ne dépend en rien de la présence ou de l'absence du SC (ou de sa trace d'excitation), c'est-à-dire quand on a: $p(SI/SC) = p(SI/\overline{SC})$? Il s'agit alors de procédures de contingence nulle, qui se représentent sur l'espace de contingence par des points sur la diagonale.

Enfin, les réponses aux précédentes questions permettent-elles de juger de l'adéquation du modèle théorique pavlovien exposé plus haut? Divers résultats expérimentaux vont apporter la réponse à ces différentes questions.

Effets des contingences positives et négatives

Voyons tout d'abord si les contingences positives ont pour résultat constant une excitation conditionnée, et les négatives une inhibition conditionnée.

1. Les effets des SC d'après les procédures de conditionnement aversif

Rescorla et LoLordo (1965) ont étudié les effets de contingence positive et négative entre un SC auditif et un SI de choc électrique au moyen d'une procédure ressemblant à celle de «réaction émotionnelle conditionnée» (REC) qui a été décrite plus haut. Leur procédure comprend trois phases. Tout d'abord des chiens sont entraînés à sauter une barrière séparant les deux compartiments d'une boîte à navette d'évitement, afin d'éviter les chocs électriques non signalés qui surviennent dans chacun des compartiments, à travers les barreaux métalliques formant le plancher. Ce programme d'évitement «libre» (ou non signalé) (Sidman, 1953) produit une fréquence de sauts assez stable de l'ordre de 5 à 8 réponses à la minute.

On applique ensuite à ces animaux une procédure de conditionnement classique. Durant plusieurs séances, ils sont enfermés dans l'un des compartiments, sans pouvoir franchir la barrière; ils sont alors soumis à plusieurs essais de conditionnement, séparés par des intervalles de 1 à 2 mn, et consistant en diverses associations et combinaisons de stimulus auditifs de 5 s (SC) et de chocs électriques de 5 s également (SI). Enfin, on passe à la dernière phase qui est une séance de test au cours de laquelle les chiens peuvent à nouveau franchir la barrière et passer d'un compartiment à l'autre pour éviter des chocs. Au cours de cette activité, on présente 60 fois les SC, indépendamment de ce que fait le sujet à ce moment; ces SC ne sont jamais suivis de choc. Si on suppose que la fréquence des sauts varie comme une fonction positive de la peur conditionnée, on s'attend à ce que la présentation d'un SC excitateur de la peur augmente ce rythme tandis que celle d'un SC inhibiteur de la peur le ralentisse. Cette procédure de test est homologue de celles d'addition de stimulus qu'on a vues plus haut.

Dans une première expérience, les auteurs ont employé deux sortes d'essais de conditionnement. Dans la moitié des cas, un stimulus auditif (SC+) était suivi, après un délai de 5 s, d'un choc électrique (SI); dans l'autre moitié des essais le SC+ n'était pas suivi de choc électrique, mais d'un autre stimulus auditif (SC−) simplement. En termes pavloviens, cette procédure est celle du conditionnement d'inhibition: un SC+ est suivi du SI, à moins que le dit SC+ ne soit suivi d'un SC−. Le calcul des diverses probabilités donne pour le SC+: p (SI/SC+) = 0, et p (SI/$\overline{SC}$+) = 0, ce qui revient à dire que la contingence est positive. Pour le SC−, on a: p (SI/SC−) = 0, mais aussi p (SI/$\overline{SC}$−) = 0,05 environ et cela indique que la contingence entre le SC− et le choc électrique est négative. Or, l'observation des chiens durant les essais de conditionnement a montré que, si le SC+ produit la peur (oreilles couchées, queue entre les jambes), par contre le SC− met fin à cette émotion (la tête et les oreilles se redressent). Lors de la troisième phase, la fréquence des sauts d'évitement augmentait nettement durant l'audition du SC+ et restait élevée durant les 5 s suivantes. Par contre dès que le SC− se faisait entendre à la suite du SC+, les chiens cessaient pratiquement de sauter.

La seconde expérience met en jeu deux groupes de chiens. Pour tous les sujets, la moitié des essais de conditionnement consiste en la succession d'un SC+ de 5 s et d'un choc de 5 s également. Pour les chiens du groupe CI, l'autre moitié des essais consistait en l'audition d'un SC− de 5 s suivi de celle du SC+ mais non suivi de choc. Pour le groupe DI, ces essais consistaient en l'audition du SC− seul, sans SC+ ni choc; la procédure est donc semblable à celle du groupe précédent, à part le fait que le SC+ n'est pas présenté lors des essais non renforcés. La procédure appliquée au groupe CI est, en termes pavloviens, très semblable à celle du conditionnement d'inhibition, tandis que celle du groupe DI est celle du conditionnement discriminatif. Dans les deux cas, la contingence est positive entre le SC+ et le choc, et négative entre le SC− et le choc.

Or le comportement des chiens des deux groupes fut le même lors de la troisième phase: le SC+ augmentait la fréquence de leurs sauts, tandis que le SC− les faisait pratiquement cesser, ces réponses ne reprenant que lentement durant les 5 s suivant la terminaison du SC−.

La contingence négative entre le SC− et le choc étant un point commun des procédures appliquées aux deux groupes de sujets de cette 2e expérience, Rescorla et LoLordo s'en inspirèrent pour simplifier la situation de conditionnement dans la 3e expérience, en n'y faisant usage que de cette seule contingence négative. Durant chaque séance de conditionnement classique (2e phase), les SC sonores et les chocs étaient présentés en ordre aléatoire, mais aucun choc n'était délivré avant qu'une minute au moins se soit écoulée depuis la fin du dernier son. Lors de la session-test (3e phase), la présentation de ce son (SC−) réduisait presque totalement la fréquence des sauts d'évitement, qui reprenait toutefois nettement lors des 5 secondes suivantes. Ainsi donc, des présentations séparées et dissociées du SC et du SI produisent un effet conditionné, de nature inhibitrice. Or cette procédure était classiquement utilisée à titre de contrôle dans les expériences de conditionnement classique; nous aurons donc à envisager les implications de ce résultats relativement à la procédure qu'on doit appliquer aux groupes témoins dans ce genre d'expériences.

Pour l'instant, retenons des résultats qu'on vient d'exposer qu'une contingence négative entre un SC et un SI suffit à conditionner l'inhibition d'un RC à ce SC. Or, dans les expériences rapportées ci-dessus, non seulement le SC− n'était pas renforcé par le SI, mais en outre le SI était présenté en l'absence du SC−. Supposons alors qu'un SC soit perçu en l'absence de chocs, mais aussi qu'il n'y ait pas de chocs aux autres moments: un tel SC deviendra-t-il un inhibiteur? Cette condition correspond à la procédure d'inhibition latente, dont il a été question plus haut; nous avions vu que cette procédure, qui consiste essentiellement dans le non-renforcement d'un stimulus, ne peut pas donner à celui-ci de valeur inhibitrice. Rescorla et LoLordo (1965) ont obtenu des résultats qui vérifient cette conclusion: deux SC auditifs ont été présentés à plusieurs reprises lors de séances pendant lesquelles aucun choc n'était infligé, mais lors de la séance-test ces SC n'ont eu aucune influence sur la fréquence des sauts d'évitement.

Un dernier travail de Rescorla (1966) montre bien comment le caractère excitateur ou inhibiteur des SC peut être inféré à partir des lois de contingence. On emploie ici trois groupes de chiens, soumis à des traitements différents lors de la phase de conditionnement classique (2e phase). Pour le groupe R, sons et chocs surviennent indépendamment les uns des autres et donc p (SI/SC) = p (SI/$\overline{SC}$): la contingence entre son et choc est nulle. Pour le groupe P, les seuls chocs programmés qui sont réellement administrés sont ceux qui doivent arriver dans les 30 s qui suivent un son. Au contraire, pour le groupe N, aucun choc n'est infligé durant ce délai, alors que les chocs devant arriver ensuite sont bien administrés. Ainsi la contingence entre

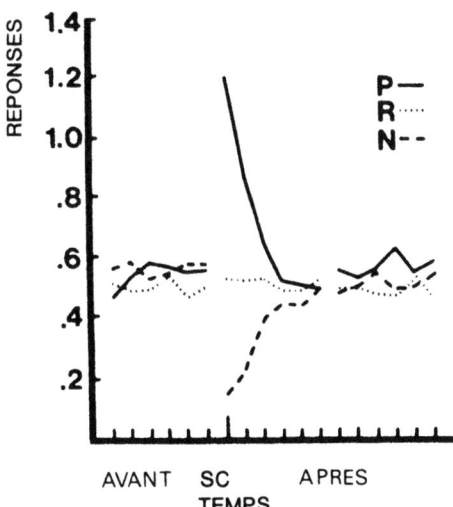

Figure 3: Nombre moyen de réponses d'évitement au cours d'intervalles successifs de 5 secondes avant, pendant et après la présentation d'un signal (SC), chez des sujets pour lesquels on a établi entre ce SC et un choc électrique une contingence soit positive (P), soit négative (N), soit nulle (R) (Rescorla, 1966).

son et choc est positive dans le cas du groupe P, et négative dans celui du groupe N.

La figure 3 montre quels sont les effets du son (SC) quand il vient s'ajouter à la condition d'évitement libre au cours de la séance-test : il augmente la fréquence des sauts chez les chiens du groupe P, la diminue chez ceux du groupe N, et ne la modifie en rien chez ceux du groupe R. Il est important de remarquer que les sujets des groupes P et R ont été soumis au même nombre de successions son-choc, c'est-à-dire de cas où le SI survient moins de 30 s après le SC; or l'excitation conditionnée n'est acquise que par le groupe P. Cela montre que la contiguïté temporelle entre le SC et le SI ne suffit pas pour établir une liaison conditionnée excitatrice, et que l'existence d'une contingence positive entre ces stimulus est nécessaire à la formation d'une telle liaison.

La notion de contingence s'applique également à l'étude de cet important paradigme expérimental qu'est le «conditionnement rétrograde», dans lequel le début du SI précède celui du SC. On s'y est intéressé tout d'abord pour savoir s'il pouvait donner lieu à une liaison conditionnée excitatrice; en effet, un tel résultat aurait contredit la théorie de Pavlov selon laquelle le SC+ finit par produire la RC parce que la trace de l'excitation qu'il a produite dure encore quand le SI est présenté à son tour (Pavlov, 1927; Razran, 1956). On n'a jamais pu fournir une démonstration probante de l'établissement d'une liaison conditionnée excitatrice par la procédure rétrograde, ce qui conforta la théorie de Pavlov au point qu'on en vint à employer le conditionnement rétrograde comme une procédure de contrôle vis-à-vis des effets non associatifs (voir plus haut). Mais récemment, le conditionnement rétrograde a suscité un grand intérêt en tant que procédure susceptible de produire une inhibition conditionnée (Konorski, 1948; Moscovitch et LoLordo, 1968).

Ces deux derniers auteurs ont employé la technique d'addition de SC dans une situation d'évitement libre en navette. Durant la phase de conditionnement, les chiens recevaient des chocs électriques (SI) suivis 1 s après d'un signal sonore (SC). Les couplages SI - SC étaient séparés par des intervalles de 2 à 3 mn. Durant la séance-test (3e phase) la présentation du SC a eu pour effet de réduire beaucoup la fréquence des sauts, et 30 s après, cette fréquence n'était pas encore revenue à sa valeur initiale.

Les résultats qu'on vient de citer ont été obtenus au moyen d'une seule et même technique, destinée à mettre en évidence la valeur associative d'un stimulus conditionné au choc électrique, en le présentant durant l'émission de réponses libres d'évitement de chocs non signalés. Il s'agit d'un moyen indirect d'étudier le conditionnement aversif classique, et si elle a été tellement employée, c'est parce qu'elle a permis de mettre en évidence les effets de contingence; mais qu'en est-il alors de la généralité de ces effets?

2. Les effets de contingence et leur généralité

La preuve qu'une contingence positive est nécessaire à la formation d'une excitation conditionnée est fournie par les expériences qui établissent une contingence nulle entre SC et SI. En effet, quand cette contingence ne produit aucun RC malgré la probabilité que se produisent plusieurs successions SC - SI, alors qu'une contingence positive entre les mêmes stimulus produit une RC, on est bien obligé de conclure à la nécessité de ce facteur et à l'insuffisance de celui de contiguïté temporelle. On a vu plus haut un résultat de ce type à propos de l'expérience de Rescorla (1966); d'autres données semblables ont été obtenues avec la REC chez le Rat (Hammond, 1967; Keller, Ayres et Mahoney, 1977) ou avec l'autodressage à picorer chez le Pigeon (Gamzu et Williams, 1971).

La formation d'une inhibition conditionnée par le jeu d'une contingence négative entre SC et SI est démontrée par les résultats de conditionnement d'inhibition et de conditionnement différentiel. Employant cette dernière procédure, Hammond (1968) l'a vérifié à propos de l'acquisition de la REC chez le Rat, et Wessels (1973) ainsi que Wasserman, Franklin et Hearst (1974) à propos de l'autodressage à picorer chez le Pigeon. La procédure de conditionnement d'inhibition a permis de retrouver le même effet inhibiteur des contingences négatives, soit dans l'acquisition de la REC chez le Rat (Rescorla, 1971), soit dans le conditionnement du clignement chez le Lapin (Marchant et Moore, 1974) ou dans celui d'aversion gustative chez le Rat (Best, 1975).

La procédure de conditionnement rétrograde a donné lieu à des inhibitions conditionnées au SC présenté après le SI, qu'il s'agisse de la REC chez le Rat ou du clignement chez le Lapin (Plotkin et Oakley, 1975; Siegel et Domjan, 1971). Dans toutes ces expériences, les animaux soumis au conditionnement rétrograde (et donc à la contingence négative qu'elle impose entre SC et SI) ont été comparés à des sujets témoins pour lesquels la présentation des SC et des SI était indépendante (contingence nulle). En effet, tous ces animaux ont été ensuite soumis à des essais classiques où le SC précédait à chaque fois le SI (contingence positive); les sujets ayant subi la procédure rétrograde ont alors présenté un retard d'acquisition de la RC par rapport aux témoins.

3. Aspect quantitatif des contingences

Nous nous sommes demandés si les animaux se comportent comme s'ils calculent les probabilités conditionnelles relatives aux stimulus. Les résultats qui permettent de répondre à cette question sont ceux des études où l'on a maintenu l'une des deux probabilités toujours nulle, en donnant à l'autre des valeurs variables parmi plusieurs groupes de sujets. Quand p (SI/$\overline{SC}$) = 0 et que p (SI/SC) est variable, l'accroissement de cette dernière probabilité s'accompagne d'une plus grande vitesse d'acquisition de la RC (Gormezano et Coleman, 1975), ou bien d'une élévation du niveau final d'intensité de la RC (Gonzalez, Longo et Bitterman, 1961; Wagner et coll., 1964). Il est plus rare de fixer p (SI/SC) = 0 et de faire varier la contingence négative, soit p (SI/$\overline{SC}$); c'est ce qu'ont fait Rescorla (1969) en étudiant la REC chez le Rat, ainsi que Hearst et Franklin (1977) en observant le recul du Pigeon devant un stimulus visuel localisé qui annonçait une durée de privation de grain dans le distributeur. Dans les deux cas, on a constaté que le niveau maximum de l'inhibition conditionnée correspond aux plus fortes valeurs de p (SI/$\overline{SC}$), c'est-à-dire à la plus forte densité moyenne de renforcement (SI) en l'absence du SC. La force du conditionnement inhibiteur augmente donc d'autant plus que le point figurant la contingence dans le graphique (fig. 2) se déplace vers la droite le long de l'abscisse.

Le conditionnement conçu comme effet de contingence

Selon la conception probabiliste de Rescorla, le résultat de toute expérience de conditionnement classique dépend essentiellement des valeurs des deux probabilités conditionnelles: p (SI/SC) et p (SI/$\overline{SC}$). Si la contingence est nulle, aucun effet associatif n'est à attendre; si on a: p (SI/SC) > p (SI/$\overline{SC}$), une liaison conditionnée excitatrice se formera, tandis que si on a: p (SI/SC) < p (SI/$\overline{SC}$), la liaison sera inhibitrice.

Le nombre d'associations SC - SI, c'est-à-dire de contiguïtés temporelles des deux stimulus, est certes un facteur important dans la formation de la liaison conditionnée, mais seulement dans la mesure où cela concerne la contingence entre SC et SI. En effet, la contiguïté ne constitue pas un facteur suffisant pour que se forme un conditionnement, puisque malgré les associations SC - SI qui se produisent par hasard au cours des procédures à contingence nulle, aucune RC ne se forme (Rescorla, 1966).

Un autre problème est celui des effets non associatifs et de leur contrôle, que nous avons rencontré à propos de la conception pavlovienne. Tant qu'on suppose que le SI doit survenir durant l'excitation laissée par le SC pour que la RC soit acquise, on prendra pour groupe témoin des sujets soumis à la présentation de SC et de SI en même nombre que pour le groupe expérimental, mais sans que jamais un SI suive de près un SC. Si l'on observe alors des réponses au SC chez ces sujets, il s'agira d'effets non associatifs tels qu'un pseudoconditionnement, ou du moins le croit-on. Selon ce raisonnement, on pourra prendre pour groupe témoin des sujets soumis à la procédure de conditionnement rétrograde.

Or nous avons vu que toute contingence négative, et notamment celle qui est mise en jeu dans le conditionnement rétrograde, donne une valeur inhibitrice au SC. Par conséquent, dans les résultats que fournissent les procédures de contrôle inspirées de la théorie pavlovienne, il convient de faire la part, non seulement d'effets excitateurs, mais aussi d'effets inhibiteurs associatifs. La conception probabiliste amène à préférer une autre procédure de contrôle : les sujets du groupe témoin doivent recevoir autant de SC et de SI que ceux du groupe expérimental, mais on doit avoir annulé toute valeur de contingence entre ces stimulus. Les procédures de contingence nulle constituent un point de référence neutre, par rapport auquel il est facile d'estimer l'effet associatif des contingences auxquelles sont soumis les sujets des groupes expérimentaux.

Le point de vue probabiliste a apporté également une importante contribution à l'étude de l'extinction. Ainsi, la procédure qui paraît la plus indiquée est celle qui consiste à présenter au sujet autant de SC et de SI par séance que lors du conditionnement, mais en annulant la contingence qui relie ces stimulus (Rescorla, 1967). Pour étudier les effets associatifs, cette procédure est plus valable que celle qui consiste à ne présenter que les SC, sans les SI, car on laisse ainsi les facteurs non associatifs exercer leurs effets sur la diminution progressive des réponses au SC. En effet, la suppression des SI revient à ôter de la situation expérimentale une source de motivation et de réactivité, surtout s'il s'agit d'évitement (Spence, 1966). Par conséquent, au moins lors des premiers essais d'extinction, ce facteur non associatif peut causer une diminution des RC plus forte dans la procédure à SC seul que dans celle de contingence nulle, où chaque séance comporte autant de SC et de SI que lors de l'acquisition.

A vrai dire, on n'a guère fait de comparaisons entre l'extinction par présentation du SC seul, et celle qui réalise une contingence nulle entre les SC et les SI (Ayres, Benedict et Witcher, 1975). Par contre on a effectué des comparaisons expérimentales entre l'extinction avec SC seul, et l'extinction par dissociation des SC et des SI, séparés par un intervalle temporel suffisant (Frey et Butler, 1977; Leonard, 1975; McAllister, 1953; Spence, 1966); la réponse étudiée était celle de clignement chez le Lapin et chez l'Homme. On a constaté davantage de RC pour parvenir au critère d'extinction quand le SI était présenté, bien qu'il fût alors dissocié du SC, que lorsqu'il était omis. Dans l'expérience de Frey et Butler, une phase de reconditionnement du SC faisait suite à celle d'extinction: les lapins ayant subi celle-ci par dissociation des SC et des SI ont émis moins de RC (récupération spontanée) au début de cette phase que ceux qui avaient été soumis à l'extinction par présentation répétée du SC seul. L'extinction avait donc été plus complète chez les premiers que chez les seconds, et d'ailleurs ce résultat est bien celui qu'aurait prédit l'hypothèse probabiliste. En effet la diminution associative doit être plus marquée si, à une contingence positive, fait suite une contingence négative, que si c'est une contingence nulle. Ce dernier cas est celui du SC présenté seul, sans SI; on a alors: $p\,(SI/SC) = p\,(SI/\overline{SC}) = 0$; au contraire, dans les présentations dissociées du SC et du SI, on a: $p\,(SI/SC) = 0$, mais: $p\,(SI/\overline{SC}) > 0$.

Les limites et les défauts du modèle probabiliste

La conception du conditionnement présentée par Rescorla, fondée sur la notion de contingence entre les stimulus, a eu le mérite d'inclure des idées classiques de l'école pavlovienne dans un cadre notionnel plus large, tout en remettant en question plusieurs conceptions importantes de cette école. Cependant la conception probabiliste est passible de diverses critiques que nous devons mentionner.

La première faiblesse de ce modèle consiste en ce qu'il nie l'importance de la contiguïté des stimulus, mais qu'il doit néanmoins utiliser la notion de «trace d'excitation», issue du modèle pavlovien qu'il prétend remplacer, afin de déterminer si une probabilité conditionnelle est nulle ou positive. Par exemple, si un très bref délai s'écoule entre la fin d'un SC et le début du SI (c'est le classique conditionnement «de trace»), dira-t-on que le SI survient en l'absence du SC et donc que la contingence est négative, et génératrice d'inhibition? Surtout quand le résultat obtenu démontre un effet excitateur (Ellison, 1964; Kamin, 1965)? Par conséquent la prédiction des effets des diverses contingences ne peut être formulée sans qu'on sache rien des intervalles temporels séparant les stimulus, et sans faire appel à une durée hypothétique de la «trace» d'excitation qui suit leur présentation.

Le problème est d'autant plus aigu que cette quantification n'a de valeur que relativement aux systèmes de réponse mis en œuvre. Par exemple, si un son de 0,5 s précède régulièrement de 10 s un choc électrique, le rythme cardiaque et la REC témoigneront de l'acquisition d'une excitation conditionnée au son, mais la réaction de clignement de la membrane nictitante ne montrera rien de tel (VanDercar et Schneiderman, 1967). L'effet d'une contingence donnée ne saurait donc être séparé des caractéristiques temporelles du système de réaction interrogé.

Une autre limitation du modèle réside dans son absence d'hypothèses relatives aux processus et aux mécanismes, de sorte que si le résultat final peut faire l'objet d'une prédiction, il n'en va pas de même pour les effets produits par le SC quand on le présente seul après un nombre variable d'essais de conditionnement: on ne peut estimer d'avance ce que sera son effet après l'essai n° 5 ou après l'essai n° 18. De ce fait le modèle probabiliste de Rescorla ne donne pas davantage d'indications relatives aux effets d'ordre sur le résultat final de deux procédures A et B appliquées successivement, et correspondant à deux contingences différentes. Le résultat final ne saurait être que celui qui découle de la différence des deux contingences, qu'on ait employé A d'abord, puis B, ou bien l'inverse: B puis A. Si par exemple A consiste en associations SC-SI, et B en présentations du SI seul, alors les effets de ces procédures doivent s'additionner algébriquement pour produire un même bilan excitateur ou inhibiteur, quel que soit l'ordre de leur application. Or, si certains résultats expérimentaux confirment cette prédiction, d'autres l'infirment nettement (Rescorla, 1974).

Toutes ces limitations ont suscité la mise au point d'un nouveau modèle qui sera exposé plus loin (Rescorla et Wagner, 1972). Le besoin s'en faisait sentir également à la suite de résultats obtenus grâce à la procédure de contingence nulle, qu'on va voir à présent.

Les effets de la contingence nulle entre le SC et le SI

On s'est tout d'abord intéressé à la procédure de contingence nulle pour son efficacité à contrôler les effets non associatifs dans les expériences de conditionnement. Puis, au vu de certains résultats obtenus grâce à cette procédure, on a commencé à l'étudier pour elle-même.

Nous avons vu plus haut que, dans les procédures de contingence nulle: a) le SC devient moins excitateur qu'un SC ayant une contingence positive vis-à-vis d'un SI (Gamzu et Williams, 1971; Rescorla, 1968); b) il n'a pas d'effet sur la réponse à un SC+ si on le présente en même temps que celui-ci (tests d'addition: Hammond, 1967; Rescorla, 1966, 1968); c) il est transformé plus facilement en SC excitateur qu'un SC ayant eu une contingence négative vis-à-vis du SI (Hammond, 1968). Considérés ensemble, ces résultats indiquent que la procédure de contingence nulle n'engendre pas d'effets associatifs. D'autre part cependant, plusieurs auteurs étudiant la REC chez le Rat ont obtenu des effets excitateurs avec la procédure de contingence nulle (Benedict et Ayres, 1972; Kremer, 1974; Quinsey, 1971). Dans la plupart des cas, la force de l'excitation conditionnée était en rapport direct au nombre d'associations SC - SI réalisées par hasard, ainsi que l'aurait prédit la théorie de Pavlov.

A y regarder de près, ces résultats sont relatifs à l'usage d'essais massés dans le temps, et à l'occurrence de couplages SC - SI, soit lors des tout premiers essais, soit un peu plus tard mais à la condition que ces couplages n'aient été précédés que de rares SI isolés. Autrement dit, si le choc survient souvent sans être signalé au début du conditionnement en contingence nulle, le SC ne peut plus prendre ensuite de valeur aversive ni déterminer la REC. Voilà qui suggère bien l'existence d'un effet associatif. D'autre part on a constaté que même si le SC a pris une certaine valeur aversive, il suffit de prolonger la procédure de contingence nulle pendant quelques heures encore pour qu'il la perde complètement (extinction) (Keller, Ayres et Mahonney, 1977). Ceci montre que des états intermédiaires sont à prévoir au cours de l'application de la contingence nulle, et qu'ils peuvent être associatifs, et donc différer du résultat final. Là encore, on ressent le besoin d'un modèle prédictif essai par essai.

Mackintosh (1973, 1975), employant la procédure de contingence nulle, a obtenu un autre résultat que la conception probabiliste de Rescorla n'avait pas prévu. Il présente à des rats un SC et un SI en contingence nulle l'un vis-à-vis de l'autre, dans la situation de conditionnement appétitif et dans celle de REC; puis il rend la contingence positive et compare alors l'apprentissage du groupe expérimental ainsi «préparé» par la contingence nulle initiale avec celui de deux groupes témoins. Dans ces groupes, les rats n'ont été soumis initialement qu'à des présentations du SC isolé, ou du SI isolé, en nombre égal aux présentations reçues par le groupe expérimental. On constate que celui-ci manifeste un retard d'apprentissage par rapport aux deux groupes témoins, c'est-à-dire que les rats ayant subi la contingence nulle ont besoin d'un plus grand nombre d'essais de conditionnement que les rats témoins pour parvenir à la même performance conditionnée, qu'il s'agisse de la fréquence des lappements d'une boisson, ou de la cessation de la réponse alimentaire (REC), en réponse au SC. Des résultats semblables ont été constatés à propos de l'autodressage à picorer chez le Pigeon (Mackintosh, 1973), du conditionnement de clignement chez le Lapin (Siegel et Domjan, 1971), et à nouveau chez le Rat à propos du conditionnement de lappement et de la REC (Baker, 1976). Mackintosh a donné à ce résultat le nom de « indifférence apprise »; il l'explique en disant que le retard d'apprentissage tient à ce que les animaux ont d'abord appris au cours de la phase de contingence nulle que le SC et le SI surviennent indépendamment l'un de l'autre, ou qu'ils n'ont rien à voir l'un avec l'autre; l'apprentissage de cette relation d'indépendance s'oppose évidemment ensuite à l'apprentissage de la signification du SI par le SC lors de la phase de contingence positive.

On peut cependant interpréter d'une autre façon les résultats de Mackintosh. Il se peut que la procédure de contingence nulle ait eu un effet d'inhibition conditionnée, ce qui retarderait la formation du conditionnement excitateur qu'on établit ensuite. Un tel déficit serait donc dû au conditionnement d'une certaine réponse durant la phase de contingence nulle, qui gêne ensuite l'acquisition d'une nouvelle réponse durant la seconde phase (contingence positive), et non à l'apprentissage d'une première relation entre SC et SI incompatible avec une seconde relation. Une épreuve propre à départager ces deux hypothèses serait de faire acquérir, lors de la 2e phase, une liaison inhibitrice (contingence négative), et excitatrice. Si c'est l'hypothèse d'une « indifférence » qui est exacte, l'apprentissage de cette liaison doit être retardé aussi bien dans ce cas que dans l'expérience de Mackintosh, mais si c'est celle qu'on vient de formuler, il y aura une facilitation du second conditionnement puisqu'il est inhibiteur.

Quoi qu'il en soit, ce phénomène « d'indifférence apprise » aura une profonde influence sur les futures formulations théoriques du conditionnement, car il montre qu'il se produit une certaine forme d'apprentissage quand le SC et le SI sont indépendants, laquelle est différente de l'apprentissage associatif qui forme le fondement de la théorie pavlovienne comme de la conception probabiliste qu'on vient d'exposer.

Signaux composites et blocages du conditionnement

Nous avons noté plus haut le besoin d'une théorie du conditionnement classique qui présente les mêmes avantages que les conceptions fondées sur les relations de contiguïté ou de contingence entre les stimulus et qui permette en outre de prédire essai par essai ce que deviennent les RC, y compris dans le cas où deux modes de renforcement différents sont mis en œuvre successivement. Wagner et Rescorla (1972; Rescorla et Wagner, 1972) ont élaboré un modèle théorique dans le but de répondre à ces exigences, mais aussi de rendre compte de résultats relatifs à l'usage et au renforcement de plusieurs SC présentés en même temps.

Renforcement et non-renforcement des SC composites

Le premier exemple de tels résultats nous sera fourni par une expérience de Wagner et Saavedra (1969). Ces auteurs ont conditionné le clignement chez des lapins, envers de brefs SC auditifs et visuels qui précédaient de 1 s l'application d'un choc électrique dans la région para-orbitale. Dans une première phase, tous les sujets reçoivent 200 essais de conditionnement où les deux SC sont présentés en même temps : un son A et un éclat lumineux X; ils sont toujours suivis du choc (SI). C'est le seul traitement que reçoivent les lapins du groupe témoin AX+; pour ceux des groupes expérimentaux, il s'y ajoute 200 présentations de l'éclat lumineux X, réparties au hasard parmi celles du composé AX. Ces présentations de X seul sont toujours suivies de choc pour les lapins du groupe AX+/X+, alors qu'elles ne le sont jamais pour ceux du groupe AX+/X−. On notera que les trois groupes sont traités de façon équivalente pour ce qui concerne le nombre de présentations du stimulus A et de son renforcement; or la seconde phase de l'expérience montre que la valeur associative de A dépend en fait des différents traitements du stimulus X. C'est une phase-test qui consiste simplement en 16 présentations de A renforcées par le choc. La figure 4 montre ce que sont les proportions de RC au composé AX et aux stimulus isolés A et X, observées durant les deux phases de l'expérience, et de comparer à cet égard les trois groupes de lapins. Ils ne diffèrent pas par leurs réponses au composé AX, tandis qu'ils réagissent plus ou moins au stimulus X selon qu'il a été présenté, et renforcé ou non par le choc; ces résultats n'ont rien d'inattendu. Par contre le taux de RC au stimulus A varie entre les trois groupes de façon intéressante : par rapport au taux du groupe témoin AX+, il diminue quand X a été présenté isolément et renforcé (groupe AX+/X+) tandis qu'il augmente dans le cas contraire (groupe AX+/X−).

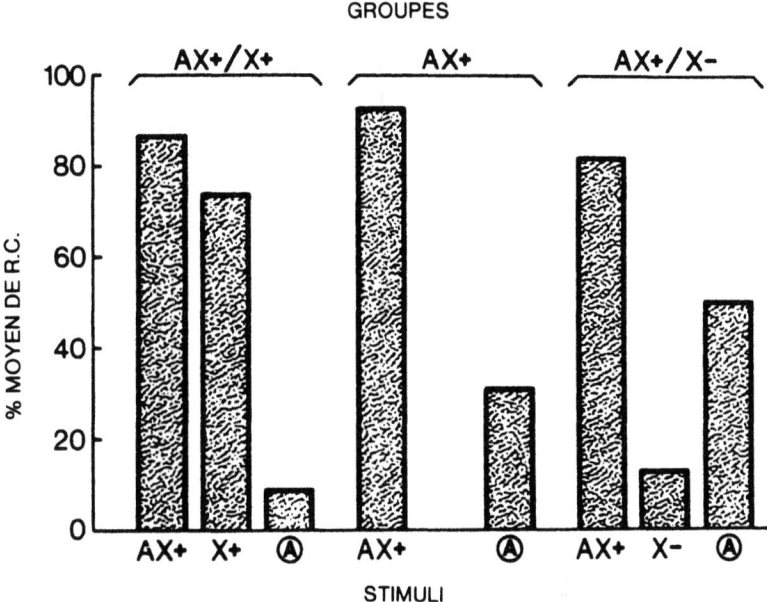

Figure 4: Pourcentage moyen de réponses de clignement conditionnées à un signal composite AX et au signal X seul lors d'une première phase, puis au signal A seul lors d'une seconde phase, ou phase-test (Rescorla et Wagner, 1972).

Le second exemple est tiré d'un travail de Kamin (1969) et montre que le fait de renforcer un stimulus X altère la possibilité de renforcer ensuite un autre stimulus A si on le présente en même temps que X, c'est-à-dire sous forme de composé AX. Comme dans l'expérience précédente, ces deux stimulus étaient l'un visuel et l'autre sonore, mais leur durée était nettement plus longue. Les animaux étaient des rats, et la réponse à conditionner était la suppression émotionnelle de l'alimentation, ou REC. On peut en faire une estimation quantitative sous forme du taux de suppression ou de diminution du nombre d'appuis effectués par les rats pour actionner un distributeur de nourriture : la réduction de cette fréquente à un pourcentage bas indique une forte REC, alors qu'une valeur de l'ordre de 40 à 50 % témoigne d'une REC faible (cf. le tableau I, colonne de droite). Il y a deux groupes témoins : le groupe AX+ qui reçoit 8 présentations renforcées du composé AX avant d'être testé avec A seul, et le groupe X pour qui le stimulus X est présenté seul et renforcé 24 fois avant qu'on ne teste A seul. On peut s'attendre à ce que le stimulus A produise une forte REC chez les rats du groupe AX+, et une REC faible chez ceux du groupe X+; ce sont bien les résultats que l'on constate (tableau II). Mais il est plus étonnant de constater que la REC au stimulus A est également très faible dans le cas du groupe expérimental X+/AX+ pour qui A a été renforcé 8 fois, mais en conjonction avec X (composé AX) et seulement après que X ait été présenté seul et renforcé 16 fois; Kamin dit que le renforcement préalable de X isolément a produit un « blocage » du conditionnement envers A. L'autre groupe expérimental, AX+/X+, montre une REC de force moyenne envers A, renforcé 8 fois dès la première phase en conjonction avec X, et malgré 16 présentations et renforcements de X isolément durant la seconde phase. On voit, par la comparaison des résultats de ces deux derniers groupes, que deux traitements identiques peuvent déterminer des valeurs associatives différentes pour un SC particulier, selon l'ordre dans lequel on les applique.

TABLEAU II

Plan d'une expérience de blocage et ses résultats (d'après Kamin, 1969)

Groupes de sujets	1re phase	2e phase	Phase-test	Taux de suppression
AX+		AX (8)	A	5 %
X+		X (24)	A	44 %
X+/AX+	X (16)	AX (8)	A	45 %
AX+/X+	AX (8)	X (16)	A	25 %

Les deux expériences qu'on vient de décrire ont en commun un résultat important, à savoir que le renforcement d'un stimulus A figurant dans un composé AX est diminué si, par ailleurs, le stimulus X est présenté et renforcé isolément. Ce résultat, obtenu avec des procédures différentes et chez des animaux d'espèces différentes, démontre que ni la contiguïté ni la contingence positive entre le SC et le SI ne suffisent à rendre compte de l'excitation conditionnée. De façon inverse et complémentaire, la comparaison des groupes AX+ et AX+/X− dans l'expérience de Wagner et Saavedra montre que le renforcement de A dans le composé AX est augmenté lorsque X, présenté séparément, *n'a pas* été renforcé.

De façon symétrique, l'inhibition conditionnée est également sujette aux effets de blocage entre deux stimulus. C'est ce qu'ont trouvé Wagner et Saavedra dans une autre expérience où le composé AX n'était pas renforcé, tandis que X seul l'était, c'est-à-dire dans un paradigme de conditionnement d'inhibition: la valeur inhibitrice de A testé seul est augmentée par le renforcement de X isolé. De leur côté,

Suiter et LoLordo (1971) ont obtenu des effets comparables à propos de l'inhibition de la REC chez les rats. Si un composé AX est établi comme un inhibiteur, par exemple en étant négativement contingent vis-à-vis du SI (choc), son élément A détermine lui aussi une inhibition de la REC si on le teste seul. Cependant il n'a pas d'effet si, lors d'une phase préalable de l'expérience, on a établi X comme inhibiteur conditionné en le présentant seul. Le conditionnement d'une inhibition à A est alors bloqué par celui qui a été déjà formé avec X.

Le modèle de Wagner et Rescorla

Ces auteurs ont cherché à formaliser les facteurs dont dépend la valeur associative d'un SC et sa variation lors d'essais successifs. Désignons le SC par A, sa valeur associative par V_A et sa modification d'essai en essai par ΔV_A. La valeur maximum que peut atteindre V_A est λ qui dépend du SI, ou agent de renforcement; autrement dit, la valeur associative du SC est limitée par les aspects qualitatifs et quantitatifs du SI. A un moment donné de l'expérience, la modification possible ΔV_A est d'autant plus grande qu'il existe une marge ou différence plus large entre la valeur associative actuelle du SC, c'est-à-dire V_A et sa valeur théorique maximum λ. L'équation fondamentale s'écrit donc:

$$\Delta V_A = \alpha A \, \beta \, (\lambda - V_A)$$

où αA et β sont des paramètres d'apprentissage caractéristiques des stimulus employés. On désigne par αA une qualité du SC: sa facilité à être perçu, remarqué (*salience*); quant au terme β, il est relatif au SI et peut dépendre, entre autres choses, des aspects quantitatifs de ce stimulus. Ces deux paramètres sont supposés constants tout au long de la durée d'une expérience, une fois qu'on a défini les caractéristiques des stimulus. Dans la relation ci-dessus, αA et β déterminent la pente de la courbe d'apprentissage, tandis que λ en fixe l'asymptote.

En effet, l'idée maîtresse du modèle consiste à fixer une valeur «plafond» à V_A, c'est-à-dire λ, et à la faire dépendre du SI. On comprend alors l'effet de blocage qui se produit quand deux stimulus A et X ont une relation de contingence positive envers un SI, si l'on sait que X a été renforcé de nombreuses fois avant qu'on lui adjoigne A pour former le SC composite AX. En effet la valeur associative de X, soit V_X, se rapproche de λ juste avant qu'on n'adjoigne A à X pour former AX; par conséquent V_A ne peut augmenter que dans la mesure de la marge restante, soit $\lambda - V_X$ qui représente une très faible différence. Finalement, on a: $V_{AX} = V_A + V_X = \lambda$ et si $V_X = \lambda$, il s'ensuit que $V_A = 0$. On voit que dans le SC composite, le premier élément qui a été renforcé utilise aux dépens du second élément la valeur associaive que peut fournir le SI.

Les effets d'ordre se conçoivent aisément dans cette perspective. Ainsi, dans l'expérience de Kamin (1969) décrite plus haut, le renforcement de AX tout d'abord, puis de X seul, permet à A de prendre initialement une valeur associative V_A, puis de la conserver tandis que X est présenté isolément et que sa valeur V_X s'accroît. Au contraire, le fait de renforcer d'abord X seul, avant de renforcer le composé AX, réduit la marge d'accroissement laissée à la valeur associative du second stimulus, ou V_A. Ce modèle ne fait aucune référence à la contiguïté des stimulus, ni à leurs relations de contingence, et pourtant il rend bien compte des résultats observés (voir le tableau I).

Pour ce qui est des effets du non-renforcement, le modèle les traite de la même manière que ceux du renforcement, à part ce point essentiel que la valeur associative asymptote λ est fixée à zéro, puisque le SI n'est plus jamais présenté. Ainsi est-il clair que la RC diminue lorsqu'on applique la procédure d'extinction, puisque le terme $(\lambda_o - V_A)$ est négatif. Ceci suppose évidemment que V_A soit déjà devenue une valeur positive; le non-renforcement n'influence le comportement que si un renforcement a déjà été effectué.

L'inhibition est représentée par le signe négatif de la valeur associative. Si une RC est établie envers un stimulus A, tandis que le stimulus X en est un inhibiteur, le modèle prédit que cette RC sera moins forte si l'on présente le composé AX que le stimulus A seul. Comme $V_{AX} = V_A + V_X$, on aura $V_A > V_{AX}$ et donc $V_X < 0$. On conçoit que si l'on renforce alors le stimulus X par un SI, l'acquisition de la RC sera retardée puisque la valeur associative de X, au début de cette nouvelle procédure, est négative.

Grâce à ce modèle, on s'explique également bien les effets de contraste tels que, par exemple, ceux qui se manifestent dans le groupe AX+/X− dans l'expérience de Wagner et Saavedra décrite plus haut. En effet si les quantités V_A et V_X tendent à croître dans les limites de λ quand AX est renforcé, cette croissance est gênée pour V_X dans la mesure où, par ailleurs, X n'est pas renforcé quand il est présenté seul. Cela diminue la part de λ qui peut être prise par V_X et augmente d'autant celle qui peut bénéficier à l'augmentation de V_A.

Enfin le modèle de Wagner-Rescorla rend compte de certains effets des procédures de contingence, et notamment de contingence nulle, que le modèle précédent avait amené à découvrir mais qu'il n'expliquait pas. On suppose que, si un stimulus A est présenté selon un certain rapport de contingence avec le SI, il faut également tenir compte de l'ensemble des autres stimulus constamment présents dans la situation expérimentale. Si on nomme X cet ensemble de stimulus, on voit que quand A est présenté et suivi de SI, c'est AX qui est renforcé; de même, si le SI est présenté sans être précédé de A, on a néanmoins renforcé X, car les stimulus «d'ambiance» sont toujours là. On n'opposera donc plus SI/SC à SI/$\overline{SC}$ comme dans le modèle de la contingence, mais V_{AX} à V_X, c'est-à-dire les valeurs

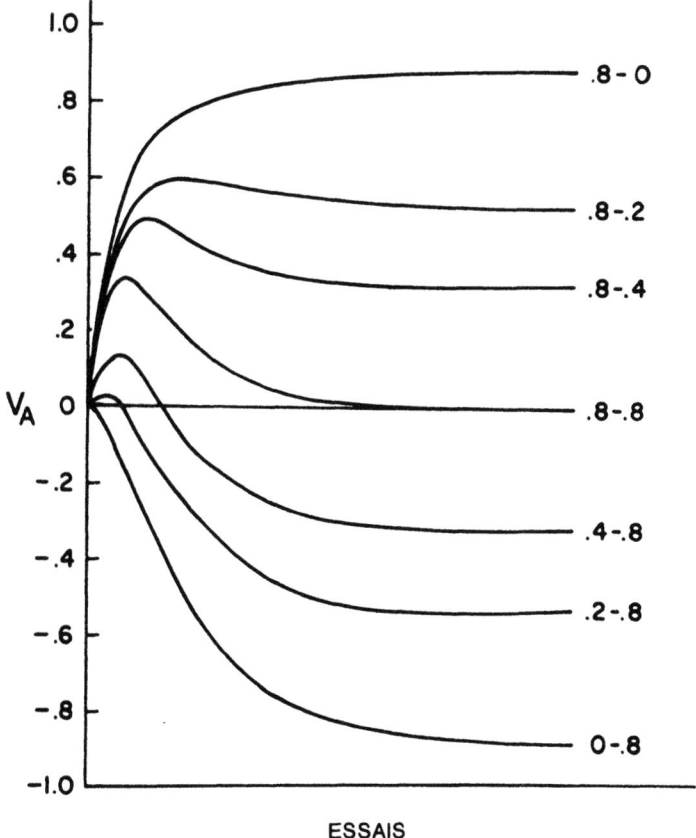

Figure 5: Prédiction théorique de l'évolution de la valeur associative V_A d'un signal A en fonction du nombre des essais. Chaque courbe est caractérisée par deux nombres, dont le premier indique quelle est la probabilité p (SI/SC A) et le second la probabilité p (SI/$\overline{SC}$ $\overline{A}$).

associatives du stimulus + l'environnement et de l'environnement seul. On peut ainsi calculer des résultats théoriques pour diverses conditions de renforcement de AX et de X, au fil des essais successifs. La figure 5 présente une famille de courbes de croissance ou de décroissance de V_A résultant d'une telle simulation; parmi elles on remarque celle qui découle d'une procédure de contingence nulle (0,8 - 0,8): elle montre une croissance initiale transitoire avant de se stabiliser sur la valeur zéro, ou neutralité finale. Or cette capacité associative du SC au début de l'application d'une procédure de contingence nulle, constituait comme nous l'avons vu, l'un des résultats dont le modèle des contingences ne pouvait pas rendre compte (Benedict et Ayres, 1972; Ayres, Benedict et Witcher, 1975).

Autres conceptions modernes

Le modèle de Wagner et Rescorla se caractérise par une vaste «compréhension» du point de vue logique, et de fait il rend bien compte de toute une diversité de résultats. On y a délaissé les principes de contiguïté et d'éventualité pour celui, essentiel, d'une quantité fixe maximum de valeur associative fournie par le SI au (ou aux) SC qu'il renforce. Cependant, parmi les résultats que ce modèle implique ou prédit, certains n'ont pas été vérifiés. Diverses conceptions concurrentes cherchent à en rendre compte et font appel pour cela à de nouveaux principes théoriques.

Rappelons d'abord que Pavlov (1927) avait déjà observé que, s'il renforçait deux SC présentés simultanément, il obtenait une RC pour ce composé ainsi que pour l'un des deux SC, mais non pour l'autre SC. Il avait dénommé «masquage» (*overshadowing*) cet effet, et il en rendait compte en disant que l'un des SC était «fort» (ou: conditionnable) et l'autre «faible», de sorte que le premier empêchait le second de former une liaison conditionnelle avec le SI.

Kamin (1969) a reproduit ce type d'expérience, combinant notamment une lumière, un son de 80 dB et un autre son de 50 dB en couples de SC précédant un choc électrique de 1 mA (SI) afin de conditionner la REC chez des rats. Quand le SC composite «lumière + 50 dB» a été renforcé, on teste chaque stimulus séparément, et on constate que la RC n'est produite que par la lumière, et presque pas par le son de 50 dB. Notons que le paramètre α du modèle de Wagner et Rescorla traduit bien ce fait que la valeur associative d'un SC varie avec son intensité relative. Par ailleurs Kamin a constaté que le son de 50 dB donne lieu à une RC après avoir été renforcé conjointement au SC lumineux (qui ne le «bloque» donc plus), si l'intensité du choc électrique est de 4 mA. Là encore, le modèle de Wagner et Rescorla rend compte d'un tel fait grâce à son paramètre ß : la valeur associative du SC sera d'autant plus grande que l'intensité du SI est plus élevée.

Il n'empêche qu'on puisse présenter une autre interprétation de ces résultats, à commencer par celle de Kamin lui-même qui se fonde sur les notions de *prédiction* du SI par le SC, et aussi sur celle de *surprise* lorsque le SI est imprévu. Selon Kamin, il y a conditionnement d'un SC lorsqu'il précède un SI dont la présentation a surpris l'animal. Par conséquent, si deux SC sont présentés en même temps et suivis du SI, alors qu'ils sont d'intensités inégales, le plus fort deviendra un prédicteur du SI avant l'autre, et ce dernier ne sera plus que « redondant » : le premier restera le seul signal conditionné, tandis que le second perdra cette valeur de signal.

Cette conception d'inspiration cognitiviste permet de comprendre un résultat surprenant si l'on s'en tient au modèle de Wagner-Rescorla. Quand on renforce un stimulus A plusieurs fois seul, si on présente ensuite un second stimulus B en même temps pour former le SC composite AB, on aura un effet de blocage de A sur B après plusieurs présentations renforcées de AB (de 5 à 10 par exemple), mais non après une seule ou deux présentations renforcées seulement (Kamin, 1969; Mackintosh, 1975). Or si un effet associatif découle de la « surprise », il est de fait que les présentations de AB ne sont pas suivies d'autre chose que du SI déjà prédit par A, de sorte que le terme B devient redondant. Mais précisément, pour le devenir, il faut plusieurs essais, et en tout cas davantage que la première présentation renforcée de AB; la redondance de B n'apparaîtra qu'ensuite. On conçoit donc qu'après un seul essai B puisse évoquer la RC, et qu'ensuite il soit « bloqué ».

Un moyen d'empêcher le blocage de B par A, même après plusieurs renforcements de A seul, consiste à modifier le choc annoncé (SI), de façon à créer une nouveauté qui « surprenne » l'animal et corresponde à l'addition de l'élément nouveau B. C'est ce qu'ont fait Dickinson, Hall et Mackintosh (1976) en transformant le choc unique qui faisait suite à A seul, en choc double faisant suite à AB; on ne trouve plus, alors, de blocage de B : il produit la RC tout comme A. Cela peut se comprendre, en termes du modèle de Wagner et Rescorla, comme une augmentation du paramètre ß qui est relatif à l'intensité du SI. Mais auteurs ont également effectué la modification inverse, transformant le SI de choc double durant la phase de renforcement de A seul, en choc unique durant celle du composé AB; or ils ont également trouvé une nette diminution du blocage de B dans cette condition. C'est donc bien le changement apporté au SI, sa nouveauté, et par conséquent c'est l'information fournie à cet égard par le composé AB précédant le nouveau SI, qui constitue les variables critiques.

Un autre résultat gênant pour le modèle de Wagner et Rescorla concerne le « blocage réciproque » : c'est un effet que ce modèle prédit bien, mais il ne se produit pas toujours. Théoriquement en effet, deux SC renforcés conjointement sous forme de composé, sans qu'il y ait eu de précession de l'un sur l'autre, et supposés avoir des paramètres α égaux (ou ayant le même « relief » perceptif), devraient se partager la moitié de la valeur associative totale théorique, soit $\lambda/2$. Par conséquent la RC à un seul des deux SC du composé devrait être moitié moins forte, ou moins fréquente, que la RC au composé lui-même. Or Mackintosh (1975, 1976) a étudié ce point en combinant des stimulus lumineux et sonores à trois degrés différents d'intensité, pour conditionner la REC chez des rats. Il n'a constaté de blocage réciproque qu'avec les stimulus faibles, non avec les forts, car dans ce cas la RC à un stimulus isolé du composé n'est en rien diminuée. Du point de vue de Kamin, il est facile de dire que l'information de partage sans s'épuiser quand les indices et les repères sont nets, et que la complémentarité ne s'avère nécessaire entre ces indices que s'ils sont peu faciles à percevoir. Dans le premier cas, la RC au composé AB, celle à A et celle à B sont égales ; dans le second, la RC au composé est supérieure à celle que produit A ou B.

Pour Mackintosh, les résultats ci-dessus sont compatibles avec le modèle de Wagner et Rescorla, de même que l'absence de blocage après le premier essai de conditionnement d'un SC composite. Il suffit de considérer que la valeur du paramètre α relatif au SC peut varier au cours de l'expérience, selon que ce SC est un bon ou un mauvais prédicteur du SI, et bien sûr selon son intensité physique. Or, si cette dernière n'est pas modifiée par l'expérimentateur, qu'est-ce que peut représenter, par exemple, l'augmentation du α pour un stimulus, si ce n'est l'*attention* que le sujet y porte ? Dans cette conception de « l'attention sélective », l'animal est supposé choisir les indices pertinents, dont la valeur associative s'accroît d'autant plus que leur intensité physique est basse, et que l'attention portée aux autres stimulus diminue au cours des essais successifs. Dans le même sens, Wagner (1977) vient de présenter un nouveau modèle du conditionnement, conçu comme traitement de l'information apportée par les stimulus, et réservant une place à la notion de « surprise » relative à l'issue prévisible des essais successifs.

Conclusion

Partie d'un point de vue très inspiré par la physiologie du système nerveux central tel que Sherrington et ses élèves la pratiquaient, l'étude des «réflexes» conditionnés a d'abord eu pour principe essentiel celui de la contiguïté des stimulus. Il a fallu attendre longtemps pour qu'une conception proprement psychologique remette cela en question, tout d'abord en s'appuyant sur une critique des résultats concernant l'inhibition et le non-renforcement, puis en donnant une nouvelle inspiration aux études des réponses conditionnées. On s'attacha dès lors à trouver quelles étaient les relations de probabilité d'occurrence des stimulus, qui permettaient à l'animal d'acquérir des réponses adaptatives, et lesquelles. L'emploi de modèles abstraits et quantitatifs, formalisant des hypothèses simples et nettes, a permis de constater que le conditionnement recouvre une élaboration cognitive de l'ensemble des stimulus présentés, et même une prévision de leur occurence. Cette élévation du niveau d'intégration du comportement requis par le conditionnement s'est dégagée peu à peu des recherches expérimentales et constitue l'essentiel de nos progrès dans ce domaine.

Récompense et apprentissage

Méthodes d'étude et principaux résultats

L'apprentissage fondé sur un système de récompense répond à une formule résumée du type $S: R \rightarrow S^v$ qui signifie qu'une réponse définie (R) fournie aux stimulus d'une situation (S), entraîne la présentation d'un stimulus qui revêt pour l'animal une valeur positive (S^v). L'expérience de Thorndike (1898) où un chat affamé apprend à tirer une boucle de corde pour atteindre sa nourriture, est un exemple de stimulus appétitif constituant le S^v. Celui-ci peut aussi bien être formé de stimulus non appétitifs, de plusieurs sortes: soit des périodes temporelles comportant la suppression d'un stimulus désagréable (apprentissage de fuite ou échappement), soit la présentation de stimulus d'ambiance (modification du niveau d'éclairement) ou d'une situation permettant l'expression d'une conduite donnée (présentation de jouets mécaniques à des singes), ou encore la stimulation directe d'une aire cérébrale comme l'hypothalamus, ou enfin la présentation de stimulus conditionnés associés à d'autres S^v (ou «renforcement conditionné»). En principe, chaque fois que l'animal se trouve dans une condition de type $S: R \rightarrow S^v$, on constate une augmentation de la probabilité que R soit émis quand cet animal percevra S la fois suivante; ceci n'est rien d'autre que la «Loi de l'Effet», de Thorndike (1911). Actuellement on n'utilise plus de S^v très variés: il s'agit presque toujours de nourriture ou de boisson, ou bien de la suspension de chocs électriques répétés, ou encore des SC qu'on a pu y associer.

Avant d'aller plus loin, il faut insister sur la différence qui existe entre « performance » et « apprentissage ». Le comportement est déterminé par toute une variété de facteurs : l'espèce, l'âge, le sexe, le degré de motivation, etc. L'expérience passée n'est qu'un de ces facteurs parmi d'autres qui affectent la performance réalisée dans une situation donnée. Ce qui nous intéresse ici, c'est en quoi les associations formées au cours de cette expérience influent sur la performance. C'est pourquoi, afin de comprendre les fondements associatifs de celle-ci, nous n'examinerons que des études où sont manipulées les variables qui affectent les processus associatifs, les autres étant tenues constantes. La distinction qu'on vient de faire recouvre en fait celle qui sépare « théorie de l'apprentissage » et « théorie du comportement » : la première a pour objet les facteurs qui influent sur les processus associatifs, alors que la seconde est concernée par tout ce qui exerce un effet déterminant sur les performances.

La première réponse

L'apprentissage par récompense suppose que la réponse correcte soit émise tout d'abord, pour qu'on puisse présenter le S^v à sa suite. Comment cette toute première réponse, dont dépend la possibilité même de l'apprentissage, peut-elle se produire ? Cela dépend en fait de l'interaction entre les caractères biologiques de l'animal, l'expérience qu'il a acquise, et les particularités de la situation où on le place. Quand ces variables sont combinées de manière appropriée, l'expérimentateur peut être sûr que la réponse requise se produira « spontanément ».

En voici deux exemples, dont le premier concerne le déplacement spatial. Logan (1960) a placé des rats affamés, une fois par jour durant 57 jours, dans un couloir droit ; ils ne trouvaient rien à manger dans ce couloir, mais ils étaient ensuite nourris dans leur cage. Or ces rats ont parcouru le couloir de bout en bout dès le premier essai, et l'ont refait à chaque essai suivant sans que leur vitesse moyenne diminue. Le second exemple concerne la réponse d'appui sur un levier. Cette réponse est émise « spontanément » par les rats quand ils sont affamés ou assoiffés, et quand un levier est introduit dans leur cage d'habitation, et laissé à leur disposition durant une heure par jour (Schoenfeld, Antonitis et Bersch, 1950). Dans ce cas toutefois, la répétition des sessions s'accompagne d'une diminution de la fréquence des appuis, ce qui indique que ceux-ci dépendent de la nouveauté du stimulus « levier ». Par ailleurs, lors de la première session, la fréquence moyenne d'appui des rats affamés est supérieure à celle des rats assoiffés; on peut y voir l'effet d'un second facteur: les rats effectueraient sur le levier les mêmes mouvements qu'ils font avec leurs pattes pour saisir leur nourriture.

On peut également obtenir la première réponse en jouant sur l'expérience préalable du S^v que peut avoir l'animal. Par exemple, dans la méthode du « modelage de la réponse par approximations successives », on n'utilise tout d'abord la récompense que pour sanctionner une fraction de la réponse désirée, telle que: s'orienter vers le levier, dans une boîte de Skinner. Ensuite, on change le critère d'attribution du S^v, en étant chaque fois plus exigeant, de sorte que la réponse récompensée doit se rapprocher chaque fois davantage de la réponse complète que l'on attend de l'animal. Une seconde méthode est celle qu'on nomme « automodelage »; elle met en jeu le conditionnement classique des réponses motrices (Hearst et Jenkins, 1974). Une troisième méthode, enfin, consiste à tenir les pattes de l'animal pour lui faire appuyer passivement sur le levier, ce qui entraîne la récompense alimentaire; dans bien des cas, le sujet donne ensuite de lui-même la réponse d'appui.

Notons enfin que la première réponse peut être obtenue par imitation. On connaît plusieurs cas où le simple fait d'observer un animal « modèle » émettre la réponse récompensée, augmente beaucoup la probabilité qu'a l'animal « observateur » d'effectuer ensuite lui-même cette réponse (Kohn et Dennis, 1972; Zentall et Levine, 1972).

Les principales variables

1. Essais distincts et sessions continues

Deux principales procédures peuvent être utilisées dans les expériences d'apprentissage avec récompense. Dans celle d'essais distincts, les moments successifs où se produit S: R → S^v sont bien séparés par un délai temporel et par un changement des conditions de stimulation: tel est le cas de l'apprentissage de déplacement dans un couloir, où le rat est remis dans sa cage entre deux parcours successifs. Au contraire, dans la procédure de réponses libres au cours d'une session continue, on ne peut pas parler « d'essais » car l'animal peut obtenir le S^v plusieurs fois de suite, à son rythme propre, sans être interrompu par l'expérimentateur.

La procédure d'essais distincts remonte à Thorndike, celle de libre émission des réponses à Skinner; chacune d'elles est liée à un type d'approche différent de l'apprentissage par récompense. La procédure d'essais distincts a été préférée lorsqu'on a voulu analyser finement les facteurs associatifs du comportement, car les associations éventuelles S - S et S - R inhérentes à l'apprentissage par récompense sont clairement opérationnalisées et accessibles à la manipulation expérimentale lorsqu'on peut contrôler les conditions où s'effectue chacun des essais. Au contraire, la procédure de réponses libres n'est guère adéquate pour ce type d'analyse car les conditions de stimulation qui précèdent chaque réponse sont difficiles à préciser, et aussi parce qu'on n'exerce aucun contrôle sur le moment d'émission des réponses. C'est pourquoi beaucoup de partisans de cette procédure ont prôné, non pas l'élaboration d'une théorie associative de l'apprentissage, mais le simple recensement des rapports que l'on constate empiriquement entre la manipulation des variables de récompense et les conduites observées à cette occasion (Schoenfeld et Cole, 1972; Skinner, 1938, 1950). Actuellement, un gros effort est réalisé en vue de rapprocher les effets observés sur le comportement dans chacune des deux procédures, et pour comprendre quels en sont les facteurs déterminants (Platt, 1971; Shimp, 1975).

2. Programmes de récompense

A. Le renforcement continu

Le programme le plus simple est celui où le S^v est présenté chaque fois que l'animal donne la réponse R, et à cette occasion seulement. C'est le « renforcement continu » ou « constant » (CRF). A partir de ce programme, on peut en engendrer d'autres, notamment en n'attribuant la récompense que si la réponse est émise dans des conditions bien définies. Les programmes de ce genre exercent généralement une forte influence sur les performances, et sont donc révélateurs des influences qui les déterminent.

B. Le renforcement partiel

Dans un programme de renforcement partiel, ou probabiliste, chaque réponse a la même probabilité d'être suivie par une récompense; du moins, tel en est le principe. Ces programmes exercent des effets différents au début et à la fin de l'entraînement. Par exemple, si l'on exerce des rats affamés à traverser un couloir pour trouver leur nourriture, soit à chaque parcours pour les uns, soit une fois sur deux pour les autres, on observe que chez ces derniers la vitesse moyenne est plus faible lors des premiers essais, mais plus élevée en fin d'exercice, que celle des rats récompensés à chaque essai (Goodrich, 1959). On a retrouvé ce résultat dans des conditions d'expérience similaires avec des probabilités de récompense allant de 17 % à 83 % (Weinstock, 1958). Les études utilisant la méthode de réponses libres ont montré également que la performance finale est plus élevée quand la probabilité de récompense est inférieure à l'unité que si elle lui est égale (Sidley et Schoenfeld, 1964).

Ces résultats soulèvent une question d'interprétation théorique intéressante, mais difficile. On peut supposer que les sujets soumis au renforcement continu atteignent très vite un état de satiété, et qu'ils sont alors peu motivés à donner des réponses fortes ou fréquentes. Mais cet argument ne tient pas quand on sait que l'effet facilitateur du renforcement partiel s'observe même quand on ne pratique qu'un seul essai par jour (Wagner, 1961; Weinstock, 1958), ce qui laisse amplement le temps de se dissiper aux effets de rassasiement. Une hypothèse plus intéressante consiste à considérer que la fonction des essais non récompensés change du tout au tout au fil des essais successifs; Amsel (1958) a proposé une théorie de ce type, que nous examinerons plus loin.

C. Le renforcement alternatif

D'autres programmes consistent en une succession prévisible d'essais récompensés et non récompensés, quand une réponse donnée est répétée plusieurs fois de suite. Le plus utilisé de ces programmes est celui « d'alternance simple », dans lequel on récompense une réponse sur deux en alternant régulièrement. Dans ces conditions, les rats finissent par traverser vite le couloir lors des essais récompensés, et lentement lors de ceux qui ne le sont pas (Tyler, Wortz et Bitterman, 1953). On observe le même résultat si la réponse étudiée est celle d'appui sur un levier (Gonzalez, Bainbridge et Bitterman, 1966).

Ce programme est utile pour analyser quels stimulus s'associent à la réponse lors de l'exercice récompensé. La première hypothèse à quoi l'on pense consiste à supposer que, si les rats réagissent différemment aux deux types d'essais, c'est qu'ils les distinguent en se fondant sur des stimulus perceptibles à cette occasion ($S: R \rightarrow S^v$ opposé à $S^1: R \rightarrow S^o$). Cela est plausible, en effet; par exemple, bien des expérimentateurs placent la nourriture dans la chambre d'arrivée du couloir juste avant de procéder à un essai avec récompense, puis saississent le rat à la main pour le placer au départ. Ce faisant, ils fournissent à l'animal des indices auditifs et peut-être olfactifs de la présence de nourriture au but. Il est possible également que les rats laissent des traces olfactives dans l'appareil, qui diffèrent selon qu'ils ont trouvé de la nourriture au but, ou non; ces traces olfactives constituent, pour les sujets suivants, autant d'indices de la présence ou de l'absence de récompense alimentaire (Morrison et Ludvigson, 1970). Cependant plusieurs expériences ont été réalisées en éliminant ce genre d'indices discriminatifs, et pourtant les rats ont réagi différemment et alternativement lors des essais avec et sans récompense (Flaherty et Davenport, 1972; Gonzalez et coll., 1966; Ludvigson et Sytsma, 1967). Il faut donc faire appel à un autre type d'indices pour rendre compte de cet apprentissage.

Il est possible que les deux types d'essais, récompensés et non récompensés, produisent des effets consécutifs que l'animal ressent jusqu'à l'essai suivant; ce qu'il a éprouvé dans la chambre de but, selon qu'elle était vide ou garnie de nourriture, pourrait donc lui servir d'indice discriminatif lors de l'essai suivant. Si c'est bien le cas, le délai séparant deux essais doit être assez bref pour que les effets consécutifs à un essai donné persistent encore lors du suivant. D'après les nombreuses expériences effectuées à ce sujet, c'est bien ce que l'on constate en effet. L'alternance de parcours rapides et lents s'observe facilement quand les essais ne sont séparés que de quelques secondes (Capaldi, 1958; Tyler et coll., 1953), tandis qu'on l'obtient moins aisément quand les essais sont séparés de quelques minutes (Flaherty et Davenport, 1972; Katz, Woods et Carrithers, 1966), et jamais lorsque ce délai est de 24 heures (Surridge et Amsel, 1966).

D. Programmes de renforcement operant

Les programmes de récompense qu'on a mis au point spécialement en vue de la procédure de réponses libres portent le nom de «programmes de renforcement operant». La figure 6 montre par des courbes théoriques de performance comment celle-ci se modifie sous l'action de critères de récompense fixes ou variables, temporels ou répétitifs, qui doivent être satisfaits pour qu'une réponse R soit suivie du S^v.

Les programmes de renforcement fractionné («ratio schedules») subordonnent la récompense d'une réponse à l'émission préalable d'un certain nombre de réponses non récompensées. Ce nombre n peut être constant tout au long de l'entraînement: le S^v est présenté à raison de n R émises; il existe un rapport fixe de renforcement («fixed ratio» ou FR). Ce programme a pour effet de produire une cessation des appuis après la présentation du S^v, d'autant plus longue qu'il a fallu fournir de réponses pour parvenir à la récompense (Felton et Lyon, 1966). Cette pause est suivie d'une reprise des appuis à cadence constante: la figure 6 montre cette allure du débit de réponses, en «pause-reprise». Si le nombre de réponses non récompensées est variable au cours de l'exercice, et s'il fluctue autour d'une valeur moyenne, on a un programme de renforcement à rapport variable

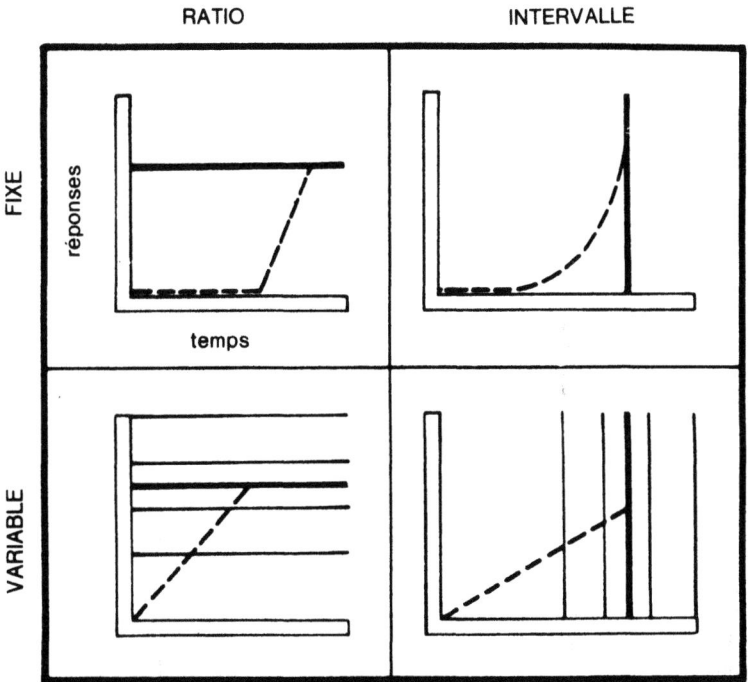

Figure 6: Diagrammes schématiques des effets de quatre programmes de renforcement intermittent, en procédure de libre débit de réponse. Dans chaque diagramme, l'ordonnée représente le nombre cumulé des réponses, au cours du temps qui figure en abscisse. Le critère de renforcement est indiqué par un trait épais, correspondant soit à un intervalle temporel, soit à un nombre donné de réponses: il s'agit des conditions préalables à ce qu'une réponse soit récompensée. Des traits plus fins indiquent éventuellement la marge de variation possible du critère. Les lignes tiretées figurent l'évolution du débit des réponses.

(«variable ratio» ou VR). Son effet est de produire un rythme d'appuis régulier entre les récompenses successives, sans qu'il y ait de pause bien nette.

Dans le programme à intervalle temporel fixe (FI), les R ne sont suivies d'un S^v que si un certain temps s'est écoulé depuis la présentation du S^v précédent. Le rythme des réponses s'accélère progressivement à la suite de chaque récompense et à l'approche de la suivante, si bien que l'enregistrement graphique semble formé de festons (fig. 6). Après un entraînement prolongé on obtient même un débit du type «pause-reprise» où la pause dure environ les 2/3 de l'intervalle sans récompense possible (Schneider, 1969). Rien de tel ne se produit si le délai est variable (programme VI) d'une récompense à l'autre : on observe alors un rythme de réponses stable (Catania et Reynolds, 1968).

Paradoxalement, cette technique des programmes de renforcement operants a gêné et favorisé à la fois l'étude des processus associatifs d'apprentissage. D'une part, les tenants de cette méthode ont remis en cause l'intérêt même des conceptions théoriques de l'apprentissage (Skinner, 1950, 1969), et leurs critiques se situent à deux niveaux. D'un point de vue théorique tout d'abord, ils font remarquer que, dans la vie quotidienne, il est bien difficile de dire quels stimulus déterminent quelles réponses, et qu'il est plus réaliste de considérer des unités globales de conduite dont l'émission par le sujet est réglée par ses conséquences : récompense ou punition. Au niveau concret, il est indéniable que les divers programmes de renforcement produisent des résultats reproductibles d'un sujet à l'autre, et même d'une espèce à l'autre. Ces succès de la recherche fondamentale, confirmés par ceux de l'application à la modification des conduites humaines à l'aide de programmes operants (Reese, 1978), amènent à penser que ceux-ci « sont les principaux facteurs déterminant le comportement » (Morse et Kelleher, 1977).

D'autre part cependant, les programmes operants ont fourni des techniques utiles pour étudier les processus associatifs. On a vu comment celle de la suppression conditionnée (ou REC) a servi à l'étude du conditionnement classique, et on verra plus loin que celle d'évitement libre a été féconde également pour montrer comment un stimulus peut devenir aversif pour un animal. En outre, on a récemment appliqué les schémas de conditionnement classique à l'analyse des apprentissages avec libre débit de réponses ; il apparaît notamment que les manipulanda (levier, clé, etc.) agissent comme des SC et produisent des RC orientées vers eux. Cela constitue donc un facteur important dans la détermination des réponses qui font l'objet d'un programme de récompense (Moore, 1973 ; Schwartz et Gamzu, 1977).

E. Délai de récompense

On introduit un délai de récompense dans le programme quand un certain laps de temps s'écoule entre R et S^v. Selon les réponses effectuées durant ce laps de temps, on distingue deux types de délai de récompense. Il y a délai « avec enchaînement » lorsque les réponses émises après celle qui entraîne la récompense ont la même topographie que celle-ci. Tel est le cas des appuis sur un levier en programme FR à partir du premier appui d'une série, ou des réponses locomotrices au début du couloir menant à la chambre de but d'un couloir. Par contre le délai est « sans enchaînement » quand la topographie des réponses émises durant ce temps diffère de celle de la réponse récompensée. C'est ce qui se passe quand on retire le levier avant de présenter la récompense alimentaire: on empêche ainsi le rat d'appuyer davantage; c'est également le cas lorsqu'un rat, traversant un couloir, est détenu quelque temps dans un segment intermédiaire avant d'accéder au but.

Les résultats expérimentaux montrent que plus le délai est long, et moins la réponse est forte. Les rats courent plus vite dans le segment initial d'un couloir si celui-ci est court que s'il est long, et ils appuient plus vite au début d'une série d'appuis en FR si le nombre de réponses à fournir est petit que s'il est grand (Felton et Lyon, 1966; Hull, 1934). Deux raisons expliquent cet affaiblissement de la performance dû au délai de récompense. La première, c'est qu'il diminue la contiguïté temporelle entre R et S^v; la seconde, c'est qu'il permet l'apparition de nouvelles réponses quand le délai est « sans enchaînement », et que ces réponses peuvent concurrencer celle qui doit être apprise. C'est ainsi que si des pigeons ne peuvent pas becqueter la clé de réponse durant le délai d'un FI, on observe un ralentissement de leurs coups de bec une fois passé ce délai; au contraire, cette cadence de coups va en s'accélérant si les pigeons ont pu becqueter la clé durant l'intervalle (Ferster et Skinner, 1957, p. 416 ff et p. 464 ff).

3. Aspects quantitatifs de la récompense

La vitesse à laquelle s'effectue l'apprentissage, ainsi que le niveau final qu'atteint la performance, varient en fonction directe de l'importance quantitative de la récompense. Ainsi en va-t-il pour la vitesse du déplacement dans un couloir lorsque les rats trouvent au but 16, ou 64 ou 256 pilules alimentaires (Crespi, 1942) ou quand une même capacité de liquide à boire correspond à des solutions de 2,5 ou 5, ou 10 % de sucrose (Kraeling, 1961). On trouve le même effet lorsque la récompense consiste en la diminution d'intensité d'un choc électrique (Bower, Fowler et Trapold, 1959). Cependant, quand l'entraînement est prolongé (surapprentissage), la différence du niveau final des performances tend à s'annuler (McHose et Moore, 1976).

Si l'on passe aux programmes operants, on trouve des résultats semblables à ceux qu'on obtient avec la procédure d'essais distincts en ce qui concerne la quantité de récompense. La cadence d'appui des rats en programme FI est d'autant plus élevée que le S^v consiste en un plus grand nombre de pilules (Meltzer et Brahlek, 1968) ou en une solution de sucrose plus concentrée (Guttman, 1954). Le même résultat se retrouve avec le programme VI chez le Macaque pour ce qui est des appuis sur un levier en rapport à la concentration du sucrose (Conrad et Sidman, 1956), et chez le Pigeon qui appuie à une cadence plus élevée si la récompense consiste en 10 pilules que s'il s'agit d'une seule (Gonzalez et Champlin, 1974).

La difficulté de mener ce type d'expérience avec la procédure operante vient de ce que la satiété risque d'être rapidement atteinte au cours d'une session lorsqu'on emploie une grande quantité de récompense alimentaire; la conséquence en est une nette diminution de la fréquence des réponses. Ainsi Guttman a constaté que les rats pressent *moins* souvent sur le levier pour une récompense de solution de sucrose à 32 % que pour des solutions à 8 et 16 %. D'autres résultats de ce type (Conrad et Sidman, 1956) sont dus également à des effets de satiation. Cela ne risque pas de se produire, par contre, si l'on emploie la procédure d'essais distincts lorsque ceux-ci sont largement espacés dans le temps, comme dans les expériences de Crespi et de Kraeling citées plus haut, où l'on n'effectuait qu'un seul essai par jour.

4. *Fréquence des récompenses*

Dans les procédures de réponse libre, un facteur important est la fréquence à laquelle les récompenses sont attribuées. La figure 7 montre ce que sont les effets des variations de cette fréquence lorsqu'on modifie la valeur moyenne de l'intervalle temporel dans un programme VI (Catania et Reynolds, 1968); chaque point représente la cadence moyenne de picorage de six pigeons pour diverses fréquences de renforcement. La courbe formée par ces points montre que la fréquence des réponses suit une fonction croissante négativement accélérée de la fréquence des récompenses.

5. *Aspects qualitatifs de la récompense*

Nous avons présenté jusqu'ici diverses expériences dont les S^v sont de nature différente, afin de montrer qu'ils agissent de la même façon sur la performance dans tous les cas. Néanmoins certains résultats montrent que, selon leur nature, les récompenses exercent des effets plus ou moins marqués, et que parfois ces effets sont dus à des mécanismes de type associatifs. Une ancienne observation de Ferster et Skinner (1957) nous en fournit un premier exemple. Ils ont constaté qu'en programme VI - 3 mn, une même pigeon frappe plus fréquemment la clé de réponse s'il est récompensé par des graines que s'il l'est par de l'eau. On peut se demander à quoi tient cette différence; peut-être les quantités d'eau et de nourriture fournies à l'oiseau ne sont-elles pas fonctionnellement équivalentes? Ou bien ce sont les durées de privation en eau et en aliments qui ne le sont pas? Une hypothèse plus intéressante consiste à supposer que la réponse operante est influencée par une forme de réponse conditionnée à la récompense, et qui prend une forme un peu différente selon la nature de cette récompense. A cet égard, l'observation de Jenkins et Moore (1973) est révélatrice: quand on éclaire la clé de réponse associée à une récompense sous forme de présentation de graines, le pigeon la frappe à coups de bec rapides, le bec entrouvert; mais si on éclaire la clé de réponse associée à de l'eau, les coups de bec que le pigeon lui donne sont plus lents, plus doux, le contact étant maintenu quelque temps et le bec étant fermé. Il est donc raisonnable de supposer que la topographie des coups de bec operants est déterminée par la nature de la récompense, et que les cadences de réponse les plus élevées sont prévisibles quand le S^v consiste en grains et non en boisson.

D'autres observations ont confirmé ce point, qu'il s'agisse du picorage operant des pigeons (Smith, 1974) ou de la manière d'appuyer sur un levier chez les rats (Hull, 1977). On a constaté aussi que des dressages d'animaux, effectués à des fins commerciales, échouaient parce que la réponse désirée subissait la concurrence d'autres réponses, dérivées de celle qu'évoquait la récompense. Par exemple, l'animal finit par traiter l'objet qu'il doit manipuler en essayant de le « manger » lorsque la récompense qui suit la manipulation consiste en nourriture (Breland et Breland, 1966). Inversement, le même mécanisme peut faciliter un apprentissage: Sevenster (1973) a obtenu facilement que des épinoches mâles mordent une tige immergée en les «récompensant» par la présentation d'un congénère mâle, qu'elles pouvaient attaquer et mordre de la même façon. Par contre la réponse de mordre la tige est beaucoup plus difficile à acquérir si la récompense consiste en la présentation d'une femelle, à laquelle l'épinoche mâle peut faire la cour; la réponse évoquée alors par le S^v n'est en aucun cas une morsure. Ainsi, des récompenses de nature différente peuvent influer diversement sur la performance, par le biais d'un mécanisme associatif qui fait que les réponses consommatoires peuvent se conditionner aux stimulus de la situation d'apprentissage.

Or, Hull et ses élèves (Amsel, 1958; Hull, 1931; Miller, 1935; Spence, 1956) ont toujours tenu compte dans leurs théories de cette idée qu'une réponse conditionnée envers la récompense peut interférer avec la réponse instrumentale qui fait l'objet de cette récompense. Partant du principe que tout apprentissage est adaptatif, Hull disait que les réponses d'accès au «but» où à la récompense doivent rester compatibles avec les réponses instrumentales qui les précèdent et les préparent, faute de quoi les réactions conditionnées classiques (envers la récompense) qui gênent la performance doivent disparaître. Autrement dit, il ne doit subsister au terme de l'apprentissage que des réponses qui n'entrent pas en compétition les unes avec les autres.

6. *Contiguïté spatiale entre stimulus, réponse et récompense*

Un facteur déterminant pour la possibilité ou la facilité de tout apprentissage instrumental est celui de contiguïté spatiale entre le stimulus et la réponse; selon que cette condition de contiguïté est réalisée ou non, les possibilités d'acquistion de l'animal varient considérablement.

Une expérience qui illustre bien l'importance de ce facteur est celle de Grastyàn et Vereczkei (1974), dans laquelle des chats étaient dressés à parcourir un couloir au bout duquel se trouvait de la nourriture, dès qu'ils entendaient un signal sonore. Or les chats n'apprennent bien cette réponse locomotrice que si le son, émis par un haut-parleur, émane du but lui-même, c'est-à-dire qu'il est localisé là où se trouve la nourriture servant de récompense. La performance est sérieusement altérée si l'on fait entendre le signal sonore à proximité du point de départ, car l'animal s'oriente alors vers le haut-parleur, en ayant à son égard les mêmes réactions qu'envers la nourriture elle-même. Ceci est un bel exemple de compétition de réponses, dans laquelle la conduite instrumentale cède le pas à celle qui est conditionnée à la récompense alimentaire. Par contre, l'apprentissage progresse normalement quand les deux réponses sont compatibles, c'est-à-dire quand le haut-parleur est placé au but, car alors le terme du déplacement vers le stimulus est contigu à la nourriture.

7. *La motivation*

D'un point de vue opérationnel, on manipule la variable de motivation en privant l'animal de nourriture ou de boisson si l'apprentissage est appétitif, et s'il est aversif on le fait en jouant sur l'intensité de stimulus désagréables tels que des chocs électriques ou des bruits stridents.

La figure 8 illustre l'effet du degré de motivation sur les performances et sur leurs modifications. Kintsch (1962) compare trois groupes de rats, privés d'eau depuis 24 h, pour ce qui est de la vitesse à laquelle ils traversent, une fois par jour, un couloir au terme duquel ils trouvent à boire. Les animaux témoins ne boivent qu'à ce moment-là, et leur soif est donc maximum au moment où ils fournissent la performance de parcours (groupe «high drive»). Les rats d'un autre groupe («medium drive») peuvent boire 3 ml d'eau 5 mn avant l'unique essai quotidien; ceux du troisième groupe («low drive») en boivent 6 ml. On constate que les vitesses de parcours augmentent d'autant plus vite avec l'exercice que les rats ont moins bu avant l'essai de parcours. On ne peut pas attribuer ce résultat au fait que les rats des trois groupes ne boivent pas la même quantité d'eau dans la chambre de but: la quantité offerte est la même pour tous, et tous la boivent entièrement.

La performance dépend donc bien de l'état de motivation; comme sa modification dépend également de facteurs associatifs, il reste à savoir comment se combinent, au cours de l'apprentissage, les effets de motivation et ceux de conditionnement.

La relation entre réponse et récompense, et sa signification

La théories et les résultats qu'on vient de voir montrent que la performance, lors d'un exercice récompensé, dépend au moins pour une part des relations qui existent entre un stimulus et la récompense (c'est-à-dire: de type SC - SI), et qui sont inhérentes à la procédure d'entraînement. Il se peut que l'importance théorique qu'on a attribuée à la relation entre réponse et récompense, ou paradigme S: R → S^v, soit totalement surestimée, et que les résultats observés soient dus en fait à des relations entre stimulus et récompenses. C'est une possibilité qui retient de plus en plus l'attention depuis qu'on a découvert le phénomène dénommé «automodelage» (Brown et Jenkins, 1968).

Par exemple, Staddon et Simmelhag (1971), observant des pigeons placés dans des boîtes de Skinner et dressés à frapper du bec la clé de réponse en programme FI.12 s, ont noté que leur comportement ne différait guère de celui d'autres pigeons placés dans des boîtes semblables et auxquels on présentait des graines toutes les 12 s, qu'ils picorent la clé ou non. Ce qu'on observe en fait chez tous les pigeons, dans les deux conditions, c'est que la cadence de leurs coups de bec va en s'accélérant au cours des intervalles de 12 s qui ont pour origine la présentation de la récompense. La seule différence entre les oiseaux des deux groupes consiste en ce que les coups de bec de ceux qui sont entraînés en FI.12 s sont circonscrits à la clé de réponse, alors que ceux des autres sujets sont distribués sur toute la surface du panneau.

Or il faut bien voir que la plupart des résultats que nous possédons concernant l'apprentissage par récompense, proviennent de situations où une récompense est attribuée à la suite d'une réponse telle que presser un levier, ou traverser un couloir, mais où il existe également des relations constantes entre certains stimulus et la récompense, comme dans l'exemple qu'on vient de voir (cf. aussi Hearst et Jenkins, 1974). Les résultats observés ne doivent pas cependant être *tous* attribués à ces relations, car certains animaux peuvent apprendre toute une variété de mouvements fins, requis par certaines tâches, et qu'il est difficile d'assimiler à des réponses consommatoires conditionnées à des stimulus de la situation expérimentale (Moore, 1973). D'autre part cependant, ce n'est pas parce que les réponses apprises à titre instrumental ne ressemblent pas à celles que produit la récompense, qu'il faut dénier toute parenté des premières aux secondes, et refuser l'hypothèse d'un conditionnement classique comme principal mécanisme de l'apprentissage. En effet, Holland (1977) et d'autres ont montré que la forme que prend une RC dépend des caractères propres du SC tout autant que de la nature du SI. En l'état actuel de nos connaissances, la position la plus raisonnable consiste à considérer que les relations qu'entretiennent avec la récompense, d'une part la réponse, et d'autre part les stimulus, contribuent à constituer et à modifier les performances de l'animal.

Les recherches à venir devront se donner pour but de mieux déterminer comment ces deux types de relations se produisent dans les diverses procédures d'exercice récompensé. Woodruff et coll. (1977) ont effectué d'intéressantes expériences à ce sujet, et les concluent ainsi: les relations entre stimulus et récompense exercent surtout leurs effets quand les essais sont espacés dans le temps, tandis que la relation R - S^v est davantage déterminante dans les procédures de réponse libre où il n'y a pas «d'essais» à proprement parler. Quand nous serons parvenus à évaluer l'importance respective des relations S - S^v et R - S^v dans nos théories de l'apprentissage par récompense, nous aurons fait un grand progrès dans notre compréhension des fondements associatifs de la performance instrumentale.

Conclusion

L'apprentissage par récompense a fait l'objet de nombreux travaux expérimentaux depuis 80 ans; nous venons de voir quelles en sont les principales méthodes d'étude et les variables essentielles. Lors d'un exercice récompensé, la performance subit les effets du programme de récompense, de la fréquence avec laquelle celle-ci est attribuée, ainsi que de sa taille et de sa nature. La performance dépend également de l'état de motivation et de la contiguïté spatiale entre le stimulus, la récompense et le lieu où s'effectue la réponse. Les résultats obtenus posent un problème crucial : celui de distinguer les effets des relations entre stimulus et récompense d'une part, entre réponse et récompense d'autre part, sur l'évolution de la performance. Dans la suite de ce chapitre, nous verrons quels rôles essentiels jouent les divers paramètres associatifs, et à ce propos on verra combien sont importantes les liaisons conditionnelles classiques dont nous avons donné un aperçu.

L'apprentissage latent

L'exercice récompensé a fourni la base de nombreuses recherches sur l'apprentissage par association. Trois principales directions d'études ont été prises: l'apprentissage latent, les effets de contraste, et l'extinction; dans les trois cas on a cherché à savoir quelle fonction remplit la récompense (S^v) et quelle est la nature des processus associatifs mis en jeu.

Quand on a effectué les premières expériences d'apprentissage latent, on considérait que le rôle du S^v était de renforcer les associations S - R qui se produisent au cours de l'exercice avec récompense. Cette conception, issue de la « loi de l'Effet » de Thorndike (1911), prit plus tard le nom de « théorie S-R du renforcement ». Selon celle-ci, chaque répétition de la séquence S : R → S^v accroît la force de la liaison entre S et R, et la performance observée donne une indication de cette force associative puisque la réponse est directement liée au stimulus.

A partir de là, on effectua diverses recherches expérimentales dont les résultats amenèrent à modifier cette théorie, puis à en fournir des versions différentes où l'on mettait moins l'accent sur le rôle du S^v, et finalement à des conceptions associatives toutes différentes disant que ce qu'apprend l'animal, c'est qu'un stimulus B est perçu à la suite d'un stimulus A.

Les premières expériences d'apprentissage latent

1. Procédure d'essais sans récompense

Blodgett (1929) a étudié l'influence qu'exerce une série préliminaire de parcours sans récompense dans un labyrinthe, sur les parcours effectués ensuite avec présence de nourriture en un point donné de l'appareil. C'est lui qui a introduit, à ce propos, le terme « apprentissage latent ». L'une de ces expériences a été effectuée à l'aide du labyrinthe de la figure 7 : au début de chaque essai, le rat était placé au départ (en bas, à gauche), et l'essai était terminé quand l'animal arrivait au but (en haut, à droite). Il n'y avait qu'un seul essai par jour, et les rats étaient toujours tenus à jeûn.

Les rats du groupe I trouvent à manger au but à chaque essai; leurs erreurs de parcours se font de plus en plus rares au fil des essais (fig. 7), ce qui est en accord avec le principe selon lequel la force des liaisons S - R menant au but augmente continûment avec le nombre d'essais récompensés. Les rats des deux autres groupes devaient effectuer tout d'abord 3 fois, ou 7 fois, le parcours sans récompense, avant de le faire en trouvant à manger au but. On voit (fig. 7) que leur performance a peu progressé lors des essais non récompensés, ce qui confirme là encore la théorie S - R. Cependant, après un seul essai récompensé, la performance de ces sujets s'est améliorée d'un coup, progressant au niveau de celle qu'on observe au même moment chez les rats du groupe I qui ont été récompensés à tous les essais. Or, ce que prédit la théorie S - R dans un tel cas pour les groupes II et III, c'est une amélioration graduelle, parallèle à celle du groupe I, et non un progrès subit.

De tels résultats démontrent que les rats apprennent quel chemin mène au but aussi bien quand ils ne sont pas récompensés que lorsqu'ils le sont. Le S^v n'aurait donc pour rôle que de permettre l'expression de cet apprentissage par une modification de la performance (exactitude et/ou vitesse du parcours). Telle est du moins l'interprétation que proposèrent Blodgett et Tolman, en opposition formelle à la théorie S - R selon laquelle l'attribution du S^v est nécessaire à la formation des liaisons S - R.

2. *Procédure de séjour prolongé sans récompense*

Haney (1931) conçut son expérience de façon à ne pas donner prises à deux critiques formulées contre celle de Blodgett : l'une attribuait l'effet des essais non récompensés à une habituation émotionnelle qui facilitait les performances effectuées ensuite, et l'autre l'expliquait par des S^v fournis involontairement aux rats, tels que : à la fin de chaque parcours, les ôter de l'appareil et les remettre dans leur cage. C'est pourquoi Haney laissa ses rats, par 3 ou 4 à la fois, libres de se déplacer dans un labyrinthe complexe durant 18 h par jour pendant 4 jours successifs. Des sujets témoins étaient traités de la même façon, mais ils étaient placés dans un simple couloir rectangulaire. Tous ces animaux furent ensuite entraînés à trouver leur nour-

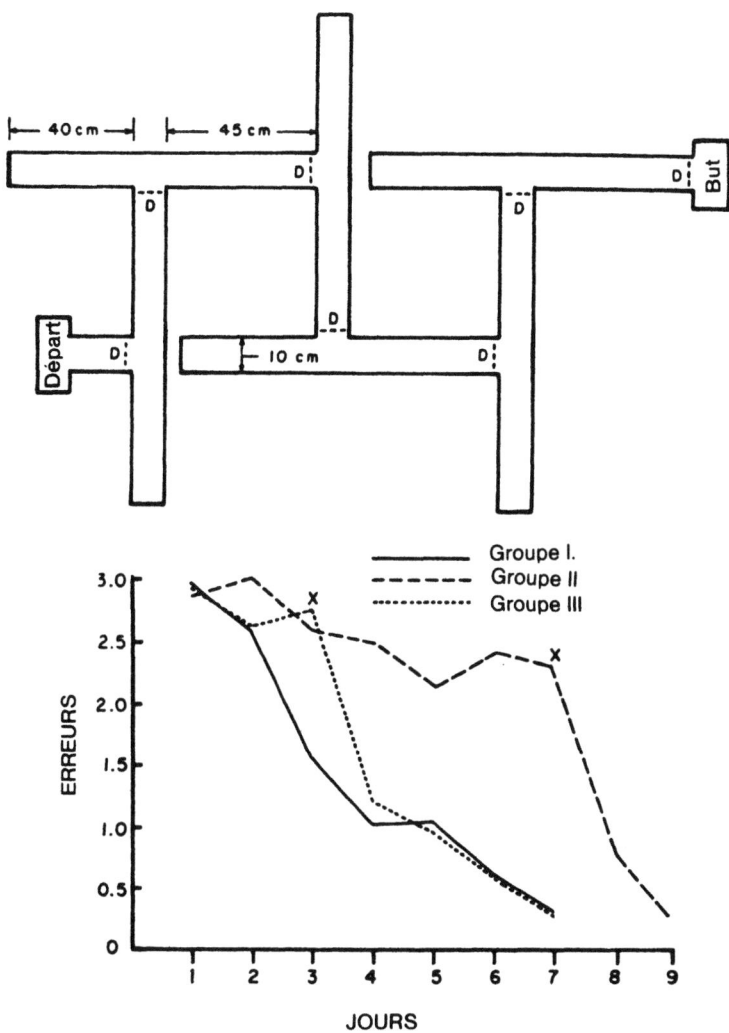

Figure 7: En haut, plan d'un labyrinthe ayant servi à étudier l'apprentissage latent; chaque lettre D indique l'emplacement d'une porte qui se referme après le passage du rat et l'empêche de revenir sur ses pas. En bas, diminution du nombre moyen des erreurs de parcours chez 3 groupes de rats placés dans ce labyrinthe une fois par jour. Ceux du groupe I trouvent de la nourriture au but à chaque essai, tandis que les rats des groupes II et III n'en reçoivent qu'à partir du jour marqué d'un X sur les courbes correspondantes.

riture dans le labyrinthe complexe en le traversant depuis le départ jusqu'à la chambre de but. Là encore, les animaux qui avaient séjourné dans le labyrinthe complexe apprirent à s'y orienter en commettant moins d'erreurs que les autres.

Ce résultat confirme, semble-t-il, l'hypothèse de l'apprentissage latent. Néanmoins on peut encore objecter à cette procédure qu'elle n'élimine pas les réactions émotionnelles chez les rats témoins quand ils sont mis dans le labyrinthe complexe. Et en effet, les performances de ces sujets, lors du tout premier parcours récompensé, sont nettement inférieures à celles des rats qui y ont passé plusieurs heures déjà.

Quoi qu'il en soit, les travaux de Blodgett et de Haney ont eu le mérite de susciter des hypothèses qui ont, elles-mêmes, inspiré diverses expériences mieux contrôlées sur l'apprentissages latent, et tout cela a contribué à faire progresser nos connaissances relatives aux fonctions du S^v dans l'exercice récompensé.

Les principales théories

Les trois théories qu'on va exposer constituent le fond des débats relatifs à l'apprentissage latent, qui seront présentés ensuite. Mais nous retrouverons ces théories à propos des effets de contraste et d'extinction.

1. Les théories S-R du renforcement

Dans la première conception, Hull (1943) considère que la performance, exprimée par un «potentiel d'excitation» S^ER, est le produit de la «force de l'habitude» S^HR multipliée par le besoin (ou *drive*) D; soit: $S^ER = S^HR \times D$. L'habitude S^HR est la variable d'apprentissage; sa valeur est proportionnelle au nombre de fois que le S^v a fait suite à la réponse R (loi de l'Effet), et ainsi la performance s'améliore-t-elle progressivement. Mais alors on ne peut pas expliquer comment l'introduction différée d'un S^v, dans la procédure d'apprentissage latent, entraîne une modification soudaine et importante de la performance.

La seconde version (Hull, 1952) offre une solution à ce problème. Elle consiste à donner au S^v, en plus de son rôle associatif dans la formation de l'habitude S^HR, une valeur incitatrice K qui en fait également une variable de performance, et non seulement d'apprentissage. La formule devient alors: $S^ER = S^HR \times K \times D$. On conçoit alors que, dans l'apprentissage latent, l'introduction différée d'une récompense dynamise subitement (par le facteur K) le peu de liaison S-R qui avait pu se former avant ce moment.

Il n'y a là qu'une simple modification «ad hoc» du modèle hullien, sans réelle portée explicative vis-à-vis de l'apprentissage latent. On doit cependant en retenir que ce phénomène ne pouvait pas s'expliquer par la simple «Loi de l'Effet», et qu'il fallait reconnaître au S^v un rôle motivateur en plus de son rôle associatif.

2. La théorie contiguïste S-S

Selon Tolman (1932) les associations ne se forment pas entre des stimulus et des réponses (S-R), mais essentiellement entre les stimulus eux-mêmes (S-S). La figure 8 montre que les contiguïtés spatiales des stimulus sont à la base de ces associations et font que l'animal, quand il perçoit un lieu donné (S1) «s'attend» (O1) à trouver à proximité l'endroit voisin (S2). S'il y va (réponse motrice − − −), la perception de S2 en confirmera l'attente. L'apprentissage consiste donc en confirmations de connaissances, bien plus qu'en renforcement des réponses suivies d'effets positifs vis-à-vis des besoins organiques. De proche en proche, les associations de contiguïté spatiale tendent à s'organiser en structures plus vastes, ou «cartes mentales» de l'environnement (par ex.: un labyrinthe). Cette organisation s'effectue par rapport aux stimulus locaux qui ont le plus de valeur pour l'animal, c'est-à-dire aux lieux où il s'attend à trouver une récompense. Le S^v détermine ainsi la valeur réactionnelle des stimulus auxquels il est associé; c'est donc une variable de performance.

Les résultats de Blodgett s'interprètent ainsi facilement. Tant qu'il n'y a rien à manger dans le labyrinthe, les rats s'attendent aux contiguïtés qui jalonnent le chemin jusqu'à l'endroit qu'on a désigné comme «but», mais ils n'y vont pas plus souvent qu'ailleurs. Par contre, dès qu'on y place de la nourriture, les stimulus contigus à ce point sont affectés d'une «attente» particulière; ils prennent alors une valeur prépondérante pour guider les déplacements de l'animal, par rapport aux autres stimulus locaux qui mènent à des endroits «incorrects». Il s'ensuit une diminution soudaine des «erreurs» d'orientation.

3. La théorie S-R du conditionnement de la réponse au but

La première théorie de Hull (1930, 1931) avait eu pour but d'exprimer en termes de conditionnement classique les conduites qui dénotent un «savoir», une «attente». L'idée principale est que la réponse qui termine une succession d'actes finit par être émise de fa-

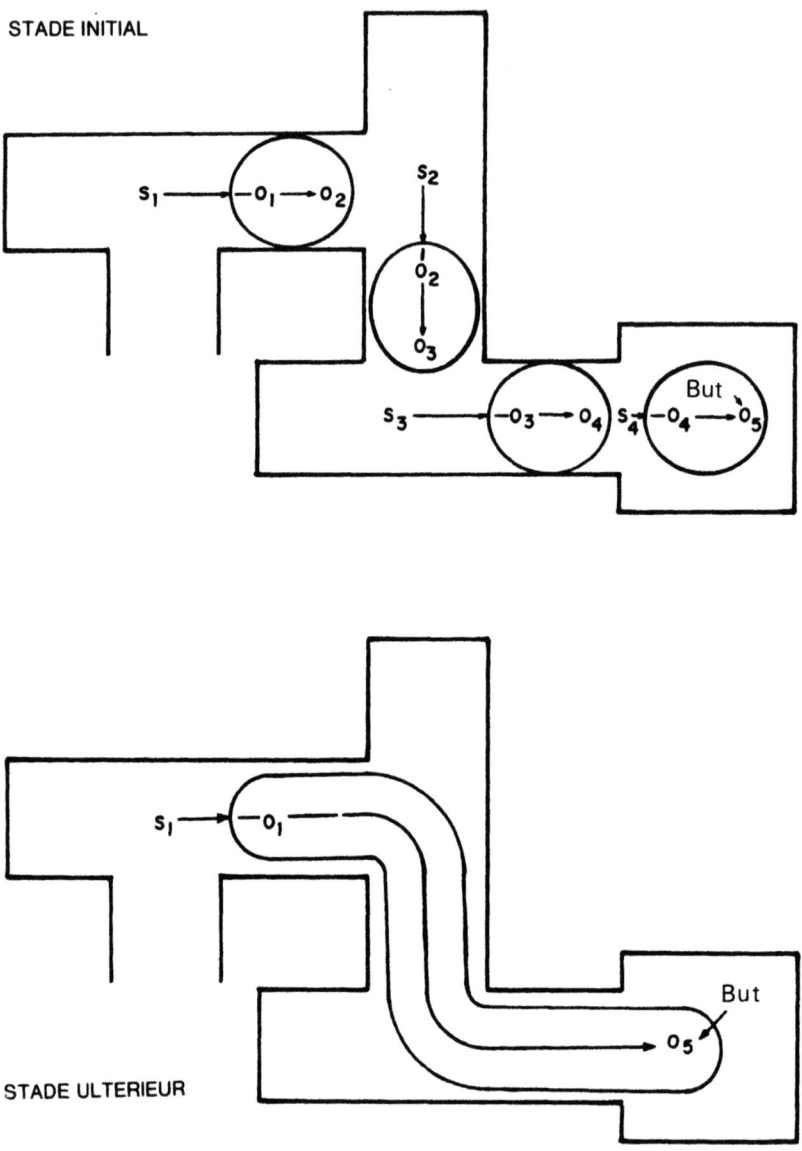

Figure 8: Représentation schématique des attentes signifiantes qui jalonnent le chemin correct dans un labyrinthe lors des premiers parcours, puis après un entraînement poussé (Tolman, 1932).

çon anticipée, par conditionnement aux stimulus qui produisent aussi les réponses antécédentes.

La figure 9 montre comment fonctionne ce mécanisme S-R pour l'acquisition du parcours correct dans un labyrinthe. Lors des premiers parcours, les stimulus du segment initial (S1) produisent une réponse instrumentale motrice (R1) qui a pour conséquence la perception du segment suivant (S2) et ainsi de suite jusqu'au but (S_G) contenant la nourriture et où a donc lieu la dernière réponse, alimentaire (R_G). Les stimulus jalonnant le parcours (S1, S2, S3) deviennent des SC par association à ceux du but (S_G) et produisent des RC qui ressemblent à R_G (r_G). Celles-ci produisent des réafférences

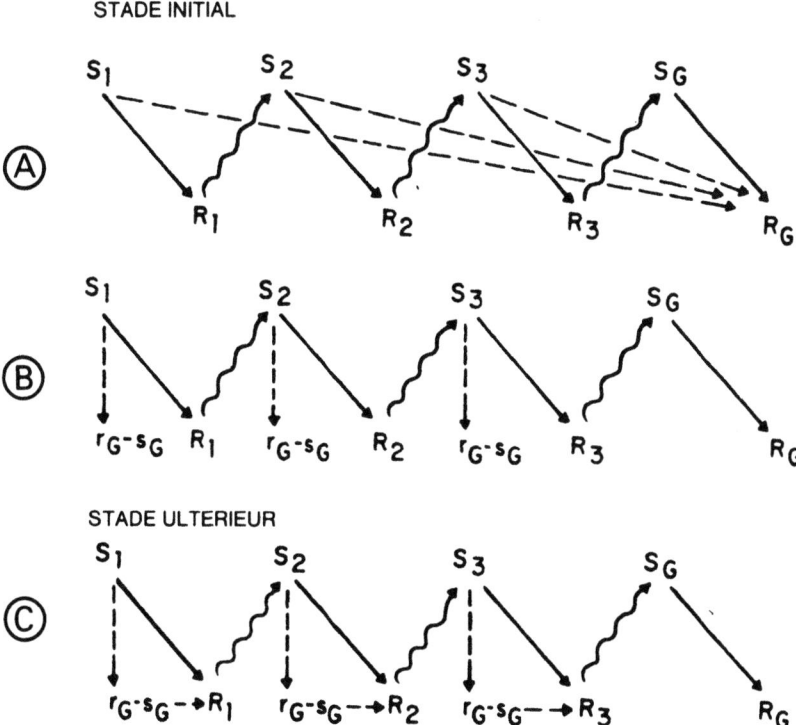

Figure 9: Représentation schématique de la formation des réponses conditionnées aux stimulus du but, à divers stades de l'exercice de parcours. En A, les stimulus locaux S1, S2, S3 s'associent au stimulus de but S_G et donc à la réponse de but R_G. En B, ces stimulus évoquent des réponses conditionnées anticipatrices du but r_G; celles-ci produisent des réafférences ou indices de réponse s_G. En C, ces indices s_G s'associent aux stimulus locaux et concourent comme eux à produire les réponses locomotrices R1, R2, R3 (Hull, 1931).

proprioceptives (s_G) qui, à un stade ultérieur d'exercice, se conditionneront par association aux stimulus locaux (S1, S2, S3) pour concourir aux mêmes réponses motrices qu'eux (R1, R2, R3). Comme celles-ci mènent l'animal au but, les liaisons conditionnées aux stimulus de but S_G s'en trouvent renforcées. Par contre dans les impasses, les s_G n'ajoutent pas leurs incitations à celles des stimulus locaux, puisque les réponses motrices ne mènent pas au but dans ce cas, et que les conditionnements à S_G ne se font donc pas. Ces réponses motrices vers les impasses seront donc de moins en moins fréquentes. Ainsi, c'est dans la différence d'incitation par les r_G-s_G que réside la discrimination entre le parcours correct et ceux qui ne le sont pas. Le terme r_G-s_G est donc l'analogue de la « représentation du but » invoquée dans la théorie S-S, et il est supposé guider les réponses de la même façon.

Cette théorie compliquée prête beaucoup à critique. Ainsi l'existence des s_G est-elle invoquée, mais non contrôlée; on ne sait pas non plus comment ces s_G se conditionnent par rapport aux stimulus locaux pour dynamiser les réponses motrices. Quant aux r_G, pour rester adaptatives, elles ne doivent pas interférer avec ces mêmes réponses motrices; elles seraient donc très amoindries, atténuées, voire intériorisées, et en tout cas non observables. Malgré cela, la conception hullienne est moins vague et globale que celle de «l'attente locale» des Cognitivistes, et elle a fourni une base de discussion utile vis-à-vis de ces derniers. Nous verrons qu'elle a inspiré de nombreux travaux sur les effets de contraste et d'extinction. Enfin, elle a émis cette idée que des RC classiques modifient la performance au cours de l'exercice avec récompense; or cette hypothèse inspire actuellement de nombreuses recherches.

Les travaux ultérieurs sur l'apprentissage latent

1. Procédures de récompense non pertinente

a) Apprentissage avec motivations équilibrées

Spence et Lippitt (1940) ont entraîné des rats à parcourir un labyrinthe en forme de Y dont l'une des chambres de but contenait de la nourriture, et l'autre chambre de l'eau. Les rats n'étaient ni affamés, ni assoiffés. On fit en sorte que chacun d'eux aille 14 fois à chaque chambre et qu'il y perçoive la présence de nourriture ou d'eau, mais sans en manger ni en boire. Ainsi traités, les rats devaient avoir appris que les aliments se trouvent dans telle chambre, et la boisson dans telle autre, si la conception de Tolman est exacte. Afin de le vérifier, il suffit d'affamer ou bien d'assoiffer les rats : se dirigeront-ils alors vers le but où se trouve le S^v dont ils sont privés ?

Dans leur expérience, Spence et Lippitt privèrent tout d'abord chaque rat du S^v situé du côté opposé à celui où il allait le plus volontiers au cours de l'entraînement, et ils procédèrent à un essai-test : 61 % des rats s'orientèrent du côté « correct », c'est-à-dire vers le but où se trouvait l'objet de leur besoin; cette performance est statistiquement significative. Le lendemain, un test semblable fut effectué alors que les rats étaient privés, cette fois, de nourriture s'ils avaient été assoiffés lors du premier test, et réciproquement. La proportion générale des choix d'orientation s'inversa alors par rapport à la veille, mais sans différer statistiquement de celle des choix manifestés en fin d'apprentissage comme préférence spontanée. Quoi qu'il en soit, ce résultat va dans le sens prévu par la théorie cognitiviste S - S, et il a été confirmé par Meehl et MacCorquodale (1948).

b) Apprentissage avec une motivation prédominante

Le résultat qu'on vient de voir peut également être interprété en termes S - R (Spence et coll., 1930), de sorte qu'il ne départage pas les deux théories. Spence et Lippitt (1946) ont donc mis au point une épreuve plus exigeante envers la théorie S - S, en se basant sur la conception bien explicite dans celle-ci, selon laquelle les lieux et les objets sont associés par le sujet en fonction de leur contiguïté, et nullement de son propre état de motivation. C'est pourquoi Spence et Lippitt ont effectué une variante de l'expérience précédente, mais cette fois en assoiffant les rats. La phase préparatoire était la même que précédemment pour les rats du groupe F; pour ceux du groupe O, une chambre de but était vide tandis que l'autre contenait de l'eau. Tous les rats tendaient à aller du côté de la boisson, mais on les obligeait à se rendre à un but autant qu'à l'autre. Lors des parcours libres, les réponses « correctes » consistaient évidemment à aller du côté où il était possible de boire un peu; lors des parcours forcés, on n'a jamais observé que les animaux du groupe F aient touché à la nourriture. Ils étaient en effet, comme ceux du groupe O, nourris à satiété; leur seule motivation était la soif durant cette phase d'apprentissage.

Ceci fait, les rats furent abreuvés, mais en revanche ils furent mis à jeûn, et l'on procéda à un essai-test avec les rats du groupe F. Or ces animaux, au lieu de s'orienter vers le but contenant la nourriture, allèrent vers celui où était l'eau. Ensuite les auteurs placèrent de la nourriture dans la chambre qui, jusque-là, était restée vide pour les rats du groupe O, et ils comparèrent les deux groupes quant à leur facilité pour apprendre l'orientation vers la chambre contenant de la nourriture; or, elle s'est avérée tout à fait semblable. Ainsi donc, les rats qui avaient perçu la présence de nourriture en un lieu donné quand ils avaient soif, n'en avaient rien appris ni retenu par rapport à des sujets témoins également motivés par la soif.

La théorie de Tolman est contredite par un tel résultat, tandis que la théorie S-R peut en rendre compte. On peut dire en effet qu'une tendance associative à tourner du côté où se trouve l'eau s'est développée chez les rats des deux groupes lorsqu'ils étaient assoiffés, et qu'elle constitue un handicap semblable pour apprendre à tourner du côté opposé.

2. Procédure de placement direct au but

Tolman (1933) fit apprendre à des rats affamés à s'orienter dans un labyrinthe en forme de T vers celle des deux chambres de but qui était fermée par un rideau blanc et qui contenait de la nourriture, tandis que l'autre chambre, fermée par un rideau noir, était vide et électrifiée. Ceci étant appris, Tolman plaça ses rats directement au but blanc, vide cette fois, et leur y donna un choc électrique. Il pensait que les rats auraient dû ainsi associer le choc à la couleur blanche et donc «s'attendre» à recevoir un choc dans ce but, si bien qu'ils n'y seraient plus retournés ensuite par eux-mêmes. Mais lors des essais de parcours complet auxquels Tolman procéda ensuite, les rats retournèrent cependant au but blanc. Il refit l'expérience avec d'autres rats, mais en les choquant au but blanc après qu'ils y soient *allés d'eux-mêmes*: or ces rats-là cessèrent ensuite d'aller vers ce but. Un tel résultat montre l'importance des réponses motrices dans la formation des associations, ce qui est bien prévu dans la théorie S-R.

Celle-ci a inspiré à Miller (1935) une opérationnalisation qui démontre l'action anticipatrice du mécanisme r_G-s_G dans une situation semblable à celle de Tolman, mais sans qu'il soit nécessaire de faire effectuer aux rats le parcours complet. Tout d'abord, les animaux apprennent à traverser un couloir et à entrer dans la chambre de but en tournant à droite et en gravissant une pente; ils y trouvent à manger. Ensuite les rats d'un premier groupe sont placés à l'entrée de ce but; ils y entrent, ils y mangent, et ils y reçoivent un choc. Les rats d'un second groupe sont placés à l'entrée d'une autre chambre; ils y pénètrent en tournant à gauche, sans rien monter, et y trouvent à boire; après quoi ils sont choqués également. Finalement, dans la phase-test, on place tous les rats au départ du couloir; on constate alors que les rats du premier groupe courent beaucoup moins vite que ceux du second groupe.

Selon Miller, les réponses au but R_G des rats du premier groupe ont des réafférences s_G qui ont été associées au choc; elles produisent donc des réponses de même nature que celui-ci, comme: sursauter, s'accroupir. Les stimulus locaux du couloir produisent des r_G semblables aux R_G, et donc les s_G correspondantes. Or nous venons de voir que, associées au choc, elles tendent à faire s'accroupir les rats, ce qui gêne leur locomotion. Rien de tel ne se produit chez les sujets du second groupe, chez qui les réponses au choc n'ont pu se conditionner qu'à des réafférences s'_G différentes, puisqu'elles correspondent à des réponses au but R'_G différentes (tourner à gauche, ne pas monter, boire, etc.). Ces réponses conditionnées au choc ne se produisent donc pas durant la traversée du couloir et n'interfèrent pas avec la course vers le but.

Il existe bien d'autres variantes de la procédure de placement (Seward, 1949; Seward et Levy, 1949) dont les résultats mettent en évidence des « attentes locales », mais on peut aussi bien les interpréter selon le schéma r_G-s_G (Spence, 1956; Moltz, 1957).

Conclusion

Les travaux réalisés entre 1929 et les années 1950 sur l'apprentissage latent ont eu pour effet de montrer que la récompense (ou S^v) avait plusieurs rôles distincts dans le processus d'apprentissage, et non un seul comme on l'avait pensé tout d'abord. En effet, l'idée que le S^v a pour seul effet de renforcer les associations (Hull, 1943; Thorndike, 1911) a été abandonnée en faveur de celle pour qui le S^v est une variable de performance (Spence, 1956; Tolman, 1932), ou bien comme l'une et l'autre à la fois (Hull, 1952) et comme une source de réponses conditionnées qui influencent en retour la performance (Hull, 1931; Spence et coll., 1950). La confrontation entre théories cognitivistes et celles de type S-R a fourni l'occasion de mieux les mettre en rapport, et de prendre note de leurs points faibles (Deutsch, 1956; Thistlethwaite, 1951).

Les effets de contraste

On a beaucoup étudié l'apprentissage par récompense en donnant à celle-ci des valeurs différentes: on obtient ainsi des effets de contraste qui se marquent sur la performance qu'on observe. Nous décrirons trois procédures de cette sorte: celles de contraste par succession, par simultanéité, et de contraste comportemental.

Effets de contraste par succession

1. Le contraste négatif

Cet effet se met en évidence, fondamentalement, par la comparaison de deux groupes (au minimum) d'animaux entraînés à donner la même réponse. Tout d'abord, les sujets du groupe expérimental reçoivent une récompense forte, et ceux du groupe témoin une récompense faible; dans une seconde phase, cette récompense faible est attribuée à tous les sujets. On étudie comment la diminution de la récompense des sujets expérimentaux se répercute sur leurs performances, par rapport à celles des sujets témoins.

Les premières expériences effectuées selon cette procédure furent celles de Elliott (1928) et de Crespi (1942). Elliott a comparé le nombre d'erreurs d'orientation dans un labyrinthe à 14 impasses chez deux groupes de rats dont la récompense initiale consistait en graines de tournesol pour les témoins, et en pâtée de son pour les sujets expérimentaux. Ces derniers apprirent plus vite que les témoins, mais quand ils furent récompensés comme eux par des graines de tournesol, ils commirent davantage d'erreurs (fig. 10). De son côté, Crespi effectua une modification quantitative, et non qualitative, du S^v. Il entraîna trois groupes de rats à traverser un couloir droit, une fois par jour, pour trouver au but soit 256, soit 64, soit 16 pillules selon les groupes. Quand tous ces animaux furent ensuite récompensés par 16 pilules seulement, il constata que la vitesse de parcours des rats qui recevaient auparavant une récompense supérieure, devenait moindre que celle des animaux témoins dont la récompense était restée constante, à 16 pilules (fig. 10).

Ces résultats concordants mettent en difficulté la théorie S-R de Hull (1943) sur deux points: à la suite du premier essai qui est moins récompensé que les précédents, on observe une chute *soudaine* de la performance du groupe expérimental, et ce à un niveau *inférieur* à celui du groupe témoin.

Si la performance S^ER est déterminée par la « force de l'habitude » S^HR, qui dépend elle-même des caractères quantitatifs du S^v, on comprend que la réduction de celui-ci entraîne une réduction de la performance. Mais cela devrait se faire progressivement, puisque la force associative dépend également du nombre d'essais récompensés précédents. Certes, on peut expliquer la soudaineté de la modifica-

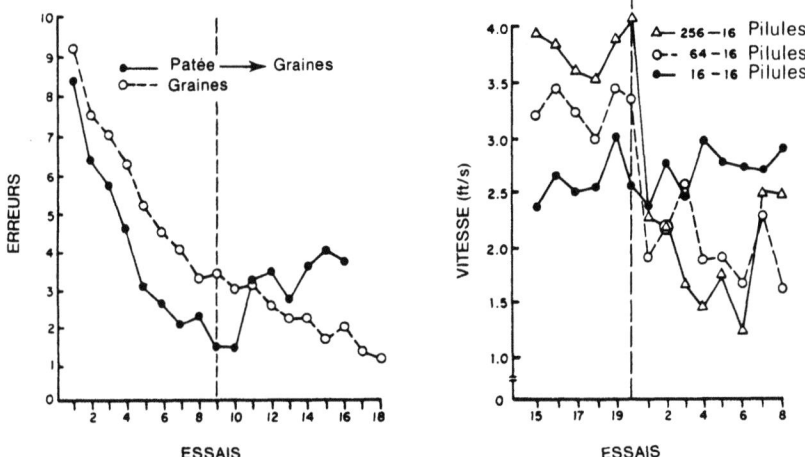

Figure 10: Deux exemples d'effets de contraste négatif par succession. A gauche, évolution du nombre moyen d'erreurs de parcours dans un labyrinthe chez deux groupes de rats. Les uns trouvent toujours au but des graines de tournesol, tandis que les autres sont récompensés par de la pâtée de son depuis le 1er essai jusqu'au 9e, puis par des graines de tournesol lors des essais suivants (Elliott, 1928). A droite, évolution de la vitesse de course chez trois groupes de rats, dans un couloir au bout duquel ils trouvent 256, ou 64, ou 16 pilules alimentaires respectivement jusqu'au 19e essai, puis 16 pilules pour tous les sujets lors des 8 essais suivants (Crespi, 1942).

tion des réponses en faisant du S^v une variable d'incitation (Hull, 1952); cependant le bas niveau de performance atteint à cette occasion n'est pas expliqué par la théorie S-R, ni d'ailleurs par aucune autre théorie.

Sur ce point cependant, certaines observations apportent des éléments de réponse. Ainsi, quand les rats ne trouvent pas au but le S^v fort, mais le S^v faible, ils délaissent celui-ci et semblent chercher celui-là; les rats qui n'ont jamais reçu d'autre récompense que le S^v faible ne se conduisent jamais ainsi. Ces réactions de « frustration » et de recherche du S^v fort se produisent ensuite dans le couloir lors des essais suivants, ce qui nuit à la performance de parcours. Telle pourrait être la raison de l'abaissement de son niveau au-dessous de celui du groupe témoin.

Dans certains cas, les effets de contraste dus à la diminution de la récompense peuvent s'expliquer par des mécanismes soit d'adaptation sensorielle (comme dans une expérience de Bitterman (1976) sur l'Abeille), soit de conditionnement des effets consécutifs à un essai donné de rang n vis-à-vis de la réponse à l'essai suivant de rang $n + 1$ (Capaldi, 1972). Cela suppose que l'intervalle de temps séparant deux essais soit court, ce qui correspond à la procédure d'essais massés. Or, dans les expériences d'Elliott et de Crespi, l'intervalle entre essais successifs est de 24 h (soit un essai par jour). Il faut donc bien supposer qu'une attente particulière vis-à-vis du S^v a été apprise. Cela est d'autant plus évident que l'effet de contraste s'observe après un délai plus long intercalé entre les deux phases expérimentales: celles de récompense forte, puis faible. Cet effet s'observe encore après un délai de 26 jours (Gonzalez, Fernhoff et David, 1973), mais si le délai entre phases est porté à 42 ou 68 jours, l'effet de contraste disparaît, et cela semble bien dénoter un véritable «oubli» (Gleitman et Steinman, 1964).

L'hypothèse que les rats ont appris à «s'attendre» à une récompense particulière est confortée par divers autres résultats. Ainsi, l'effet de contraste négatif est d'autant plus marqué que les essais initiaux, à fort S^v, ont été plus nombreux (Vogel, Mikulka et Spear, 1966) et que la réduction du S^v lors des essais suivants est plus importate (Peters et McHose, 1974). Par contre l'effet de contraste négatif est réduit si les récompenses sont attribuées selon un programme de renforcement partiel (Capaldi et Ziff, 1969), comme si les rats se formaient une «espérance moyenne» de récompense (McHose et Peters, 1975). La durée de la privation alimentaire augmente l'effet de contraste (Ehrenfreund, 1971) tandis que l'injection de tranquillisants le réduit (Rosen, Glass et Ison, 1967).

Néanmoins, tous ces résultats ne concernent que des cas où l'on utilise pour sujets des rats, et pour récompense de la nourriture solide. Si l'on s'écarte de ces conditions, on obtient des résultats qui sont en accord avec ce que prédit la théorie S-R de Hull (1943). Notamment, la brusque réduction de la récompense du groupe expérimental entraîne une diminution graduelle de sa performance, et celle-ci ne devient jamais inférieure à celle du groupe témoin.

C'est ce qu'on observe si la récompense offerte aux rats consiste en une boisson sucrée. Homzie et Ross (1962) ont entraîné des rats à traverser un couloir avec pour S^v une solution de sucrose à 20 % (groupe expérimental) ou à 1 % (groupe témoin); lors de la seconde phase, la récompense de la moitié des sujets expérimentaux est ramenée à une solution à 1 %, tandis que pour l'autre moitié des sujets, elle est complètement supprimée (extinction). Les rats expérimentaux couraient plus vite que les témoins lorsqu'ils recevaient la solution à 20 %; ceux pour qui elle fut réduite à 1 % ensuite ralentirent progressivement leur traversée, en 24 essais environ, au terme desquels ils allèrent à la même allure que les témoins. Or, ils auraient pu aller encore moins vite, car les animaux privés de toute récompense se déplacèrent encore plus lentement. Ce résultat a été confirmé par divers auteurs, notamment Flaherty et Caprio (1976).

On pourrait traiter ce manque d'effet de contraste négatif comme une exception, qui serait due spécifiquement à l'emploi des solutions sucrées comme récompense. Mais les choses ne sont pas aussi simples, car on trouve bien l'effet de contraste négatif en employant ce type de S^v si l'on prend pour performance à observer la réponse consommatoire, c'est-à-dire la cadence des lappements (Flaherty et Caprio, 1976; Vogel, Mikulka et Spear, 1968) ou bien un rythme de réponses opérantes tel que celui d'appuis sur un levier (Weinstein, 1970). Cet effet persiste si le délai qui sépare la phase à S^v fort de celle à S^v faible est de 10 jours, et ne disparaît que pour un délai de 17 jours (Flaherty et Lombardi, 1977).

Si c'est une solution de saccharine qui sert de S^v, on n'observe même pas d'effet de contraste négatif sur la cadence des lappements (Vogel et coll., 1968): celle-ci diminue graduellement dans le groupe expérimental jusqu'à rejoindre celle du groupe témoin. L'effet subsiste néanmoins sur le rythme d'appuis sur un levier (Weinstein, 1970).

On ne sait donc pas bien ce qui fait que la diminution de la performance est abrupte et excessive, ou progressive et mesurée, lorsque les animaux employés sont des rats. Or, si l'on prend pour sujets des Poissons rouges ou des Tortues amphibies, on ne peut même pas mettre en évidence d'effet de contraste négatif. Par contre les résultats obtenus sont semblables à ceux qu'aurait prédits la théorie S-R.

Ainsi, en n'effectuant qu'un seul essai par jour, la performance des Poissons rouges (nage dans une rigole, ou appuis sur un levier) ne diminue même pas après réduction de la récompense (Gonzalez et coll., 1972). Il y a bien une diminution chez les Tortues (*Chrysemis picta*) mais elle est graduelle et limitée au niveau de la performance des sujets témoins (Pert et Bitterman, 1970).

Si on masse les essais dans le temps, en prenant pour sujets des Poissons rouges, on observe qu'ils nagent de moins en moins vite une fois qu'on a réduit leur récompense de 40 vers Tubifex par essai à un seul. Mais là encore l'affaiblissement de la réponse est progressif, et se borne à égaler finalement la vitesse de nage des sujets témoins, dont le S^v a toujours consisté en un seul ver (Gonzalez, Ferry et Powers, 1974). Si les animaux employés sont des Tortues, la procédure d'essais massés donne lieu à un résultat semblable; aucun effet de contraste négatif n'est observé. Il faut donc admettre que chez les Poissons et les Tortues, les conduites acquises sont gouvernées par le principe S-R du renforcement, et que ce principe agit également chez les Rats bien que son influence puisse être masquée par des processus d'attente, du moins dans certaines conditions.

En résumé, l'effet de contraste négatif s'observe chez les Rats et non chez les autres espèces, et seulement pour certaines combinaisons de réponses et de récompenses. Par conséquent l'hypothèse de l'apprentissage d'une «attente», qui se fonde principalement sur l'effet de contraste négatif, doit être revue et corrigée en tenant compte des facteurs qui sont responsables de l'absence de cet effet.

2. Le contraste positif

Soient deux groupes d'animaux ayant appris une même réponse, mais avec une récompense forte pour l'un, et faible pour l'autre. Si l'on augmente d'un coup la récompense de ce dernier groupe en la rendant égale à celle du groupe témoin, la performance effectuée par les sujets ainsi davantage récompensés doit s'élever progressivement au niveau de celle des témoins qui ont toujours reçu la récompense forte, si l'on en croit la théorie de Hull (1943).

Or Crespi (1942, 1944) a obtenu des résultats opposés à cette prédiction. Il a entraîné des rats à traverser un couloir pour manger au but 16 pilules alimentaires, puis il a réduit cette récompense à 1 ou 4 pilules, avec pour résultat une diminution de la vitesse de course des rats. Après trois jours d'interruption, Crespi reprit l'entraînement en rétablissant la récompense de 16 pilules, et observa que la vitesse des rats *surpassait* alors celle de leurs parcours initiaux pour 16 pilules. C'est ce que nous appelons un effet de contraste *positif* par succession.

On a longtemps tenu cet effet pour douteux car plusieurs auteurs n'ont pas retrouvé les mêmes résultats que Crespi (Dunham, 1968; Mackintosh, 1974). Cela pourrait être dû à ce que la performance n'avait pas encore atteint son maximum à la fin de la première phase de l'expérience faite par Crespi, et qu'elle ne parvenait à cette valeur qu'à la troisième phase. C'est facile à vérifier en comparant cette performance à celle d'un groupe témoin qui recevrait le S^v fort (16 pilules) du début de l'expérience jusqu'à la fin. Avec ce contrôle expérimental, Spence (1956) n'a pas pu constater l'existence d'un effet de contraste positif.

Cependant des résultats récents ont montré que cet effet existe bien, pourvu qu'on suive la même procédure que Crespi: notamment, il faut diminuer notablement le S^v dans la seconde phase, afin qu'il apparaisse comme «frustrant» à l'animal, selon l'expression de Crespi (1944). C'est ensuite que son rétablissement au niveau initial produit l'effet de contraste sur la vitesse de déplacement des rats (Maxwell et coll., 1976). Le S^v doit être réaugmenté au moment où se produit l'effet de contraste *négatif* produit par sa diminution préalable; si l'on attend que cet effet se dissipe, le rétablissement du S^v à sa valeur forte initiale ne produit pas d'effet de contraste positif (Maxwell et coll., 1976).

Ces résultats, ainsi que d'autres qui sont dus à la technique de renforcement différé dans le temps (Mellgren, 1972) montrent que l'effet de contraste positif est bien réel, au moins lorsqu'il s'agit de rats et de S^v sous forme de nourriture solide; par contre sa généralité n'a pas pu être démontrée lorsqu'on emploie d'autres espèces ou d'autres S^v.

3. Les conséquences théoriques

Ce qui vient d'être dit à propos de l'effet de contraste positif donne la raison de son peu de retentissement au plan des théories. Par contre l'effet de contraste négatif a exercé sur celles-ci une forte influence, notamment les résultats relatifs à l'emploi de nourriture solide comme récompense, et de rats comme sujets. Ils confirmaient l'idée qu'une «attente de récompense» constituait le processus responsable de cet effet, et allaient ainsi dans le sens de la théorie de Tolman (1932), et non dans celui de la conception S-R initiale.

Ce fut donc l'occasion pour celle-ci de se modifier. Spence (1956) rejeta complètement le principe S-R du «renforcement», en disant que la contiguïté des réponses instrumentales et des stimulus qui les déclenchent suffit à assurer leur association, et en assignant à la récompense un rôle *directionnel* et *motivationnel* envers ces réponses instrumentales. Cette double fonction était remplie, selon lui, par le moyen du conditionnement des r_G - s_G, tel qu'il a été décrit plus haut. L'association des s_G à la réponse instrumentale (r_G - $s_G \rightarrow R_{inst}$) réalise la direction et l'orientation des réponses correctes, et donc récompensées, tandis que la force de cette liaison conditionnelle traduit la motivation que suscite le S^v. Ceci est conforme à la théorie finale de Hull (1952). De cette manière, la révision de Spence a estompé les principales différences qui séparaient la conception S-R des conceptions S-S.

Plus récemment, on a présenté diverses interprétations des effets de contraste successifs, soit en termes de processus sensoriels ou perceptifs (Helson, 1964), soit selon le modèle de Wagner et Rescorla (McHose et Moore, 1976), soit enfin dans la ligne de la théorie cognitiviste de «l'attente» (Black, 1976). Malheureusement, aucune de ces conceptions ne rend compte de la diversité des résultats constatés dans les expériences censées donner lieu à un contraste négatif. Quant au contraste positif, on ne comprend pas encore assez bien ce qui le détermine pour en fournir une explication.

Effets de contraste par simultanéité

On appelle effets de contraste *simultané* ceux qu'on observe en modifiant plusieurs fois la valeur de la récompense au cours d'une même session expérimentale. Fondamentalement, une telle expérience s'effectue avec au moins trois groupes: un groupe expérimental qui reçoit un S^v fort quand la réponse est donnée à un stimulus A, et un S^v faible quand elle l'est à un stimulus B, et deux groupes témoins qui doivent répondre aux stimulus A et B, mais le S^v est toujours fort pour l'un des groupes, et il est toujours faible pour l'autre. Les stimulus A et B sont fréquemment alternés au cours d'une même session expérimentale, ce qui fait que le S^v prend une valeur tantôt forte, tantôt faible, pour le groupe expérimental. En règle générale, les résultats mettent souvent en évidence des effets de contrastes négatif, tandis que ceux de contraste positif ne s'observent que dans certaines conditions.

L'effet de contraste négatif se marque sur la vitesse de déplacement chez les rats quand la récompense consiste en nourriture solide (Bower, 1961), mais aussi quand il s'agit d'une solution de sucrose (Flaherty, Riley et Spear, 1973), comme le montre la figure 11. Dans ces deux expériences, les rats devaient parcourir tantôt un couloir peint en noir, tantôt un couloir peint en blanc. Notons que dans l'expérience de Flaherty et coll. (1973), une réduction soudaine de la concentration de sucrose offerte au groupe témoin à S^v fort, réalisée postérieurement à ce que montre la figure 11, n'a entraîné aucun effet de contraste négatif par succession, tandis que l'effet de contraste négatif par simultanéité se manifestait bien chez les rats du groupe expérimental; ces deux effets ne dépendent donc pas des mêmes facteurs.

D'ailleurs l'effet de contraste négatif par simultanéité s'observe chez beaucoup d'animaux chez lesquels celui de contraste négatif par succession n'a pas pu être démontré: le Poisson rouge (Burns et

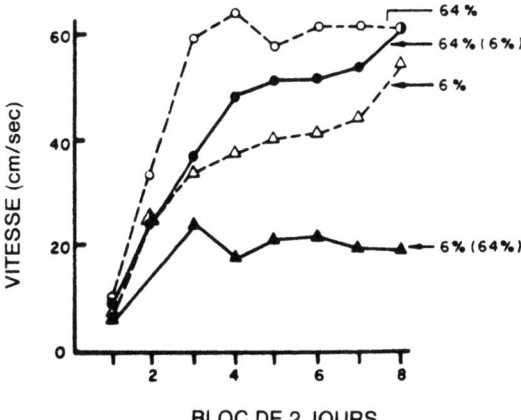

Figure 11: Effet de contraste négatif par simultanéité portant sur la vitesse de course de 3 groupes de rats dans un couloir au bout duquel ils trouvent une solution de sucrose. Pour deux groupes témoins (traits tiretés), la concentration de la solution est constante (à 6 % ou à 64 %). Pour les sujets expérimentaux (traits continus), la concentration prend l'une de ces deux valeurs d'un essai sur l'autre, ceci étant signalé par la teinte des parois du couloir (Flaherty, Riley et Spear, 1973).

coll., 1974; Gonzalez et Powers, 1973), la Tortue (Pert et Gonzalez, 1974), le Pigeon (Gonzalez et Champlin, 1974). On trouve aussi cet effet chez le Macaque (Schrier, 1958). Il faut noter en outre qu'il s'agit d'un effet typiquement transitoire, que l'on ne peut susciter après un long délai entre sessions, comme on le fait pour l'effet de contraste par succession.

Ainsi, les différences que l'on note entre les effets de contraste négatifs par simultanéité et par succession montrent qu'ils ne dépendent pas des mêmes processus. Sinon, les deux effets devraient être présents, ou bien absents, chez une espèce animale donnée (Bitterman, 1975) et tous deux devraient être persistents, ou bien passagers.

A la différence de l'effet de contraste négatif, celui de contraste positif ne se manifeste pas souvent dans les expériences qui font usage de la procédure de simultanéité. Sur la figure 11, on voit qu'il ne se produit pas quand on prend pour variable la vitesse de déplacement chez les rats. Au contraire, ceux qui reçoivent la récompense sous forme de deux solutions de sucrose de concentrations différentes courent vers la plus forte des deux un peu moins vite que les rats témoins, qui ne sont récompensés que par cette solution concentrée.

On n'a pas trouvé non plus d'effet de contraste positif dans le rythme de picorage operant chez les pigeons (Gonzalez et Champlin, 1974); par contre on le trouve chez le rat si la conduite étudiée est la réponse consommatoire, comme la fréquence des lappements d'une solution sucrée (Flaherty et Largen, 1975).

On ne sait pas pourquoi certaines réponses sont plus sensibles que d'autres aux effets de contraste simultané. Le fait est, néanmoins, que la consommation d'une solution sucrée est une de ces conduites, propre à révéler le contraste existant entre deux solutions goûtées successivement par l'animal. Cela suggère l'hypothèse d'une réaction de l'animal au contraste sensoriel qui s'établit entre les deux S^v, d'autant mieux que généralement l'intervalle qui sépare l'accès à ces deux récompenses est de 15 à 60 s dans ce genre d'expériences.

Par conséquent, il est inutile d'essayer de rendre compte des effets de contraste simultané de la même façon que de ceux de contraste successif; les résultats dont nous disposons montrent qu'ils dépendent probablement de mécanismes sensoriels et perceptifs. Ce type d'explication s'accommode bien de la généralité des effets de contraste négatif par succession, tels qu'on les observe chez différentes espèces et avec différentes sortes de récompenses. Toutefois, on suppose ainsi qu'il se produit une rémanence d'impressions sensorielles d'un essai sur le suivant, au cours d'un délai relativement bref; il faut donc, pour confirmer l'hypothèse sensori-perceptive, reprendre les expériences de contraste simultané en faisant varier les intervalles de temps qui séparent les essais consécutifs.

Effets de contraste comportemental

L'effet de contraste ainsi nommé (Reynolds, 1961; Skinner, 1938) est produit par la procédure de conditionnement operant dite « programme multiple » (*multiple schedule*), dans laquelle l'animal est soumis successivement à deux régimes de renforcement (ou davantage) signalés chacun par un stimulus différent. Quand la performance relative à l'un des régimes de récompense est modifiée par la mise en œuvre de l'autre régime au cours de la même séance expérimentale, on a affaire à un effet de contraste comportemental. Ainsi, on aura un contraste positif (fig. 12a) quand la fréquence des réponses augmente en présence du stimulus A, si le stimulus B correspond à un taux de renforcement inférieur à celui que signale A (Reynolds, 1961). Inversement, la force et la cadence des réponses au stimulus A seront diminuées (fig. 12b) si l'on met en œuvre un autre régime de

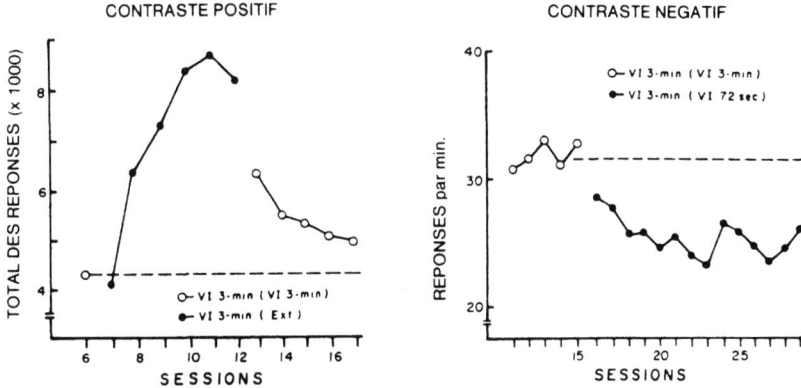

Figure 12: Deux exemples de contraste comportemental chez le Pigeon. La figure de gauche représente un effet positif de contraste: le nombre des réponses operantes données en présence d'un indice A augmente si celui-ci est associé à un programme de renforcement VI - 3 mn, alors qu'un autre stimulus B signale l'absence de toute récompense, ou extinction (courbe en cercles noirs); rien de tel ne se produit quand A et B sont tous deux associés au programme VI - 3 mn (cercles clairs) (Reynolds, 1961). La figure de droite montre un effet de contraste négatif: la fréquence des réponses operantes diminue quand A est présent et quand il est concomitant d'un programme VI - 3 mn, alors que B est présenté à d'autres moments en même temps que le programme devient un VI - 72 s (cercles noirs). Rien de semblable ne s'observe quand A et B sont associés également à un VI - 3 mn (cercles clairs) (Schwartz, 1975).

renforcement, signalé par B, supérieur à celui qui est signalé par A: c'est alors un contraste négatif (Reynolds, 1963; Schwartz, 1975).

Pour apprécier ces effets de contraste, on compare les performances d'un même sujet dans deux conditions: d'une part, quand le rythme des réponses est stabilisé pour un programme de renforcement donné, et signalé par les stimulus A *et* B, d'autre part lorsque le second programme de renforcement est ensuite mis en œuvre et signalé par B, le premier restant signalé par A. Cette méthode présente l'inconvénient qu'on risque de confondre deux facteurs: d'une part la différence des taux de renforcement des deux programmes, et d'autre part le simple effet d'exercice dû à l'addition de sessions expérimentales pour passer de la première condition à la seconde. En effet, si la fréquence des réponses n'a pas atteint sa valeur maximum quand on procède à la mesure témoin initiale, on risque de surestimer les effets de contraste positifs qu'on observe ensuite. Un mode de contrôle simple consisterait à revenir, en fin d'expérience, à la condition initiale, en n'employant plus que le premier programme de renforcement; mais bien souvent on ne retrouve plus la fréquence de réponses du début de l'expérience: l'occurrence d'un effet de contraste l'a modifiée sans retour. Un autre contrôle est plus efficace; on compare les performances des sujets soumis à l'effet de contraste à celles de sujets témoins qui restent toujours dans les conditions initiales: un seul programme de renforcement, signalé par A aussi bien que par B. On s'aperçoit alors que le contraste positif ne doit pas être surestimé (Boakes, Halliday et Mole, 1976; Gonzalez et Champlin, 1974).

La *durée* des effets de contraste comportemental est variable. On peut les observer durant tout le temps où un stimulus signale un programme donné (par ex.: 3 mn, comme dans la fig. 12), ou bien simplement au moment où un programme vient de succéder à un autre, c'est-à-dire durant les quelques secondes suivant le moment où le stimulus B a remplacé le stimulus A. La figure 13 montre un effet de ce type, qui ne s'observe d'ailleurs que lors des premières sessions

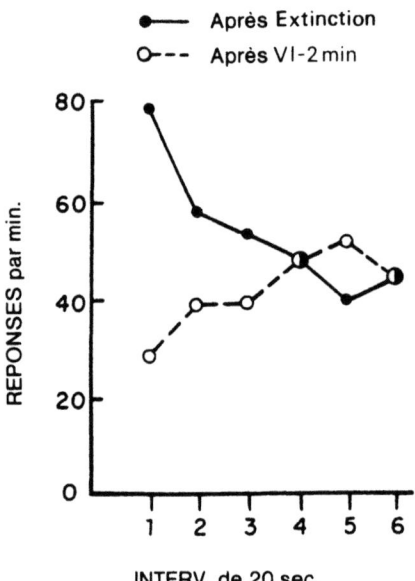

Figure 13: Effets transitoires de contraste comportemental, l'un positif et l'autre négatif, sur la fréquence des réponses operantes chez un pigeon. L'oiseau est, soit soumis à un programme VI - 2 mn signalé, soit en condition de non-renforcement (ou extinction), signalée également; après quoi, le signal est changé et annonce qu'un programme VI - 8 mn est à l'œuvre. L'évolution de la cadence des coups de bec sur le disque, à la suite de ce changement, et au cours d'intervalles successifs de 20 secondes, est figurée en cercles noirs si la condition précédente était celle d'extinction, et en cercles clairs si c'était celle de VI - 2 mn (Nevin et Shettleworth, 1966).

où les divers programmes de renforcement sont utilisés ensemble; ensuite, quand ces programmes et leurs signaux respectifs sont bien discriminés par l'animal, tout effet de contraste disparaît (Nevin et Shettleworth, 1966; Terrace, 1966). Il existe donc deux sortes d'effet de contraste comportemental: soit transitoire ou ponctuel (*local*), soit maintenu sur l'ensemble des réponses à un stimulus donné (Arnett, 1973; Catania et Gill, 1964).

La part prise par la variable temporelle dans ces effets de contraste les rapproche de ceux qu'on connaît en matière de perception et il se pourrait donc que les mêmes facteurs déterminent les uns et les autres, notamment les processus d'excitation et d'inhibition, ainsi que leurs interactions. Ce genre d'hypothèse a conduit à la découverte d'un résultat intéressant: le même stimulus peut induire, lors de la présentation du stimulus suivant, un contraste aussi bien positif que négatif. Cela tient à la force relative des liaisons conditionnelles de ces deux stimulus. Si le second stimulus est, relativement au premier, plus fortement conditionné, on obtiendra un contraste ponctuel postif, tandis que s'il l'est moins, le contraste ponctuel sera négatif (Malone, 1976).

On est ainsi amené à chercher quels sont les mécanismes responsables des effets de contraste comportementaux. Diverses hypothèses ont été émises à ce sujet; nous en présenterons les trois principales.

Selon Reynolds (1961c), ces effets de contraste sont dus à la différence des fréquences de renforcement dans les divers programmes mis en jeu, et du signe de cette différence quand on passe de l'un à l'autre. Par exemple, si on entraîne d'abord l'animal avec un taux de renforcement de 50 %, puis qu'on introduit un second régime, à renforcement nul (extinction), les S^v seront concentrés sur les durées où le régime de renforcement pour 50 % des réponses sera mis en œuvre. Sur la durée totale de la session où alternent ces deux régimes, tout se passera alors comme si un stimulus annonçait des périodes sans renforcement, et l'autre stimulus celles à 100 % de renforcement: il y a donc un effet de contraste positif qui porte sur ces dernières périodes. Ceci a été confirmé dans certaines conditions expérimentales (Catania, 1961; Nevin, 1968), mais non dans d'autres (Reynolds, 1963; Shimp et Wheatley, 1971).

Néanmoins une conception rivale a supplanté cette hypothèse. Elle est due à Terrace (1963, 1966) et lui a été inspirée à la suite de ses expériences d'apprentissage « sans erreur ». Si l'on entraîne des pigeons à distinguer deux stimulus signalent, l'un (S+) un programme VI, et l'autre (S−) une période d'extinction, ces sujets fournissent beaucoup de réponses opérantes au S− lors des premières sessions. Ces animaux présentent alors par la suite un effet de contraste positif quand on remplace S− par S+. Mais rien de tel ne se produit chez des pigeons qu'on a guidés depuis les premières sessions de façon à ce qu'ils ne répondent qu'au S+ et jamais au S−. Or les fréquences relatives de renforcement sont les mêmes, dans cette procédure expérimentale, pour les deux groupes de sujets: le programme VI correspond à 100 % du renforcement par opposition au 0 % des périodes sans récompense, suivant le raisonnement de Reynolds. Cependant le contraste comportemental ne s'ensuit pas dans le second groupe, comme le voudrait l'hypothèse de cet auteur.

Terrace a montré que le S− acquiert des propriétés inhibitrices et aversives dans la procédure courante d'apprentissage discriminatif, mais non dans celle où l'on évite aux animaux de répondre à ce stimulus. L'effet de contraste serait donc une conséquence des réactions aversives suscitées par le S−: c'est un effet consécutif à sa présentation, limité dans le temps, et qui dynamise les réactions au S+ quand celui-ci est présenté à son tour. On peut trouver une conception semblable chez Amsel à propos des «effets de frustration» (Amsel et Roussel, 1952). Il y aura donc contraste positif à la suite d'une période où était présenté un stimulus vis-à-vis duquel l'animal a appris à *retenir* ses réponses, sur la base de leur non-renforcement. C'est pourquoi on parle d'hypothèse «de la suppression des réponses» à propos de la conception proposée par Terrace au sujet du contraste positif. Le fait est qu'elle a été confirmée par diverses expériences sur sa prédiction essentielle, celle d'un effet de contraste positif consécutif à la présentation de divers S−, — soit que celui-ci fût renforcé, mais la réponse empêchée par des chocs électriques (Terrace, 1968), — soit que le renforcement fût attribué seulement si l'animal répondait rarement ou même plus du tout (Terrace, 1968; Weisman, 1970).

L'hypothèse de la suppression des réponses a cependant perdu de sa faveur, pour deux raisons principalement. D'abord, dans bien des cas, le S− employé en discrimination «sans erreur» conserve des propriétés inhibitrices et aversives (Rilling, 1977). D'autre part, cette hypothèse a été infirmée par une expérience récente (Boakes et coll., 1976), bien contrôlée quant aux fréquences de renforcement des deux programmes signalés par S+ et S−. Quand le S− était présenté, le renforcement était attribué seulement si les animaux n'émettaient pas de réponses, de façon à ce que le S− soit bien un stimulus suppressif. Néanmoins on n'a pas observé d'effet de contraste positif quand le S+ était présenté après une période signalée par ce S−. Cela signifie probablement que les démonstrations précédentes (Terrace, 1968; Weissman, 1970) n'avaient pas égalisé les fréquences de renforcement des deux programmes mis en œuvre conjointement.

L'hypothèse la plus récente est celle «de l'additivité» (Gamzu et Schwartz, 1973; Rachlin, 1973) selon laquelle le contraste positif est dû au fait que des réponses conditionnées classiques, topographiquement semblables à la réponse operante, sont produites par un stimulus associé à l'un des programmes de renforcement constitutifs du programme multiple employé dans toutes ces expériences. Cette idée a été inspirée à Gamzu et Schwartz (1973) par le résultat suivant. Ils ont placé des pigeons dans une cage de conditionnement où le disque de picorage pouvait être éclairé en rouge ou en vert; la première de ces couleurs était associée à l'arrivée de grains dans la mangeoire indépendamment du comportement des pigeons, tandis que la seconde l'était à l'absence de tout grain. Ils constatèrent alors que les pigeons frappaient du bec le disque de picorage lorsqu'il était rouge, mais jamais quand il était vert. Si on changeait les conditions, en attribuant autant de grains quand le disque était éclairé en rouge que lorsqu'il l'était en vert, les oiseaux ne picoraient pas le disque, ou très peu. Comme on n'avait établi aucune relation entre les réponses et le renforcement dans cette expérience, l'apprentissage du picorage en réponse au stimulus «rouge» ne peut être dû qu'à la relation qui unit ce stimulus au renforcement alimentaire, de façon différenciée du stimulus «vert» (cf. Hearst et Jenkins, 1974; Rescorla, 1967).

Cette interprétation peut être étendue aux situations de programme multiple de la façon suivante: tant que le renforcement est signalé autant par le stimulus A que par le stimulus B, la fréquence d'émission des réponses ne dépend que du programme operant. Mais quand A signale l'extinction, B est alors associé différentiellement au S^v alimentaire, et des réponses de picorage conditionnées classiquement à ce stimulus viennent ainsi s'ajouter à celles qui ne dépendent que du programme de renforcement lui-même. Le contraste positif résulte de cette addition de réponses ressortissant à deux mécanismes d'acquisition différents, mais s'exerçant selon une même topographie (sur le même «manipulandum»).

Par conséquent, si le signal conditionné est diffus (son, lumière d'ambiance) et ne coïncide pas avec le lieu précis où la réponse operante est dirigée, aucun contraste positif ne doit se produire, si l'hypothèse d'additivité des réponses est vraie. Or, ceci a bien été confirmé expérimentalement (Redford et Perkins, 1974; Schwartz, 1975). D'autres résultats récents vont également dans le sens de l'hypothèse de l'additivité (Boakes, Halliday et Poli, 1975).

Cependant, il faut bien voir que cette conception est limitée: elle ne rend pas compte du contraste négatif, ni de l'occurrence du contraste positif dans certains cas, chez les rats notamment, où elle prédit l'absence d'un tel effet (Schwartz et Gamzu, 1977). Il semble d'ailleurs que l'hypothèse d'additivité ne soit capable de rendre compte des contrastes positifs que s'ils sont ponctuels, mais non s'ils s'exercent sur l'ensemble des réponses à un signal donné de renforcement operant.

Parmi les diverses espèces de Vertébrés, le contraste comportemental positif est un effet très généralement répandu, car on l'a trouvé non seulement chez les rats et les pigeons, mais aussi chez les Poissons rouges (Bottjer, Scobie et Wallace, 1977) et chez les Tortues d'eau douce (Pert et Gonzalez, 1974).

Au regard de cette généralité, comme de celle des autres effets de contraste, seul celui de contraste négatif par succession doit être considéré à part, puisqu'on ne l'observe pas chez les Vertébrés inférieurs. Il se peut qu'il dépende de mécanismes représentatifs, peu développés chez les poissons et les tortues (Bitterman, 1975), alors que le contraste négatif par simultanéité ainsi que le contraste comportemental positif seraient des effets similaires à ceux que produisent les comparaisons perceptives.

Conclusion

En résumé, les effets de contraste dans l'apprentissage par récompense dépendent de facteurs multiples et complexes, et ne se laissent donc pas ramener à un seul type d'explication. Certains paraissent requérir l'intervention d'un mécanisme tel que l'acquisition d'une « attente » définie, alors qu'il suffit de faire appel à un mécanisme de type sensoriel ou perceptif pour rendre compte de la plupart des autres effets de contraste. Pour plus de détails théoriques et expérimentaux, on se reportera avec profit aux diverses revues critiques qui ont été publiées sur cette question (Black, 1976; Cox, 1975; Mackintosh, 1974; McHose et Moore, 1976; Schwartz et Gamzu, 1977).

L'extinction

Nous venons de voir que si l'on réduit la récompense qui a permis d'apprendre une réponse donnée, celle-ci perd de sa force et de sa fréquence. Rien d'étonnant, par conséquent, à ce qu'elle se réduise également jusqu'à disparaître si l'on supprime complètement le S^v. Cette procédure de suppression est dénommée « extinction », ainsi d'ailleurs que sa conséquence, à savoir l'affaiblissement de la réponse.

La raison de cet affaiblissement paraît simple, à première vue: le facteur même (la récompense) qui a permis le renforcement d'une réponse donnée, détermine son affaiblissement lorsqu'il est supprimé. Malheureusement ce n'est pas si simple, ne serait-ce qu'en raison de ce qu'implique cette conception, à savoir qu'après l'extinction l'animal redevient fonctionnellement identique à ce qu'il était avant l'apprentissage. Or nous savons qu'il suffit d'attendre qu'un certain délai se soit écoulé après l'extinction pour que la réponse apprise se manifeste de nouveau (Ellson, 1938; Miller et Stevenson, 1936). C'est un phénomène que Pavlov (1927) avait déjà observé, et qu'il nommait « récupération spontanée ».

Ce simple fait montre que l'affaiblissement et la raréfaction des réponses au cours de l'extinction ne sont pas dues à un simple effacement de leurs associations, faute de renforcement. Certes, les liens associatifs se relâchent au cours de l'extinction, mais d'autres facteurs interviennent également pour réduire la fréquence et la force des réponses; nous allons présenter les principaux d'entre eux.

Principales données expérimentales

Les résultats empiriques concernant les phénomènes d'extinction après apprentissage par récompense traduisent les relations observées entre trois principales variables. Ce sont: la quantité d'exercice effectué avant de procéder à l'extinction, l'importance des récompenses offertes, le programme de renforcement employé.

Williams (1938) a fait varier systématiquement le nombre des réponses récompensées chez des rats entraînés à un conditionnement operant d'appui sur un levier, en programme de renforcement continu (CRF). Il avait formulé la prédiction suivante: plus une réponse a été souvent récompensée, et plus elle peut ensuite être répétée souvent quand la récompense est supprimée. Et en effet, il constata que les rats émettaient un nombre d'appuis d'autant plus grand avant de rester 5 mn sans appuyer (critère d'extinction), qu'ils avaient émis auparavant un plus grand nombre d'appuis renforcés (fig. 14 a). Ce résultat fit longtemps autorité, comme représentatif de la relation qui existe entre le nombre de réponses récompensées et la résistance de celles-ci à l'extinction (Hull, 1943). Mais des expériences ultérieures donnèrent lieu au résultat contraire. Ainsi, North et Stimmel (1960) constatèrent que l'extinction survient en moins d'essais chez des rats dressés à traverser un couloir en CRF s'ils ont effectué 90 ou 135 parcours d'acquisition, que s'ils n'en ont fait que 45. Ison (1962) a obtenu un résultat semblable chez 6 groupes de rats (fig. 14 b): le plus résistant à l'extinction est celui qui en a fait 100. Les rats persistent d'autant moins à traverser le couloir qu'ils l'ont traversé plus souvent en étant récompensés lors de la phase d'acquisition.

La raison de cette apparente contradiction tient à l'intervention d'une autre variable: la taille de la récompense. On sait à présent que chez les rats, la résistance à l'extinction varie en fonction inverse de la quantité de nourriture offerte comme S^v au cours de l'exercice en CRF (Wagner, 1961). Or, dans l'expérience de Williams, la récompense unitaire était petite (une pilule de 0,045 g) par rapport à celle qu'employait Ison (0,4 g de pâtée). Notons que ce n'est pas la nature des réponses émises dans ces deux expériences qui peut expliquer leur différence de résultats, car on trouve un résultat semblable à celui de Williams lorsque les rats doivent traverser un couloir pour une faible récompense (Hill et Spear, 1962), et un résultat semblable à celui d'Ison quand les rats ont à appuyer sur un levier pour une forte récompense (Traupmann et Porter, 1971). Par conséquent, la résistance des réponses à l'extinction après apprentissage en CRF résulte d'une interaction entre deux variables: le nombre de réponses récompensées, et l'importance relative des récompenses.

Une autre interaction joue un rôle déterminant en la matière: celle qui se produit entre la taille de la récompense et le programme de renforcement. Cette dernière variable influence beaucoup la résistance à l'extinction (Skinner, 1938), et notamment celle-ci est augmentée quand le S^v est omis dans une certaine proportion d'essais pris au hasard (« renforcement partiel » ou PRF), par comparaison au programme CRF: c'est l'effet de renforcement partiel (PRE). Or cet effet est relatif à la taille de la récompense.

Une expérience de Wagner (1961) a bien éclairci ce point (figure 15). Il a entraîné 8 groupes de rats à traverser un couloir, à raison d'un essai par jour, pour une récompense alimentaire. Suivant les

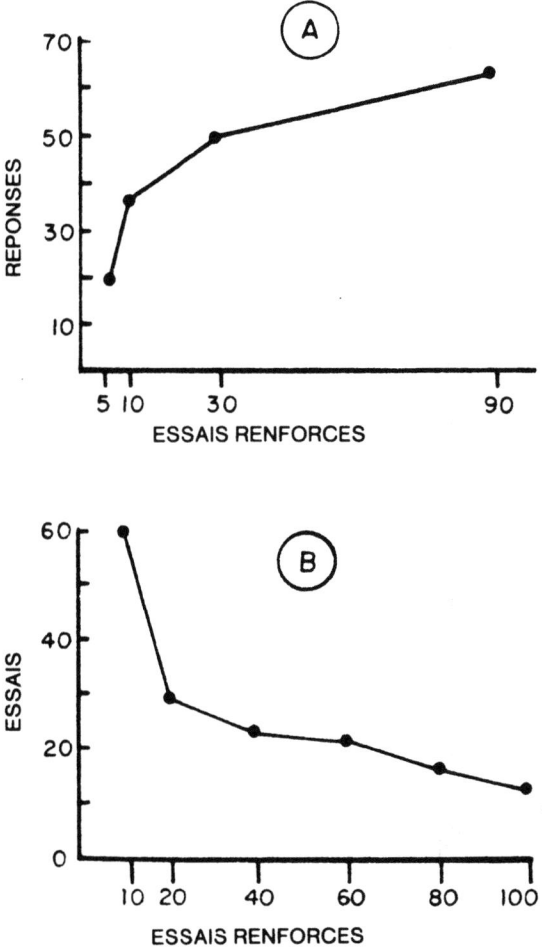

Figure 14 : Résultats contraires concernant la relation entre le nombre d'essais renforcés et la résistance à l'extinction chez les rats. En A, nombre moyen d'appuis non renforcés, effectués dans une boîte de Skinner par 4 groupes de rats, avant de rester 5 minutes sans appuyer sur le levier; durant la phase d'acquisition préalable, ces rats avaient effectué de 5 à 90 appuis récompensés (Williams, 1938). En B, nombre moyen de parcours effectués sans récompense par les rats de 6 groupes, avant de mettre plus de 2 minutes à traverser le couloir; au préalable, ces rats ont effectué de 10 à 100 essais récompensés (Ison, 1962).

groupes, celle-ci étàit forte (1 g) ou faible (0,08 g); de même, le programme de renforcement était continu (CRF ou 100 %) ou partiel (PRF à 50 %), et le nombre d'essais d'acquisition était élevé (60) ou réduit (16). Passant ensuite à la condition d'extinction, il a constaté

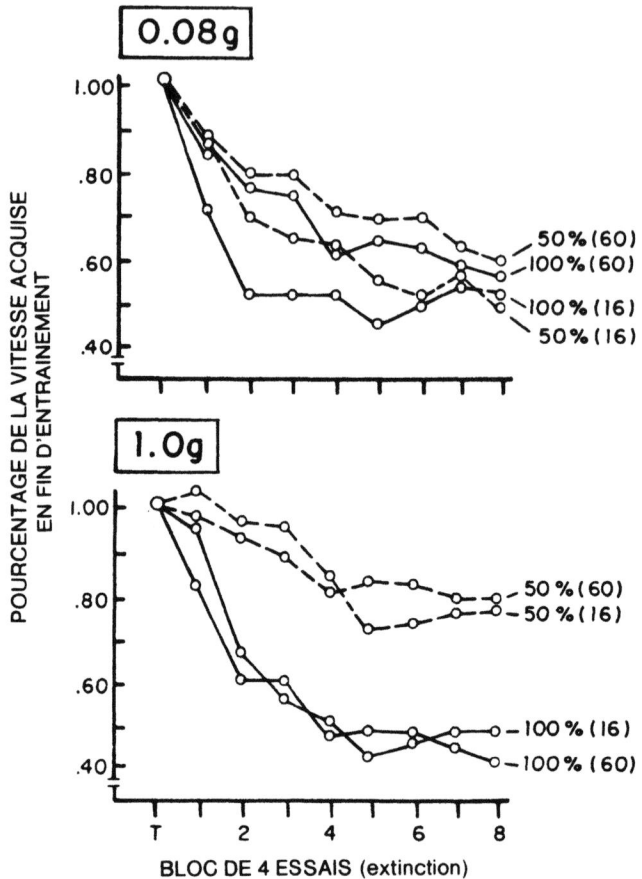

Figure 15: Résistance à l'extinction de la réponse de parcours chez des rats, en fonction de la quantité de nourriture offerte en récompense (1 g ou 0,08 g) du nombre d'essais d'acquisition (60 ou 16) et du taux de renforcement (100 % ou 50 %). Le point initial (T) représente le niveau de performance atteint à la fin de la phase d'acquisition (Wagner, 1961).

que la persistance à traverser le couloir ne différait pas beaucoup entre les groupes ayant reçu 0,08 g de nourriture comme S^v : les rats qui avaient effectué 60 parcours résistaient seulement un peu plus à l'extinction que ceux qui n'en avaient fait que 16. Par contre, chez les rats ayant reçu 1 g de nourriture comme S^v, le nombre d'essais d'acquisition n'influait guère sur la persistance des parcours, mais le programme de renforcement déterminait un net PRE en faveur des groupes dont 50 % des essais avaient été récompensés.

Ces résultats de Wagner ont été retrouvés par beaucoup d'auteurs : l'importance du PRE est proportionnelle à la taille de la récompense (Gonzalez et Bitterman, 1969; Ratliff et Ratliff, 1971); la résistance à l'extinction augmente avec le nombre d'essais d'acquisition si la récompense est faible (Hill et Spear, 1962; Williams, 1938); l'importance du PRE dépend peu du nombre d'essais d'acquisition quant la récompense est forte: on peut même l'obtenir avec 5 ou 6 essais seulement (McCain, 1966), surtout si le S^v consiste en plusieurs pilules, ce qui fait que le rat s'approche à plusieurs reprises de la mangeoire lors des essais renforcés (Amsel, Hug et Surridge, 1968); l'espacement des essais n'empêche pas le PRE de se produire, que ce soit à 24 h ou même à 72 h (Rashotte et Surridge, 1969). Pour finir, notons que les mesures de performance, telles que la vitesse de locomotion, donnent lieu à des effets d'extinction plus ou moins marqués selon qu'elles sont effectuées au milieu du parcours (*run*) ou dans le segment final de but (*goal*).

Conceptions et théories

Les conceptions qui ont été émises à propos de l'extinction des réponses ont eu à tenir compte des principales données empiriques qu'on vient de mentionner. Ces théories ont suscité à leur tour de nouvelles expériences concernant les variables qui influent sur la performance au cours de l'extinction. Ce sont ces théories que nous allons présenter maintenant, ainsi que les découvertes expérimentales qu'elles ont amené à faire.

1. Théorie de l'inhibition

Les conceptions de Pavlov (1927), relatives à l'inhibition dans l'extinction des conditionnements classiques, ont été reprises par Hull (1943) pour rendre compte de l'extinction des apprentissages par récompense. Selon cet auteur, chaque fois qu'un animal émet une réponse définie, il tend de moins en moins à répéter cette réponse. C'est ce qu'il a appelé «inhibition réactive», en le concevant comme un processus central qui serait comparable à la fatigue d'un organe effecteur, mais qui posséderait en outre deux propriétés remarquables. La première, c'est que son effet dépresseur sur la performance est réduit ou annulé chaque fois que la réponse est suivie d'un stimulus renforçateur qui augmente sa probabilité d'émission; en l'absence de celui-ci, l'inhibition réactive agit pleinement et supprime peu à peu la réponse en question. La seconde propriété consiste en ce que cette inhibition se dissipe en quelques secondes après que la réponse ait été émise: elle ne peut donc entraîner l'affaiblissement des réponses successives que si les essais sont massés dans le temps. Pour rendre compte des cas où l'extinction se manifeste alors que les essais sont distribués, Hull supposait que l'inhibition réactive pouvait être conditionnée à des repères du dispositif expérimental; sous sa forme conditionnée, l'inhibition réactive serait alors indépendante des intervalles entre essais.

Or ce n'est pas la moindre difficulté pour cette théorie que de préciser quelle peut bien être la source de renforcement qui permet le conditionnement de l'inhibition (Hull, 1943). Mais il y a plus grave encore: si on admet que plus la liaison associative formée au cours de l'acquisition est forte et plus l'inhibition capable de l'annuler doit être forte, on est alors amené à prédire que le cas de persistance maximum d'une réponse malgré des essais non renforcés répétés est celui où la réponse en question a été acquise grâce: à une forte récompense, à de nombreux essais en CRF. Or cette prédiction est contredite, nous l'avons vu, par les résultats qui démontrent que les réponses persistent d'autant plus qu'elles ont été acquises en PRF et sur la base de récompenses faibles.

2. Conceptions invoquant des modifications des stimulus

Avant de recourir à des processus spécifiques tels que l'inhibition, il faut déjà réfléchir aux conséquences de ce qu'implique le passage de la situation d'acquisition à celle d'extinction: à savoir, principalement, une modification des conditions de stimulation. On peut dire que la réponse établie dans les conditions de stimulation de la phase d'acquisition, s'affaiblit dans celles de la phase d'extinction de la même façon qu'elles le feraient si on procédait à des tests de généralisation du stimulus (Kimble, 1961).

Cette hypothèse a été formulée pour expliquer le PRE quand l'apprentissage a été réalisé en procédure de réponses libres et avec des essais massés (Hull, 1952; V. Sheffield, 1949; Skinner, 1950). On peut dire que des animaux, récompensés en CRF, finissent par associer les sensations d'ingestions et le goût des particules alimentaires restées dans leur bouche après une réponse renforcée R_n, avec la réponse suivante R_{n+1}. Si l'on supprime la récompense alimentaire, on change la situation de deux façons au moins: les stimulus mentionnés ci-dessus font subitement défaut, et de nouveaux stimulus consécutifs aux réponses non renforcées apparaissent, par exemple ceux qui sont produits par des réactions émotionnelles (Miller et Stevenson, 1936; Skinner, 1950). Il s'ensuit que les conditions qui donnaient lieu aux réponses instrumentales sont suffisamment modifiées pour que ces réponses soient gênées ou empêchées.

Par contre, en PRF, l'acquisition s'effectue dans des conditions de stimulation tout autres : les stimulus consécutifs au non-renforcement *et* ceux qui le sont vis-à-vis du renforcement alimentaire ont pu s'associer tout aussi bien à la réponse instrumentale. C'est pourquoi le passage à la situation d'extinction ne constitue pas un changement radical des conditions de stimulation : les réponses instrumentales continuent donc d'être émises, alors même que les seuls stimulus consécutifs aux réponses précédentes sont ceux que produit leur non-renforcement.

Le principal problème que pose cette hypothèse est relatif à l'intervalle temporel qui sépare les réponses successives. Elle rend bien compte des PRE obtenus avec des essais massés, mais en va-t-il de même avec des essais distribués ? En effet, il faudrait supposer que les stimulus consécutifs aux réponses ont une rémanence considérable; sinon, il faut recourir à un processus de représentation tel qu'une « attente » (Amsel, 1967; Gonzalez et Bitterman, 1969). On peut également adapter l'hypothèse à rendre compte des PRE en essais distribués si l'on admet, comme le propose Capaldi (1967) que les stimulus consécutifs peuvent être conservés en « mémoire » durablement.

Selon Capaldi en effet, ce qui s'est produit lors d'un essai donné (c'est-à-dire : l'émission de la réponse, la perception de la récompense, etc.) peut être remémoré longtemps après si l'essai suivant est effectué en présence d'indices de rappel pertinents. Supposons par exemple qu'un rat traverse un couloir et arrive dans une chambre de but blanche où il n'y a rien à manger; si, plusieurs heures ensuite, on le place dans un couloir peint en blanc, la couleur blanche agira comme indice de rappel du non-renforcement éprouvé auparavant. De tels stimulus « mémorisés » peuvent donc remplir les mêmes fonctions que les impressions transitoires consécutives aux réponses émises lors d'essais massés.

Un point fondamental pour Capaldi est le suivant : les effets consécutifs au non-renforcement peuvent s'additionner, et se différencier sur la base de ce cumul. Ainsi la somme de tels effets après un ou trois essais non renforcés (N) donne lieu à des stimulus différents : S^n1 ou S^n3. S'il se produit ensuite un essai renforcé (R), ce seront donc des stimulus consécutifs différents qui seront associés à la réponse renforcée. On comprend alors que, selon Capaldi, les paramètres essentiels de l'apprentissage en PRF qui déterminent le PRE, soient : la longueur des séquences d'essais N, ainsi que leur variabilité; le nombre de transitions N-R.

En suivant la théorie de Hull (1943), Capaldi (1964) a effectué une expérience compliquée où il manipulait la durée de la phase d'acquisition en PRF à 50 % (4 jours ou 20 jours) et la longueur des séquences d'essais N: soit fixe à 3 essais (S^n3), soit variable de 1 à 3 essais ($S^n1, 2, 3$). Il a montré que la résistance à l'extinction dépend bien de ces variables et de leur interaction. Quand la phase d'acquisition est brève, le conditionnement au stimulus fixe S^n3 s'établit le mieux et détermine la plus grande persistance des réponses; mais quand il y a davantage de sessions d'acquisition, le conditionnement au stimulus variable $S^n1, 2, 3$ est bien établi, et c'est lui qui détermine la plus forte résistance à l'extinction: il se généralise mieux que S^n3 aux longues séries d'essais N dans la phase d'extinction.

Ce travail de Capaldi a eu pour conséquence d'attirer l'attention sur les variables séquentielles mises en jeu dans les processus d'acquisition. D'autre part son hypothèse sur le conditionnement des effets consécutifs au non-renforcement a suscité une série de recherches originales concernant les *placements* directs de l'animal au but ainsi que leur influence sur la résistance à l'extinction. Supposons en effet qu'un rat arrive au but vide (essai N), qu'on l'en retire, puis qu'on l'y replace aussitôt avec de la nourriture: on aura remplacé l'effet consécutif à l'essai N par un effet consécutif semblable à celui d'un essai R. Si cet essai N était inclus dans une séquence de k essais N, on aura donc raccourci cette séquence et empêché de se produire le stimulus consécutif aux k essais cumulés, soit S^nk. Le conditionnement envers la réponse renforcée suivante (essai R) est donc empêché, et il doit s'ensuivre une diminution de la résistance à l'extinction si de tels placements renforcés (R) sont répétés. C'est bien ce qu'a constaté Capaldi (1964). Inversement, si ce sont des placements non renforcés (N) qu'on effectue, la résistance à l'extinction est augmentée (Homzie, Rudy et Carter, 1970). Cette procédure est d'autant plus efficace que les placements et les parcours sont effectués dans les conditions les plus semblables possibles, même s'il y a très peu d'essais.

D'ailleurs, si l'on effectue un apprentissage prolongé, les placements perdent leur influence sur la persistance à répondre au cours de l'extinction (Homzie et coll., 1970), probablement parce que les animaux discriminent les effets consécutifs N et R comme étant relatifs à deux conditions différentes: après la réponse de parcours, ou suivant un placement passif directement au but; ces effets seraient alors enregistrés dans des «mémoires» différentes.

3. Conceptions relatives à la compétition entre différentes réponses

Pour intéressante qu'elle soit, l'hypothèse qu'on vient de présenter n'épuise pas le sujet, car plusieurs observations effectuées en cours d'extinction ont montré que de nouvelles réponses apparaissent à ce moment et qu'elles entrent en compétition avec la réponse instrumentale. Ce sont souvent des réactions émotionnelles, symptomatiques de ce qu'on pourrait nommer «frustration» chez un être humain. Ainsi, quand des rats doivent traverser un couloir, on note qu'ils ont un comportement agité, avec des arrêts soudains et des retours en arrière; voire même ils urinent, crient ou mordent les parois (Miller et Stevenson, 1936).

Ces réponses sont, pour une part, responsables du PRE, comme l'a démontré une expérience d'Amsel, Rashotte et McKinnon (1966, exp. 4). Ils ont fait traverser 160 fois un couloir à des rats, avec pour récompense une grosse pilule alimentaire, décernée à tous les essais aux sujets du groupe C, et lors d'un essai sur deux au hasard à ceux du groupe P. Lorsqu'ils ont procédé ensuite à l'extinction, ces auteurs ont observé que les retours au départ se produisaient dès les premiers essais chez les rats du groupe C, tandis qu'il ne s'en produisait pas avant le 25e essai chez ceux du groupe P. En outre, les retours en arrière étaient beaucoup plus fréquents en C qu'en P, même lorsqu'on atteignait 50 à 60 essais d'extinction. On a noté également que les premières réponses de retour apparaissent à proximité du but, puis qu'elles se généralisent aux autres points du parcours.

De tels résultats expliquent que divers auteurs aient tenté d'expliquer l'extinction des réponses instrumentales par leur compétition avec des réponses émotionnelles (Adelman et Maatsch, 1955; Skinner, 1950), mais c'est Amsel (1958, 1967) qui a formulé la conception la plus connue, et selon laquelle l'animal a une réaction de frustration quand son attente d'une récompense est déçue.

Cette «attente» n'est rien d'autre qu'une réponse de but conditionnée, r_G - s_G. Le S^v agit comme un SI, les repères locaux du couloir comme des SC évoquant des formes atténuées de la réponse consommatoire R_G, suivant le schéma proposé par Hull. Ce qui est nouveau chez Amsel, c'est que si le S^v est absent alors que l'attente de ce stimulus est bien établie, cela produira une réaction aversive de «frustration». Si le S^v est important, la réponse anticipatrice r_G - s_G sera fortement conditionnée, et par conséquent la suppression du S^v engendrera une frustration. Au contraire, si celui-ci est faible, il n'y aura guère de conditionnement r_G - s_G, même après de nombreux essais, et la condition d'extinction ne produira guère de frustration.

Second point de la théorie d'Amsel: ces réponses émotionnelles «primaires» R_F peuvent se conditionner aux stimulus du lieu où l'animal les éprouve, c'est-à-dire dans la chambre de but. A partir de là, les réponses de frustration conditionnées r_F - s_F peuvent ensuite se généraliser de proche en proche aux autres repères locaux du couloir. Ces réponses conditionnées de frustration sont celles qui entrent principalement en compétition avec les réponses locomotrices de parcours.

Les réponses de frustration primaires R_F et conditionnées r_F apparaissent seulement lors de la phase d'extinction quand les animaux ont effectué l'acquisition en CRF; on comprend que leur performance locomotrice s'en trouve alors vite dégradée. Par contre les rats qui effectuent l'acquisition du parcours en PRF sont confrontés dès les premiers essais au non-renforcement. Celui-ci ne produit pas de frustration à ce stade initial, puisque aucune réponse anticipatrice r_G - s_G n'est encore conditionnée. Lorsque le mécanisme r_G - s_G se constitue, les réponses de frustration apparaissent, mais Amsel pense que les réafférences s_F peuvent se conditionner aux réponses instrumentales locomotrices qui se produisent en même temps. Ainsi, de même qu'on pouvait avoir l'association r_G - $s_G \rightarrow$ Run (course), on aurait en outre des liens associatifs r_F - $s_F \rightarrow$ Run (course). C'est pourquoi, quand on passe à la phase d'extinction, les réponses conditionnées de frustration r_F fournissent des incitations s_F qui *maintiennent* les réponses locomotrices de parcours, au lieu de s'y opposer.

Ce point surprenant, mais essentiel pour la théorie de la Frustration, a été vérifié par une série d'expériences (Amsel et Rashotte, 1969; Rashotte et Amsel, 1968). Cette dernière expérience a consisté à évaluer le PRE d'après la variable de vitesse de locomotion, en comparant 3 groupes de rats ayant appris dans une première phase à parcourir un couloir A, peint en noir: le groupe I en CRF, le groupe II en PRF, et le groupe III (groupe «lent») avec une contrainte de temps: les sujets doivent mettre au moins 5 s à effectuer le parcours (normalement réalisé en 1 s environ); les parcours lents sont récompensés, les autres non, et il en résulte un PRF. Les rats de ce dernier groupe apprennent ainsi à entrecouper d'arrêts leur course dans le couloir, et ces arrêts sont associés aux indices de frustration s_F. On passe ensuite à la seconde phase, qui est effectuée dans un autre couloir (B), peint en blanc; là, les rats des trois groupes sont tous entraînés en CRF et sans contrainte de temps. La vitesse des rats du groupe III augmente alors peu à peu, et finit par égaler celle des rats des deux autres groupes (fig. 16). C'est dans ce couloir B qu'on procède à la dernière phase, celle d'extinction. On voit alors reparaître chez les rats du groupe III la locomotion entrecoupée d'arrêts qu'ils avaient apprise dans le couloir A. Le point commun aux situations A et B étant l'occurrence d'essais non renforcés, on peut donc en conclure que ces arrêts sont des réponses aux indices de frustration s_F. Par conséquent, chez d'autres rats entraînés différemment comme ceux du groupe II, les indices s_F peuvent aussi bien s'associer à la réponse de parcours rapide puis la maintenir lors de la phase d'extinction. Au contraire, chez les rats du groupe I, entraînés en CRF, les premières réactions de frustration ne se produisent qu'au moment de l'extinction, et ce sont alors les animaux qui ralentissent le plus (fig. 16).

Ces résultats, ainsi que ceux de Ross (1964) montrent que les réactions au non-renforcement peuvent servir de médiateurs vis-à-vis des réponses apprises au préalable dans des conditions différentes. Par ailleurs, on a pu montrer que les réactions de frustration ont valeur aversive, car les rats peuvent apprendre des réponses nouvelles si

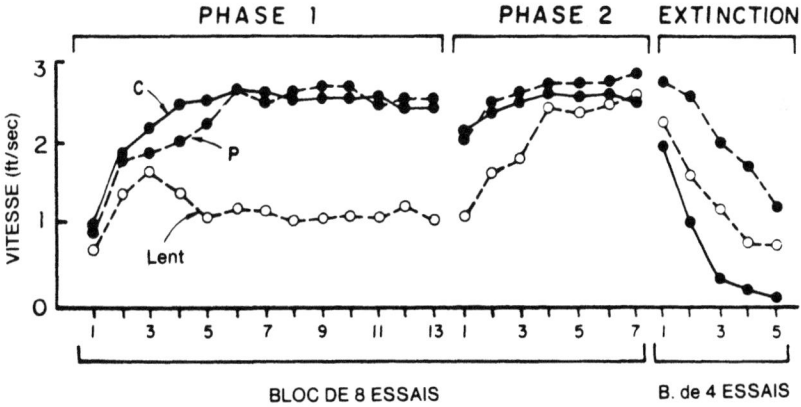

Figure 16: Evolution des vitesses moyennes chez 3 groupes de rats pour traverser un couloir. Durant la phase 1, le groupe C est entraîné en renforcement continu, le groupe P en renforcement partiel, et le groupe « Lent » également et avec une contrainte de durée minimum de parcours. Durant la phase 2, tous ces rats sont entraînés en renforcement continu; la contrainte temporelle du groupe « Lent » est supprimée, de sorte que sa vitesse rejoint celle des autres groupes. Mais quand on procède à l'extinction, on voit se manifester à nouveau, chez les rats du groupe « Lent », la locomotion hésitante qui a été associée à la frustration pendant la phase 1 (Rashotte et Amsel, 1968).

elles leur permettent d'éviter certains lieux (chambres de but) où ils ont été soumis, auparavant, à des non-renforcements (Daly, 1974).

Sur ces bases, Amsel (1972) a formulé une théorie générale de la persistance des réponses, qui a été illustrée par des expériences récentes (Chen et Amsel, 1977). Néanmoins ce sont ces conceptions initiales, relatives au PRE, qui ont exercé le plus d'influence (Amsel, 1958, 1967), et leur principal apport réside dans l'idée que des réactions émotionnelles peuvent être conditionnées aux stimulus de but. Mais elles se trouvent ainsi exposées aux mêmes critiques que toutes les théories médiationnelles que nous avons vues plus haut à propos des théories de Hull. D'autre part la théorie de la Frustration ne peut guère rendre compte en termes de médiation de l'effet des variables séquentielles dont Capaldi (1967) a montré l'importance. Réciproquement, il est exact que le conditionnement des réponses de frustration explique mieux le PRE dans le cas de longs intervalles entre essais. Il se peut bien que cette théorie soit la plus adéquate lorsque l'extinction fait suite à un apprentissage en essais distribués, tandis que la conception séquentielle s'applique mieux au cas des essais massés (Amsel, 1967; Gonzalez et Bitterman, 1969). Néanmoins celle-ci paraît également capable de rendre compte de divers résultats obtenus avec des essais distribués, si l'on admet l'usage de « souvenirs » par l'animal (Capaldi, 1967).

4. Les mécanismes de contraste négatif par succession

Comme on vient de le voir on peut hésiter entre deux conceptions pour interpréter les résultats d'extinction relatifs à de longs intervalles entre essais. Gonzalez et Bitterman (1969) en présentent une troisième, qui se fonde sur les mécanismes des effets de contraste par succession. Selon ces auteurs, le PRE en essais distribués ne dépend que de la taille de la récompense, et des effets de ses variations chez les rats entraînés en CRF: plus le S^v est important, et plus il est probable que ces sujets (groupe C) manifestent un effet de contraste négatif par succession quand on procède à l'extinction. Les animaux qui ont été entraînés en PRF (groupe P) sont prémunis contre cet effet de contraste en raison même du caractère intermittent du renforcement qu'ils ont reçu. Ainsi, quand on procède à l'extinction après que l'acquisition ait été réalisée avec une récompense importante, le PRE se produira du simple fait que l'effet de contraste affaiblit subitement les réponses des rats du groupe C, tandis que celles du groupe P diminueront lentement et sans effet de contraste. Au contraire, si l'acquisition a été faite avec un S^v faible, la suppression de celui-ci lors de l'extinction ne produira d'effet de contraste dans aucun des deux groupes, de sorte qu'on ne pourra pas observer de PRE.

C'est en tout cas ce qu'ont vérifié expérimentalement Gonzalez et Bitterman (1969) en comparant les durées de parcours dans un couloir entre deux groupes de rats entraînés en CRF et récompensés, l'un par 18 pilules de 0,045 g (groupe 18), et l'autre par une seule de ces pilules (groupe 1). Chaque sujet effectuait 4 essais par jour, séparés d'une heure. Les auteurs ont pu évaluer ainsi les effets de contraste éventuels en comparant les performances de ces deux groupes à celles d'un troisième, dont les sujets ne recevaient jamais de récompense alimentaire (groupe témoin). L'extinction a produit chez les rats du groupe 18 un ralentissement soudain et complet : ils se déplacent même moins que les rats témoins (effet de contraste); par contre, la vitesse des rats du groupe 1 a décru progressivement et elle est restée supérieure à celle des témoins.

Il existe donc une vérification expérimentale des effets de contraste chez des animaux entraînés en CRF, puis soumis à une extinction; cela a donné de la plausibilité à l'idée que les variables qui affectent les effets de contraste quand les essais sont distribués dans le temps sont les mêmes qui déterminent le PRE lorsque les essais sont également distribués.

Cette hypothèse a inspiré plusieurs recherches. Par exemple, nous avons vu plus haut que l'effet de contraste négatif par succession est affaibli quand on laisse s'écouler un long délai entre une première phase d'entraînement avec un fort S^v et une seconde phase où le S^v est réduit; on peut donc penser qu'il en ira de même pour l'extinction (condition où le S^v est réduit à zéro). Ceci a fait l'objet de deux expériences par Gonzalez, Fernhoff et David (1973). Dans la première, ils ont entraîné des rats à traverser un couloir en CRF pour une récompense forte pour certains sujets, ou faible pour d'autres; puis ils ont procédé à l'extinction après un délai de 68 jours, ou d'un jour seulement, selon les sujets. Ils ont constaté que la vitesse des rats chutait plus vite si le S^v employé était fort que s'il était faible quand l'extinction suivait de 1 jour seulement la phase d'acquisition, mais qu'après un délai de 68 jours la vitesse des rats entraîné avec un S^v fort se maintenait mieux que celle des rats dont le S^v était faible.

Dans la seconde expérience, Gonzalez et coll. ont comparé des rats entraînés en PRF avec d'autres qui l'étaient en CRF. Ils ont montré que le PRE se manifeste même après un délai de 68 jours entre la phase d'acquisition et celle d'extinction si les essais sont massés, mais que ce délai supprime le PRE si les essais sont distribués dans le temps. Dans ce dernier cas, le principal effet du délai entre acquisition et extinction porte sur la persistance des réponses chez les rats entraînés en CRF, qui devient donc comparable à celle des rats entraînés en PRF.

Par conséquent, le PRE dépend de facteurs différents selon qu'on l'observe en conditions d'essais massés ou bien distribués. Dans ce dernier cas, l'effet de contraste négatif semble bien être une condition nécessaire à l'existence d'un PRE.

Un autre aspect à considérer concerne le fait que la résistance à l'extinction, si on la considère chez des animaux d'espèces différentes, doit pouvoir être prédite d'après leur sensibilité aux effets de contraste. Nous avons vu, par exemple, qu'aucun contraste négatif par succession n'avait pu être observé chez les Poissons ni chez les Tortues; par conséquent ces espèces ne devraient pas réagir à la suppression de la récompense d'une manière analogue aux espèces qui, elles, manifestent cet effet de contraste. Et en effet, on ne trouve pas chez le Poisson rouge ni chez la Tortue amphibie la relation inverse qu'on observe chez les rats entre la taille de la récompense et la persistance des réponses. La relation que l'on constate entre ces variables chez le Poisson rouge est, au contraire, directement proportionnelle (Gonzalez et Bitterman, 1967; Mackintosh, 1971); chez les Tortues d'autre part, l'extinction ne dépend pas de la taille de la récompense (Pert et Bitterman, 1970). En outre, le PRE n'a été observé chez aucune de ces espèces quand les essais étaient distribués (Schutz et Bitterman, 1969; Pert et Bitterman, 1970), alors que cet effet se manifeste bien quand les essais sont massés (Gonzalez et Bitterman, 1967). Ces faits amènent à penser que, chez ces espèces comme chez les Rats et les Pigeons, le PRE dépend de facteurs différents selon que les essais sont distribués ou massés. Dans ce dernier cas, le facteur mis en jeu pourrait bien être celui de généralisation des réponses à des stimulus qui ont été modifiés (voir ci-dessus, le § 2).

Ainsi, la théorie des effets de contraste a-t-elle ouvert de nouvelles perspectives concernant les effets d'extinction dans le cas des essais distribués. Il faudrait pousser plus loin la recherche des variables qui influencent de la même façon l'extinction et les effets de contraste, tout en sachant que l'origine de ces derniers resterait à expliquer. Gonzalez et Bitterman (1969) penchent vers les conceptions qui font appel à une «attente» apprise; à bien des égards, elles sont compatibles avec la théorie d'"Amsel (1958), qui souligne le rôle que joue la compétition entre les réponses.

Conclusion

Les réponses diminuent en force et en fréquence au cours de l'extinction, et cela ne dépend pas d'un simple effacement des liaisons qui ont été établies au cours de l'apprentissage. Il faut plutôt en chercher les raisons dans certains facteurs qui sont relatifs aux conditions dans lesquelles s'effectue l'acquisition (taille de la récompense, taux de renforcement) et l'extinction; à cet égard, l'intervalle temporel entre les essais successifs apparaît comme une variable importante. Les théories qui font appel à la modification des stimulus, à la compétition entre différentes réponses, ainsi qu'aux mécanismes de contraste successif, permettent de comprendre bon nombre de phénomènes d'extinction. La complexité de ceux-ci n'exclut pas qu'il soit nécessaire de faire appel aux mécanismes d'inhibition des réponses, voire même d'affaiblissement pur et simple des associations.

Punitions et évitement

L'apprentissage par punition

Après avoir traité de l'apprentissage par récompense, nous allons considérer à présent l'apprentissage par punition: au lieu qu'un événement agréable se produise à la suite de la réponse qu'on désire modifier, c'est un stimulus ou un événement déplaisant qui lui succède. On peut déduire de cela que le résultat d'une telle procédure doit être l'opposé de celle de récompense, et c'est bien ce qu'exprimait Thorndike (1913) par sa Loi de l'Effet « symétrique » (ou « réciproque »), disant que chaque fois qu'une réponse a des conséquences désagréables pour le sujet, cela affaiblit le lien stimulus-réponse qui la détermine.

L'idée qu'un comportement puisse être définitivement modifié au moyen de punitions n'a pas toujours été admise. Ainsi, Thorndike (1932) lui-même changea d'avis au sujet de l'efficacité des punitions, à la suite d'expériences d'apprentissage verbal chez l'Homme, dans lesquelles la « punition » consistait à dire « non » au sujet après chaque mauvaise réponse. Ce fut ensuite Skinner (1938) qui confirma l'inefficacité des traitements punitifs. Après avoir établi un conditionnement operant chez des rats, il les mit en condition d'extinction et, tandis qu'ils appuyaient encore sur le levier, il « punit » certains d'entre eux en leur donnant une légère tape sur les pattes; ces sujets interrompirent leurs réponses, mais dès que Skinner cessa de les punir de cette façon, ils reprirent leurs appuis de plus belle. Skinner en conclut que la procédure de punition n'avait pas affaibli la liaison S-R, et que la suspension des réponses opérantes qu'il avait observée durant son application n'était due qu'à une perturbation émotionnelle transitoire.

En réalité, l'inefficacité des punitions est une idée fausse, et nous allons voir qu'elles exercent au contraire des effets importants et durables sur le comportement (Boe et Church, 1967); leur efficacité dépend de plusieurs facteurs, et notamment:
- du stimulus punitif lui-même,
- de la force de la réponse à punir,
- et de l'expérience préalable que le sujet a eue de la punition.

Le stimulus punitif

En général, on considère comme agent de punition tout ce qui peut arriver au sujet de pénible ou de désagréable. C'est cependant le *choc électrique* qui a été choisi pour principal stimulus punitif, car il est facile à administrer et à mesurer. Il est certes peu «naturel», mais les effets punitifs qu'il produit sont les mêmes que ceux de bien d'autres stimulus dont l'intensité est moins facile à évaluer. Nous allons voir quels sont ces effets, selon les principaux paramètres du choc: intensité, durée, et délai d'application.

1. Intensité et durée

On observe toute une variété d'effets en fonction de l'*intensité* des chocs (Church, 1963). A son plus bas niveau, celui où il est tout juste détecté, ce stimulus ne produit que des réactions de mise en alerte et d'attention perceptive, parfois même sans que cela modifie la cadence des réponses opérantes qui pourraient éventuellement être émises à ce moment. On observe leur suppression temporaire lorsque le choc est net, quoique faible, et elle est alors suivie d'une récupération complète du rythme d'émission. Cette récupération n'est que partielle après un choc d'intensité moyenne, ce qui signifie qu'il y a suppression permanente partielle. Enfin, si on emploie un choc intense, la suppression est totale.

Une expérience d'Azrin et Holz (1961) a fourni des résultats qui illustrent cette proportionnalité des chocs et de leurs effets. On a appris à des pigeons à becqueter un disque pour obtenir des grains, puis on a puni cette réponse par des chocs d'intensité variable qui étaient appliqués à la suite du premier coup de bec donné au cours d'un intervalle de 5 minutes (FI 5 mn). La figure 17 montre quels

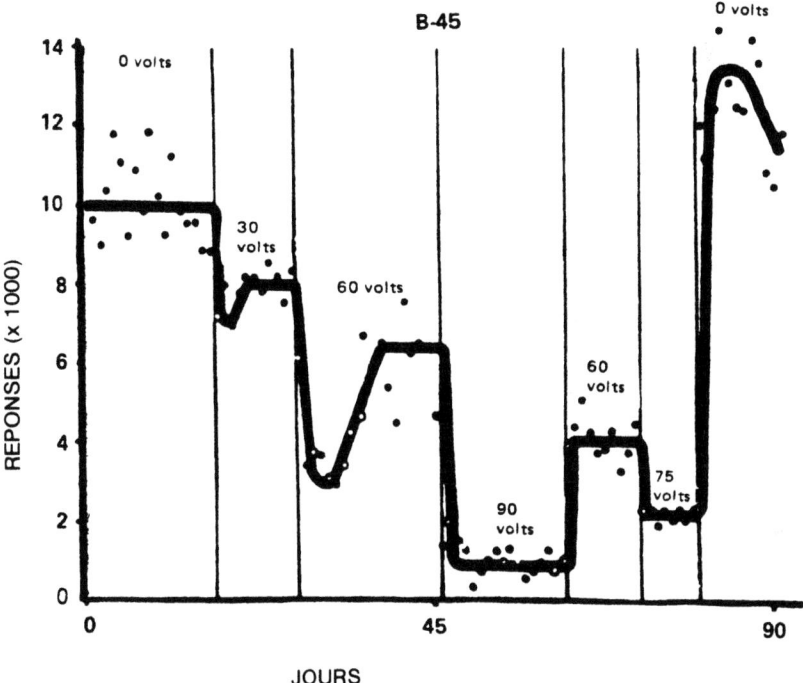

Figure 17: Effets des modifications successives de l'intensité de chocs électriques sur le nombre journalier de réponses operantes alimentaires chez un pigeon (n° B-45). On notera: 1. la dépression initiale liée à l'introduction des chocs (30 V) et à leur augmentation (60 V), puis la récupération partielle du débit de réponse; 2. la relativité des effets punitifs de chocs d'intensité donnée (60 V) selon celle des chocs administrés au préalable; 3. le dépassement de la cadence initiale de réponse operante à la suite de la suppresion des chocs (Azrin et Holz, 1961).

sont les effets de ces chocs selon leur intensité, sous forme de suppression et de récupération de la cadence de picorage. On remarquera deux effets particuliers; l'un est de nature séquentielle, et montre qu'une punition d'intensité moyenne (60 V) exerce des effets différents suivant qu'elle est appliquée avant ou après une punition plus forte (90 V). L'autre est un effet de contraste consécutif à la suppression des chocs: la cadence de picorage dépasse alors sa valeur initiale; tout se passe dans ce cas comme si les chocs n'avaient laissé aucun effet suppresseur. Il faut noter que ceci est relatif, en fait, à l'intensité des chocs; ainsi Boe et Chruch (1967) ont constaté que chez des rats, après quelques minutes de punition avec des chocs de 220 V, cet effet de contraste ne se produit pas après la cessation des chocs: les réponses sont complètement et défintivement supprimées.

Les effets relatifs à la *durée* des chocs ont également été étudiés. Church, Raymond et Beauchamp (1967) ont administré des chocs d'intensité constante, mais de durée variable (jusqu'à 3 s), selon un programme VI 2 mn, à des rats entraînés à appuyer sur un levier. Ils ont noté ainsi qu'un choc de 0,3 s ne produit qu'une suppression temporaire, suivie d'une récupération complète, tandis qu'après un choc de 0,5 s la récupération n'est que partielle. Il est donc possible de compenser le manque d'intensité d'un choc en allongeant sa durée, et de lui donner ainsi la même « sévérité » qu'un choc plus fort, mais plus bref.

2. Délai d'application

Ce paramètre présente un intérêt théorique, et non pas seulement empirique, car si les effets de la punition sont dus à une contingence établie entre une réponse et un choc, ils doivent diminuer lorsqu'un laps de temps sépare ces deux termes, de la même façon qu'on ralentit un apprentissage par récompense si on accorde celle-ci avec retard.

Tel semble bien être le cas, en effet. Baron (1965) l'a démontré en punissant la réponse de course chez des rats assoiffés qui avaient été entraînés à traverser un couloir pour venir boire à l'une de ses extrémités. En ce point, Baron a administré aux rats de brefs chocs avec des délais variant de 0 à 30 s, sauf pour les rats témoins qui n'étaient pas choqués. Deux résultats sont apparus nettement: plus le délai est long, et moins la course est ralentie; c'est dans le segment le plus proche du lieu de choc que le ralentissement est le plus marqué.

On notera que les expériences de ce type, où l'on continue de fournir une récompense, présentent un risque de confusion de facteurs. En effet, si le choc suit de 30 s l'arrivée du rat au but, celui-ci a eu le temps de boire, et c'est à la suite de cette réponse-là que survient le choc. En punissant ainsi la réponse consommatoire, il se peut qu'on affaiblisse la réponse instrumentale, mais il s'agit alors d'un effet indirect et qui ne répond pas au but de l'expérience.

Les théories de la punition

De nombreux résultats empiriques relatifs aux effets de punition ont été publiés, mais cela n'a pas donné lieu à des théories nouvelles.

Celles dont on dispose actuellement se ramènent à trois conceptions principales, relatives: soit à la Loi de l'Effet négative, soit au conditionnement des réponses émotionnelles, soit à la compétition de différentes réponses entre elles.

1. La Loi de l'Effet négative

Elle nous vient de Thorndike (1913) pour qui l'effet de punition était un affaiblissement des liaisons S-R, et constituait donc le cas contraire de celui de l'effet de récompense. Logan (1969) ainsi que Rachlin et Herrnstein (1969) ont présenté des conceptions analogues, et leurs résultats expérimentaux vont dans le même sens. Mais, si les effets de suppression sont bien réels, il reste encore bien d'autres manières de les comprendre.

D'autre part, certains résultats d'expérience ne peuvent guère s'interpréter suivant la Loi de l'Effet, tels ceux qui font état d'une récupération (partielle, ou même complète) des réponses à la suite de l'administration de chocs. Encore plus gênants sont les cas de récupération se produisant après une phase d'extinction durant laquelle on a supprimé les récompenses aussi bien que les chocs; une telle récupération compensatrice n'est pas rare quand le stimulus punitif est faible ou modéré (Skinner, 1938; Boe et Church, 1967, avec un choc de 75 V !).

2. La réponse émotionnelle conditionnée (REC)

Des rats étant entraînés à appuyer sur un levier pour obtenir de la nourriture, on leur fait entendre plusieurs fois un son en le faisant suivre d'un choc électrique; on constate, à la suite de ce traitement, que la présentation du son seul finit par produire un espacement des appuis, puis leur arrêt (Estes et Skinner, 1941). Cet effet suppressif se produit malgré l'indépendance de l'administration des chocs vis-à-vis des réponses d'appui de l'animal. Selon Estes et Skinner, la réaction émotionnelle produite par le choc se conditionne au son, et trouble le comportement appétitif qui était en cours. En outre Estes (1944) a administré des chocs en même temps que le stimulus discriminatif S^D qui détermine les appuis operants, mais indépendamment de ces derniers, et il obtenu le même degré de suppression qu'en administrant les chocs à la suite des appuis eux-mêmes (ce qui correspond à la procédure de punition de ces réponses). Par conséquent, l'effet suppressif des chocs ne serait pas dû à leur dépendance vis-à-vis des appuis, mais à leur contiguïté avec le stimulus S^D de ces appuis.

On a pu ainsi formuler une théorie de la punition en termes de REC, et la plupart des recherches effectuées à ce propos ont eu pour objet d'estimer l'importance relative de la contingence réponse-choc vis-à-vis de celle de la contiguïté stimulus-choc. Afin de bien contrôler la nature des stimulus qui précèdent les chocs déterminant les réponses operantes, on a été amené à employer une procédure de conditionnement discriminatif. Quant à la relation entre les réponses et les chocs, elle a été abordée par deux techniques de punition : soit différée, soit discriminative.

Cette dernière consiste à comparer la diminution des réponses quand on applique les procédures discriminatives de punition, et de conditionnement émotionnel (REC). Dans cette dernière, le choc n'est appliqué qu'en présence du signal discriminatif d'appui, que l'animal appuie effectivement ou non. Au contraire, dans la procédure de punition, il faut que le S^D ait été suivi d'une réponse operante pour que le choc soit administré. La différence des résultats de ces deux procédures doit révéler ce que la contingence réponse-choc ajoute à la contiguïté stimulus-choc.

Church, Wooten et Mathews (1970) ont entraîné des rats à l'aide d'un programme VI 1 mn, à renforcement alimentaire. De temps en temps, un stimulus était présenté durant 3 minutes. Pour les rats du groupe REC, de brefs chocs intermittents survenaient durant ce temps; pour les rats du groupe «punition» les chocs étaient programmés selon la même succession, mais ils n'étaient appliqués qu'à partir du moment où le sujet donnait une réponse operante durant le stimulus. La figure 18 montre le décours de la diminution du débit moyen des réponses operantes pour ces deux groupes de rats; on voit que celle qu'entraîne la procédure de punition est plus importante que celle que produit la procédure de REC.

Il est vrai cependant que cette procédure de punition réalise une confusion entre la contiguïté réponse-chocs et la contingence réponse-chocs. C'est pourquoi Frankel (1975) a refait cette expérience en modifiant sa procédure de telle sorte que, pour les rats des deux groupes, les chocs ne survenaient qu'à la fin du signal S^D : soit dans tous les cas pour le groupe REC, soit uniquement lorsqu'il y avait eu un appui durant ce signal pour le groupe «punition». Mais là encore, cette dernière condition fut celle où le débit de réponses se trouva le plus diminué, bien que la quantité de chocs reçus fut moindre. Ce résultat confirme l'importance du facteur de contingence entre réponse et chocs dans les effets de punition, et va à l'encontre de leur explication par la REC.

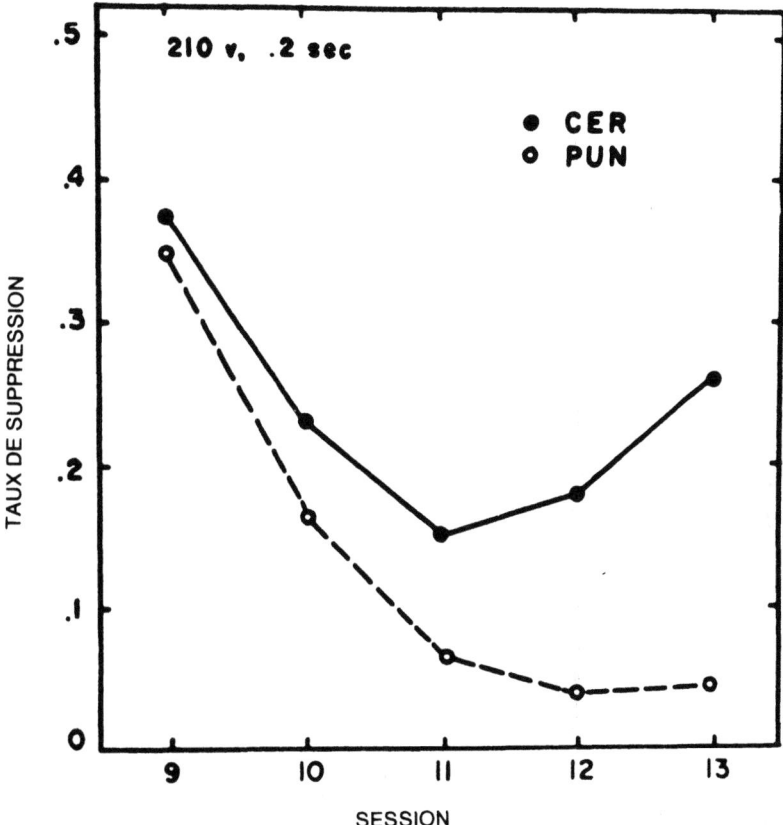

Figure 18: Taux de suppression d'une réponse operante alimentaire chez deux groupes de rats soumis à des sessions successives en procédure punitive. La première procédure est celle de «réponse émotionnelle conditionnée» (CER), dans laquelle un signal aversif, puis un choc, sont présentés indépendamment des réponses operantes des animaux. L'autre procédure est celle de «punition signalée»: ce sont les réponses operantes qui déterminent la présentation du signal, puis l'administration du choc (PUN). Cette dernière procédure, qui établit une relation de contingence positive entre certaines réponses et les stimulus aversifs, produit un effet punitif plus fort et plus durable (cercles clairs, tirets) que la procédure CER qui n'établit pas une telle contingence (cercles noirs, trait continu) (Church, Wooten et Matthews, 1970).

Néanmoins, dans la mesure où la procédure de conditionnement émotionnel produit un certain effet suppressif, il convient de soustraire cet effet de celui (supérieur) que produit la procédure de punition, afin de ne pas surestimer ce qui est dû spécifiquement au facteur de contingence réponse-choc.

3. La compétition entre diverses réponses

Selon Guthrie (1934) le choc est un SI puissant qui produit une RI chaque fois qu'on l'administre. Ces réponses peuvent se conditionner classiquement (RC) aux stimulus (SC) qui précèdent régulièrement le choc. Quand ces RC sont incompatibles avec la réponse punie par le choc, celle-ci se trouve peu à peu supprimée. Nous avons là une théorie du conditionnement des réponses qui entrent en compétition avec la réponse punie; la première question qu'on peut donc se poser à son sujet concerne la nature des RI que peut bien produire un choc.

Soit par exemple un rat qui appuie sur un levier pour obtenir de la nourriture; si on lui donne un choc de temps à autre, quelle sera sa réaction? On a constaté que, le plus souvent, le choc déclenche une rafale d'appuis successifs sur le levier (Church, Wooten et Matthews, 1970). Si donc la RI à un choc est une augmentation du débit des appuis, il est maladroit de vouloir rendre compte d'effets de « punition » par le conditionnement de cette réaction.

Une autre version de la théorie de la compétition entre réponses consiste à dire que la réaction compétitrice est apprise, instrumentale et récompensée. La source de son renforcement pourrait être, par exemple, la cessation du choc: le sujet apprend la réponse qui lui permet d'y échapper. Mais on peut dire également que les stimulus qui précèdent le choc deviennent des signaux aversifs et qu'ils produisent une émotion de peur; toute réponse qui peut faire cesser ces signaux, et par conséquent l'état de peur, sera ainsi renforcée. Et comme les stimulus associés au choc surviennent quand on punit une réponse particulière, le meilleur moyen d'éviter stimulus aversif et choc consiste encore à ne pas donner cette réponse et à faire autre chose; c'est la théorie de l'évitement « passif ».

Nous avons donc affaire là à deux sortes de théories concernant les effets de punition; l'une met l'accent sur l'échappement, et Miller en est le principal représentant (Miller et Dollard, 1941), tandis que l'autre est fondée sur l'évitement, notamment d'après Dinsmoor (1954, 1955) et Mowrer (1950).

Leur vérification expérimentale pose des problèmes. Le plus souvent, les auteurs postulent l'existence d'une réponse antagoniste de celle qui est punie, du simple fait que celle-ci diminue et disparaît, mais ils ne le démontrent pas. Fowler et Miller (1963), cependant, ont manipulé cette variable. Ayant appris à des rats à parcourir un couloir terminé par une chambre contenant de la nourriture, ils ont appliqué des chocs aux pattes des rats au moment où ils pénétraient dans cette chambre de but. Pour certains rats, le choc était donné aux pattes de devant, ce qui produisait une réaction de retrait, incompatible avec l'entrée dans le but; de fait, cette réponse fut ainsi vite éliminée. Pour les autres rats, le choc était donné aux pattes postérieures, ce qui les faisait bondir en avant et donc pénétrer dans le but; or les auteur notèrent en effet de facilitation de la réponse instrumentale par ce type de choc, et non un effet de suppression. Néanmoins de tels exemples sont très rares, et en fait il faudrait pouvoir noter toutes les réponses du répertoire comportemental de l'animal, et vérifier si leurs relations vis-à-vis du choc ainsi que de la réponse à éliminer sont bien conformes à ce qu'en attendent les théories de la compétition entre réponses. Dunham (1972) a cherché dans cette voie, mais ses résultats ne confirment pas les théories en question. En effet, il a constaté que la réponse punie s'affaiblit en premier lieu, et qu'*ensuite* seulement apparaissent de nouvelles réponses.

Autres facteurs des effets de punition

Les théories que nous avons évoquées ci-dessus ne traitent, en somme, que d'effets simples en matière de punition des réponses. Or, outre le choc lui-même, d'autres facteurs interviennent dans les effets de punition: la «force» de la réponse punie, ainsi que l'expérience que le sujet peut déjà avoir eue des chocs. L'action de ces facteurs donne parfois lieu à des effets que les théories précitées ont quelque difficulté à interpréter. C'est que ces facteurs ne sont pas moins importants que celui de choc proprement dit, mais que nous en savons moins à leur sujet.

1. Les conditions de renforcement de la réponse punie

Nous pensons intuitivement que l'action suppressive de la punition sur une réponse donnée va à l'encontre de celle des agents de renforcement qui maintiennent cette réponse. Effectivement, Capaldi et Levy (1972) ont observé que les effets punitifs d'un choc d'intensité donnée sont d'autant moins importants que la réponse punie reçoit par ailleurs un renforcement plus élevé. De même, Azrin, Holz et Hake (1963) ont trouvé que plus la motivation alimentaire est grande (évaluée d'après la perte de poids corporel) et moins un choc donné est efficace comme agent de punition.

Nous avons vu que le renforcement positif partiel augmente beaucoup la résistance à l'extinction; or on peut se demander si cette procédure n'augmente pas également la résistance à la punition. D'après Brown et Wagner (1964), et Linden (1974), si une réponse est acquise en renforcement partiel, puis maintenue de la même façon, elle résiste mieux ensuite aux punitions qu'on peut lui infliger. Fait encore plus intéressant: si des punitions sont appliquées durant l'apprentissage d'une réponse, celle-ci sera ensuite particulièrement résistante à l'extinction! Enfin, il peut y avoir sommation des effets de persistance à répondre que produisent les procédures de renforcement partiel et de punition (Linden, 1974). Ces observations constituent notre premier exemple du fait qu'un comportement peut être facilité par la punition dont il est l'objet.

2. L'expérience acquise

Les chocs présentent une efficacité punitive variable selon l'expérience qu'en a acquise antérieurement le sujet, et ce, dans deux conditions principales: soit celle de punition, soit celle d'apprentissage à fuir ou à éviter les chocs.

a) Effets d'un traitement punitif préalable

On trouve dans ce cas des effets d'adaptation aussi bien que de sensibilisation. Il peut arriver qu'en soumettant l'animal à des chocs faibles d'abord, puis plus forts, ceux-ci soient moins efficaces comme agents de punition que s'ils avaient été appliqués d'emblée (Miller, 1960). Mais il arrive également qu'un choc d'intensité moyenne (110 V) exerce une action fortement suppressive, si son application a été précédée par celle de chocs très forts qui ont totalement inhibé l'action en cours. Ces résultats soulèvent des questions méthodologiques et théoriques.

L'aspect méthodologique concerne la détermination des « seuils de punition », qu'on effectue d'ordinaire en s'inspirant de la psychophysique, et en utilisant des séries de chocs d'intensité croissante jusqu'à obtenir l'effet suppressif attendu. Or, nous voyons que, de cette façon, on risque de sous-estimer l'effet des chocs, sauf celui du premier de la série (Fantino, 1973). Mais inversement, si l'on emploie une série ordonnée décroissante, on va surestimer l'effet des chocs; et il n'y a guère moyen d'y remédier.

Au plan théorique, c'est le mécanisme même de la « punition » qui est mis en cause. Les effets séquentiels que nous venons de mentionner ne sont pas dus à une modification de la sensibilité périphérique, car Miller (1960) note que l'effet d'adaptation est spécifique au *lieu* où l'animal a reçu les chocs faibles qui l'ont préparé à en supporter de plus forts; on pense plutôt à un effet d'apprentissage. Selon Miller, l'animal soumis à des chocs d'abord infimes, puis de plus en plus forts, apprend des réponses aux chocs faibles ainsi que des réponses anticipatrices à ces chocs (r_p - s_p), qui sont différentes des réactions de trouble produites normalement par les chocs moyens ou forts. Quand de tels stimulus sont alors présentés après que l'animal ait appris à réagir à ceux de faible intensité, celui-ci continue à réagir de la même façon, c'est-à-dire comme s'ils étaient faibles et, par exemple, à presser un levier ou à aller vers un but. L'inverse se produit pour les chocs légers si l'animal a d'abord subi des chocs forts, qui produisent une réaction perturbatrice: celle-ci se produira alors ensuite pour tout choc, même faible.

Ces résultats, et les conclusions qu'en tire Miller, vont dans le sens des théories de la punition fondées sur la compétition entre des réponses conditionnées. L'intervention de réponses préalablement apprises apparaît encore plus probable quand on considère les résultats relatifs à la punition de réponses de fuite ou d'évitement.

b) Punition des réponses de fuite ou d'échappement

Les chocs intenses ont généralement pour effet de supprimer les réponses de fuite et d'échappement, quand ils sont appliqués à la fin de la chaîne des réactions (Kamin, 1959). Cependant, le fait de les introduire dans la situation expérimentale reproduit en partie les conditions d'apprentissage ainsi que la motivation à fuir ou à éviter; c'est pourquoi ces chocs produisent souvent une facilitation passagère (Sidman, 1966). Mais si, en effectuant la réponse de fuite, l'animal peut mettre fin au choc qui la punit, alors cette réponse pourra fort bien se maintenir indéfiniment.

C'est ce que Gwinn (1949) fut un des premiers à démontrer. Il avait dressé des rats à parcourir un couloir circulaire (fig. 19) formé de quatre segments de plancher électrifiable, pour fuir les chocs de segment en segment jusqu'au dernier, servant de refuge. Ensuite, Gwinn supprima tout choc dans les deux premiers segments, ne laissant électrifié que le troisième. Ainsi, les rats ne recevaient pas de choc tant qu'ils restaient dans la première moitié du parcours, mais ils s'y exposaient dès qu'ils franchissaient le troisième segment. Dans ce cas, ils pouvaient échapper aux chocs en finissant le parcours afin de se réfugier dans le dernier segment, comme ils avaient appris à le faire. Or c'est bien ce que firent les rats de Gwinn, adoptant donc une conduite autopunitive; ils l'abandonnèrent d'ailleurs dès qu'on eût supprimé tout choc dans l'ensemble des segments. On a parlé à ce propos de «réaction en cercle vicieux», expression probablement inspirée pour une part, par la forme même de l'appareil.

Il n'y a aucun doute quant à la reproductibilité de ce résultat (Creyer et Renner, 1971), la condition essentielle étant que les rats

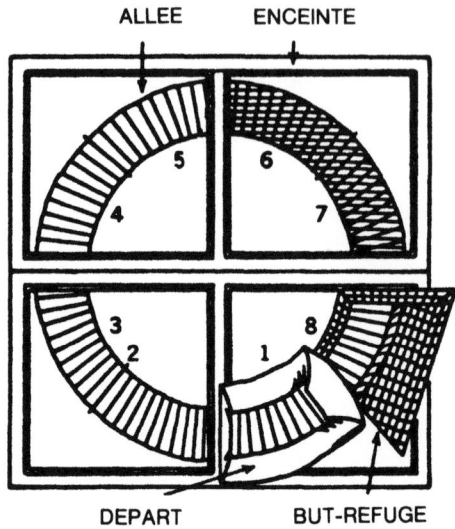

Figure 19: Plan de l'appareil avec lequel on a observé la conduite «d'auto-punition». L'allée circulaire a un plancher électrifiable, divisé en 4 sections indépendantes. Le rat est d'abord déposé au point 1, et doit parcourir l'allée électrifiée jusqu'au point 8 où il trouve un refuge. Après quelques parcours, on n'électrifie plus que les segments 6 et 7; cependant les rats continuent d'y passer, en allant de 1 à 8, plus de 40 fois. Des sujets témoins, pour lesquels on a supprimé tout choc dans l'appareil, cessent de faire ce parcours en moins de 10 essais (Gwinn, 1949).

puissent échapper au choc, et donc que celui-ci ne soit jamais appliqué dans le dernier segment, car dans ce cas les animaux cessent peu à peu d'effectuer le parcours. Néanmoins la «réaction en cercle vicieux» montre bien que la punition d'une réponse donnée peut aboutir, en fait, à en faciliter la manifestation.

3. La punition comme stimulus discriminatif

Les chocs peuvent exercer encore d'autres effets facilitateurs sur les réponses apprises, par exemple augmenter leur résistance à l'extinction. C'est ce que Holz et Azrin (1961) ont constaté dans un conditionnement operant différentiel chez des pigeons, établi ainsi: les réponses au S^D sont suivies d'un choc modéré, mais non les réponses au S^Δ. Une fois cette discrimination réalisée, on passe en procédure d'extinction: si on continue alors de punir les réponses au S^D, on constate que, loin d'être affaiblies, elles n'en sont que davantage résistantes à l'extinction. Cela n'est pas dû à une propriété intrinsèque des chocs électriques car Rossellini et Terris (1976) ont obtenu un résultat similaire en associant un signal (SC) aux chocs et en n'utilisant que lui au moment de l'extinction. C'est donc bien par sa valeur d'indice discriminatif que le choc maintient la réponse operante.

Par ailleurs, il y avait longtemps qu'on savait qu'un choc modéré peut faciliter l'acquisition de la réponse d'orientation correcte dans un labyrinthe en T, s'il est administré après chacune des réponses incorrectes et les «punit» de ce fait. Mais il est encore plus remarquable que la facilitation est la même quand les chocs sont appliqués après les réponses *correctes*, comme le montre la figure 20 (Muenzinger, 1934) ! On a cherché à rendre compte de tels effets par la valeur de «renforcement secondaire» qui serait acquise par les chocs, mais on n'a jamais pu montrer que ces chocs puissent contribuer à l'apprentissage d'une nouvelle réponse en servant à la renforcer. On peut proposer bien d'autres explications, mais aucune ne s'est encore véritablement imposée.

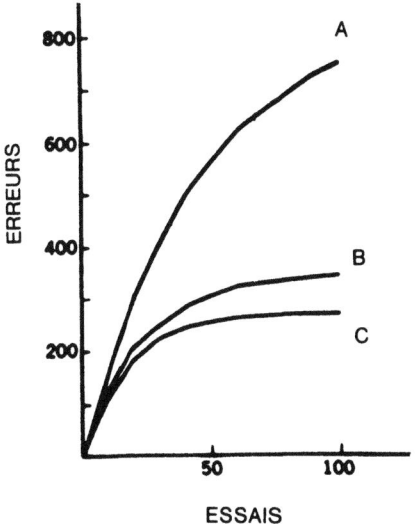

Figure 20: Augmentation de la quantité cumulée d'erreurs d'orientation dans un labyrinthe en T chez des rats. Ceux du groupe A trouvent simplement une récompense alimentaire dans l'une des chambres de but. Ceux du groupe C, en outre, reçoivent un petit choc électrique quand ils s'engagent dans l'allée «incorrecte», qui ne mène pas vers la nourriture. Les rats du groupe B reçoivent également un choc, mais dans l'allée «correcte», celle qui mène à la nourriture. On voit que les rats soumis à une procédure punitive en sus de la récompense alimentaire sont ceux qui apprennent le plus vite (Muenzinger, 1934).

Quoi qu'il en soit, il est clair désormais que les punitions ne mènent pas toujours à la suppression des réponses qu'elles sanctionnent. Notre ignorance sur ce point est profonde, comme sur d'autres d'ailleurs concernant l'effet des chocs. Il se pourrait que l'origine de nos erreurs se trouve dans cette vieille idée que les punitions ne peuvent pas modifier le comportement de façon durable.

L'apprentissage d'évitement

Les recherches sur les conduites d'évitement ont beaucoup contribué au développement de la psychologie de l'apprentissage, en raison même des difficultés que présentent ces études, du triple point de vue du paradigme expérimental, des méthodes employées, et des théories explicatives. Nous allons considérer ces divers aspects tour à tour.

Le paradigme d'évitement

On a mis longtemps à reconnaître que les conditions qui donnent lieu aux conduites d'évitement constituent un paradigme particulier, et à comprendre qu'on ne peut donc pas considérer ces conduites comme relevant du conditionnement classique ou comme un cas particulier d'apprentissage instrumental. A vrai dire, il est facile de passer du conditionnement pavlovien à l'évitement quand on emploie des stimulus aversifs comme le choc électrique.

En effet, il peut sembler à première vue qu'il est indifférent de délivrer un choc à la patte d'un chien installé dans un harnais, soit en fixant les deux électrodes du circuit à cette patte, soit en n'en fixant qu'une et en reliant l'autre à une plaque métallique sur laquelle la patte devra se poser. Dans les deux cas, le choc (SI) fera se fléchir la patte, et on pourra conditionner cette flexion à un signal (SC) précédant le choc. Mais dans le premier cas le choc sera toujours reçu par le chien, tandis que le second cas la flexion de la patte ouvre le circuit de stimulation, si bien que le choc est *évité*. La confusion entre ces deux conditions, commise en premier lieu par Bechterev, n'a été dissipée que dans les années 1930 (cf. Mowrer, 1947).

Mais ce n'est pas tout; on a encore continué de confondre le paradigme d'évitement avec celui d'échappement d'une part, et avec celui de punition d'autre part. L'évitement et l'échappement ont bien un point en commun: c'est que le stimulus aversif absolu n'est pas, ou n'est plus, appliqué au sujet dès que celui-ci a donné la réponse requise. Cependant ces paradigmes diffèrent sous deux rapports : celui des conditions présentes juste avant la réponse, et celui du changement de conditions réalisé par la réponse. Dans l'échappement, l'événement désagréable agit sur l'animal juste avant qu'il ne donne sa réponse, et celle-ci le fait cesser. Rien de tel dans l'évitement : l'événement désagréable ne s'est pas encore produit quand la réponse est donnée (sinon il ne serait pas évité), et rien de spectaculaire ne se produit ensuite ; simplement, le choc ne se produit pas.

L'évitement diffère de la punition, car celle-ci, comme tout apprentissage instrumental, consiste en ce qu'une réponse donnée a pour conséquence l'administration d'un stimulus, désagréable dans cette condition particulière. Tout au contraire, la réponse d'évitement a pour effet l'*omission* d'un tel stimulus ; les deux paradigmes sont donc, en fait, opposés.

La valeur adaptative de l'apprentissage par évitement ne fait pas de doute, mais les mécanismes de son renforcement ont échappé jusqu'ici à l'approche scientifique. En effet, non seulement il est difficile de dire ce que sont les meilleures procédures pour réaliser cet apprentissage, mais on ne sait même pas quelles en sont les conditions nécessaires et suffisantes.

Questions de méthode

On connaît deux principales sortes d'apprentissage d'évitement : soit par essais distincts, avec signal annonçant le choc ; soit en sessions continues, sans signaux, mais avec une périodicité dans l'administration des chocs. Ces deux techniques sont schématisées dans la figure 21.

La première est due à Bechterew. Les choc (SI) sont précédés par des signaux (SC) ; si l'animal réagit durant l'intervalle SC-SI, il ne reçoit pas de choc. La seconde procédure est celle dite « d'évitement libre », ou « évitement de Sidman », du nom de l'auteur qui l'a mise en œuvre le premier. Elle implique deux contingences : tout d'abord, les chocs sont programmés selon un certain intervalle, par exemple toutes les 3 secondes, qu'on nomme intervalle entre chocs ou S-S ; de plus, quand l'animal émet la réponse requise, il y gagne un délai de rémission sans chocs, par exemples de 6 secondes, ou intervalle entre réponse et choc R-S. Ainsi la réponse commute l'espacement temporel des chocs du programme S-S au programme R-S, et si l'animal espace ses réponses selon un délai constamment inférieur à l'intervalle R-S, il ne reçoit plus aucun choc.

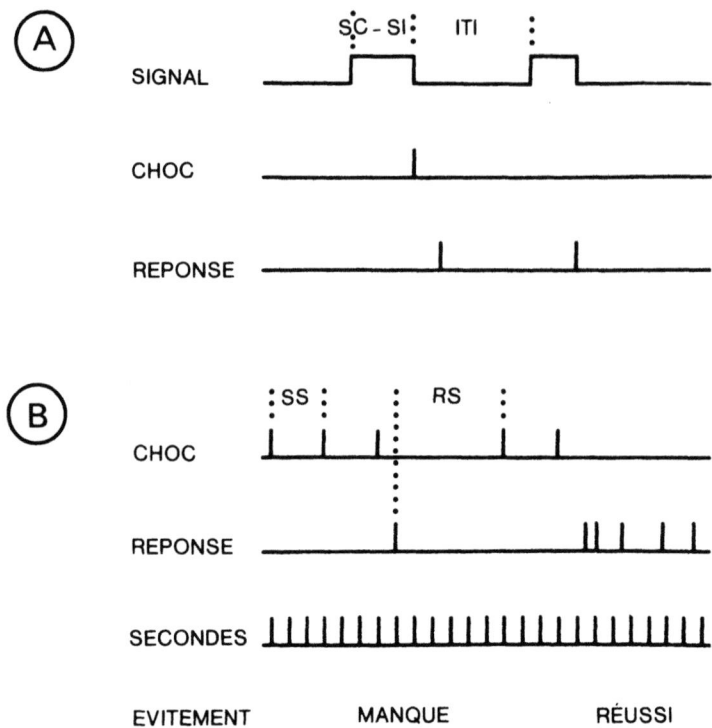

Figure 21: Schéma temporel de deux procédures d'évitement. Les trois lignes en (A) représentent l'évitement par essais distincts où chaque choc (SI) est précédé d'un signal (SC). Les réponses survenant durant ce signal suppriment le choc (partie droite de la figure), mais elles sont inopérantes si elles sont émises durant l'intervalle entre deux essais (ITI) (partie gauche). Les trois lignes en (B) illustrent l'évitement libre, dit «de Sidman». Les chocs (S) surviennent à intervalles réguliers (S-S) et toutes les réponses (R) retardent le choc suivant d'un délai constant (R-S). Ainsi les chocs ne sont-ils administrés que si le débit de réponse est trop faible (partie gauche de la figure), tandis qu'ils sont entièrement supprimés si ce débit est suffisant (partie droite).

Ces deux techniques peuvent produire l'apprentissage d'évitement, et parfois à un très haut degré de contrôle, mais dans d'autres cas on n'obtient que des échecs incompréhensibles: des tâches très «raisonnables», c'est-à-dire faciles à maîtriser en apprentissage instrumental par récompense, paraissent impossibles à apprendre dans la condition d'évitement. Par contraste, d'autres réactions d'évitement peuvent être acquises en un ou deux essais, et résister ensuite à toute tentative d'extinction. C'est pourquoi, afin de mieux comprendre ces phénomènes complexes, nous devons encore exposer un certain nombre de données expérimentales.

Quelques variables expérimentales

1. La topographie de réponse

Solomon et Wynne (1953) ont exercé des chiens à éviter des chocs aux pattes dans un cage à deux compartiments électrifiables. Ils devaient passer d'un compartiment à l'autre en franchissant la barrière basse qui les séparait. Cet appareil, devenu standard dans ce genre d'études, s'appelle donc une «boîte à navette d'évitement». La technique employée est celle d'essais séparés, avec signalisation des chocs. Après 7 ou 8 essais environ, les chiens sautent à temps la barrière, et évitent ainsi les chocs.

Par contre D'Amato et Schiff (1964) ont essayé de dresser des rats à éviter des chocs aux pattes selon la même technique de chocs distincts et signalés, mais cette fois les animaux devaient appuyer sur un levier. Or, après des centaines d'essais, les rats ne sont arrivés à éviter que 10 % environ des chocs: pitoyable résultat!

Certes, en comparant ainsi ces deux expériences, on risque de confondre deux facteurs: le genre de réponse, et l'espèce animale; peut-être que les rats sont incapables d'évitement? Mais non: Riess (1971) a montré qu'ils sont capables d'apprendre un évitement libre, que ce soit par un déplacement en navette, ou bien en appuyant sur un levier; mais il faut noter que l'apprentissage est beaucoup plus lent dans le second cas que dans le premier.

Pourquoi donc la topographie de la réponse influence-t-elle tant son acquisition et son efficacité? On a proposé deux solutions à ce problème. La première consiste à dire que les chocs produisent des réactions qui peuvent être incompatibles avec la réponse d'évitement, notamment la réaction d'immobilisation. Blanchard et Blanchard (1969) ont observé que des chocs inopinés produisent chez les rats une diminution de l'activité en cours, y compris les mouvements d'exploration. L'autre solution fait appel à la discriminabilité des réponses d'évitement: toutes ne sont pas également faciles à discriminer, et moins elles le sont, plus l'animal a de mal à les apprendre. Or, aucune de ces deux hypothèses n'est satisfaisante; nous allons voir pourquoi.

C'est un fait que les chocs font souvent s'immobiliser les rats, mais cela n'explique pas pourquoi ils s'en trouvent plus gênés quand la réponse d'évitement consiste à appuyer sur un levier que si elle consiste à fuir. De toute façon, l'immobilisation n'a guère été observée de façon quantifiée en situation d'évitement: on a bien plutôt *inféré* que les rats s'étaient immobilisés du fait qu'ils ne donnaient pas les réponses requises; il s'agit donc d'une explication circulaire. Enfin, quand on donne des chocs à un rat pendant qu'il appuie sur un levier, on n'obtient pas une immobilisation, mais une salve d'appuis répétés (Church et Getty, 1972).

L'hypothèse de la discriminabilité, de son côté, oblige à supposer que la réponse d'appui est moins discriminable que celle de fuite; or cela reste à démontrer. Cependant, Bower, Starr et Lazarowitz (1965) ont bien montré qu'on facilite l'acquisition d'une réponse d'évitement si on la fait suivre par un certain nombre de stimulus qui servent de feedback informatif pour l'animal. Mais à ce compte, quelle est la réponse qui occasionne le moins de rétroaction sensorielle, si ce n'est l'immobilisation? Or Bolles et Riley (1973) ont montré que c'est une réponse très facile à apprendre pour les rats en procédure d'évitement.

Se fondant sur ce fait, Bolles (1970) a conçu une tout autre interprétation, qui surmonte les difficultés que nous venons de mentionner, et qu'il a nommée «hypothèse des réactions de défense spécifiques» (SSDR). Pour chaque espèce animale, il existerait un certain nombre de réactions de défense, dont la prééminence dépend des caractères de la situation étudiée. Les individus de cette espèce ne peuvent donc apprendre comme réponse d'évitement que celles qui appartiennent à cet ensemble de réactions, et ils les apprendront d'autant plus facilement qu'elles sont prééminentes dans le cas considéré.

C'est séduisant, mais cela ne nous permet pas de savoir quel est le répertoire des réactions de défense, et ne nous donne pas le moyen de les hiérarchiser. On peut toujours agresser un animal et noter comment il se défend; ce faisant, on ne fait que le soumettre à la situation d'évitement, dans laquelle on note ses réponses et leur fréquence. Si on change la situation, par exemple en fournissant un levier operant à l'animal, les résultats différeront de ceux qu'on a notés précédemment, notamment en ce qui concerne la hiérarchie des réactions de défense. On dira alors que si une réponse est apprise, c'est parce qu'elle fait partie du répertoire des SSDR et parce qu'elle y occupe un bon rang; et si l'acquisition s'en avère difficile, ou nulle, on dira le contraire. Il s'agit donc encore, hélas, d'une explication circulaire; pour y remédier, il faudrait que nous sachions comment dresser l'inventaire des SSDR indépendamment des situations d'évitement.

2. L'extinction

La résistance d'une réponse à l'extinction a souvent été prise pour indice de la force des associations qui la déterminent, notamment dans le cas de l'évitement. A l'origine de cela, on trouve un résultat de Solomon, Kamin et Wynne (1953) qui, après avoir entraîné des chiens à effectuer un parcours en navette d'évitement, constatèrent qu'il n'y avait plus moyen d'en obtenir l'extinction. De là date l'idée d'une «irréversibilité partielle» des réponses d'évitement (Hulse, Deese et Egeth, 1975).

En réalité il n'en est rien, et l'on peut très bien réaliser l'extinction des réponses d'évitement: tout dépend de la méthode qu'on emploie, et c'est là que se pose la question de savoir quelle est la «bonne» méthode. La plus simple semble consister à imiter celle d'un apprentissage par récompense: de même qu'on cesse de décerner celle-ci, on cesse d'administrer les chocs électriques. Mais cette similitude est trompeuse, car dans le premier cas on supprime le facteur qui est responsable de l'apprentissage (la récompense), tandis que dans le second cas on maintient ce facteur (la suppression des chocs). De plus et par conséquent, il y a moins de changement dans les conditions de stimulation, quand on passe de la phase d'acquisition à celle d'extinction, dans le cas de l'évitement que dans celui de l'apprentissage par récompense. Faut-il alors s'étonner que les réponses d'évitement soient si persistantes?

Il existe une autre définition opératoire de l'extinction, consistant à annuler toute contingence entre les signaux et les chocs, sans supprimer ceux-ci. La même dissociation peut d'ailleurs être utilisée dans l'apprentissage par récompense signalée, afin d'en réaliser l'extinction. Les effets de cette procédure sur les apprentissages d'évitement et par récompense chez les rats, ont été étudiés par Uhl et Eichbauer (1975), et comparés à ceux de la procédure par omission de la récompense ou des chocs. Nous en retiendrons que l'extinction des réponses d'évitement s'avère ainsi tout à fait réalisable.

Maintenant que ces quelques données expérimentales nous ont donné une idée de la complexité du comportement d'évitement, et de sa relativité aux méthodes employées, voyons quelles théories ont été proposées pour en rendre compte

Les théories

Le paradoxe posé par l'apprentissage d'évitement a été clairement exprimé par Mowrer: «Comment une conduite peut-elle être renforcée par l'omission d'un stimulus?». Car au fond, chaque fois qu'une réponse est donnée, les stimulus qui ne surviennent pas sont l'immense majorité. Quelle est donc l'origine de la réponse qui doit être apprise, et qu'est-ce qui peut bien la renforcer?

Les théoriciens ont répandu à cette question de deux manières, en faisant appel à un seul processus, ou bien à deux. Les théories à deux processus ont fini par supplanter les autres; malgré leur diversité, elles ont assez de points en commun pour que nous les traitions comme une seule théorie.

1. Les théories à un seul processus

Les processus auxquels font appel ces théories sont les mécanismes associatifs bien connus: la contiguïté, et le renforcement. On a présenté soit l'un, soit l'autre, comme suffisant à expliquer l'apprentissage d'évitement. Voyons à propos de chaque théorie si les faits lui donnent raison.

a) Les théories contiguïstes (Hull, 1929; Sheffield, 1948)

Elles sont d'inspiration pavlovienne et supposent que:
- le SI aversif produit la réponse qui sera apprise;
- l'association de cette réponse à un signal SC donne à celui-ci la capacité de la déclencher également (RC);
- la réponse RC au signal aversif SC peut entraîner la non-présentation du SI, mais cela n'est pas nécessaire.

Examinons une à une ces propositions.

La réponse d'évitement est-elle semblable à la réaction absolue au choc? Dans certains cas, oui, tel que celui de la flexion de la patte chez le Chien, mentionné plus haut. Mais il y a d'autres cas où la réaction produite par le choc ne peut pas être apprise comme réponse d'évitement: par exemple, la flexion des orteils (Turner et Solomon, 1962). Cela est bien gênant pour la théorie, quand on sait par ailleurs que cette réponse peut se conditionner selon la procédure classique pavlovienne (Schlosberg, 1936). Il y a plus grave: c'est quand la réponse d'évitement qui est apprise n'a rien de commun avec la réaction au SI aversif. Ainsi Fonberg (1962) a appris à des chiens à plier la patte pour éviter de recevoir un jet d'air dans l'oreille; or la réaction à ce souffle consiste à secouer la tête. De même DiCara et Miller (1968) ont pu conditionner l'accélération du rythme cardiaque chez le Chien pour éviter un choc électrique, alors que la RI produite par celui-ci est un ralentissement cardiaque; ils ont d'ailleurs pu conditionner tout aussi bien ce ralentissement. Ainsi donc, la similitude de la RI et de la RC d'évitement n'est pas une condition nécessaire, ni suffisante, à ce type d'apprentissage.

Pour ce qui est de la non-nécessité de l'omission du SI aversif après chaque réponse d'évitement, elle est discutable en termes mêmes de conditionnement pavlovien. En effet, l'omission d'un certain nombre de SI durant l'acquisition fait que celle-ci s'opère en renforcement partiel, et que l'évitement final de tous les SI réalise la condition d'extinction. Par conséquent, l'acquisition d'une réponse donnée doit s'effectuer plus lentement dans la condition d'évitement (avec omission du SI) que dans celle de conditionnement classique (avec SI inévitable). Or c'est le résultat opposé qui a été obtenu quand on conditionne la flexion de la patte chez le Chien (Wahlstein et Cole, 1972). La supériorité de l'apprentissage par omission des chocs se maintient même si on adopte une méthode de jumelage des sujets témoins aux sujets expérimentaux, de façon à ce qu'ils reçoivent tous en moyenne le même nombre de chocs (Woodard et Bitterman, 1973). Quant à l'extinction qui devrait découler de l'évitement de tous les chocs, nous avons vu qu'elle peut très bien ne pas se produire, comme en témoigne l'observation de Solomon et Wynne (1953) mentionnée plus haut.

b) La théorie du renforcement

Hull (1943, pp. 73-74) admet l'importance de la contiguïté temporelle, mais son idée maîtresse consiste en ce que la cessation du SI aversif est la source du renforcement des réponses d'évitement. Il y a donc une parenté entre les réactions d'échappement et celles d'évitement, celles-ci étant la forme anticipée de celles-là. Par conséquent l'animal ne devrait pouvoir apprendre que les réponses qui mettent fin effectivement au SI aversif. Mais alors on ne voit pas comment un évitement complet pourrait se maintenir, puisqu'il supprime tout SI aversif et, de ce fait même, la possibilité de le faire cesser qui est, selon Hull, la source de renforcement de l'évitement. Là encore, l'argument expérimental tiré de l'observation de Solomon et Wynne (1953) est contraire à la prédiction qu'on tire de la théorie de Hull.

Néanmoins l'originalité de celle-ci réside dans l'hypothèse d'une parenté des réponses d'échappement et d'évitement. Cela suppose que :
- pour apprendre à éviter un SI aversif, l'animal doit aussi avoir la possibilité d'y échapper ;
- un entraînement préalable à l'échappement influence l'apprentissage ultérieur d'évitement ;
- les réponses d'échappement et d'évitement sont les mêmes.

Ces divers points ont été étudiés par Bolles, Stokes et Younger (1966) chez le Rat. Si la réponse d'évitement est celle de fuite en navette, la possibilité d'échappement en favorise bien l'apprentissage, mais les auteurs n'ont rien constaté de tel si la réponse requise consiste à faire tourner une roue d'activité. De toute façon, ces deux réponses d'évitement peuvent être apprises même si aucune possibilité d'échappement n'est offerte aux animaux. Hurwitz (1964) a même observé que l'usage d'une contingence d'échappement peut gêner l'acquisition d'un évitement. Enfin les rats peuvent apprendre deux réponses différentes, l'une pour échapper à un choc, l'autre pour l'éviter (Mowrer et Lamoreaux, 1946; Bolles, 1969).

c) Théorie operante

Herrnstein (1969) a pensé que la réduction de la fréquence moyenne des chocs pourrait être le facteur explicatif du renforcement de la réponse d'évitement: les rats apprendraient à appuyer sur un levier si les chocs survenant après les appuis sont, non pas omis, mais moins fréquents en moyenne. De fait, ces animaux apprennent ainsi, quoique très lentement (Herrnstein et Hineline, 1966).

En fait, Hineline (1970) s'est aperçu que cet apprentissage dépend de l'augmentation du délai d'occurrence des chocs, et non de la diminution de leur fréquence. Gardner et Lewis (1976) ont même précisé que c'est la latence du premier choc après la réponse qui importe: sa réduction inhibe la réponse, tandis que son allongement la renforce. Mieux: pour une valeur minimum de cette latence, on peut *augmenter* la fréquence des chocs subséquents sans que les rats cessent d'émettre des appuis «d'évitement». La réduction de la fréquence moyenne des chocs reçus n'est donc pas un facteur explicatif de l'apprentissage d'évitement.

2. La théorie à deux processus

Mowrer (1947) a présenté sa théorie comme une solution au paradoxe posé par l'apprentissage d'évitement. Une réponse médiatrice de «peur» serait tout d'abord conditionnée au signal SC précédant l'événement aversif SI. L'état interne conditionné de «peur» est aversif, tout comme le SI lui-même. Dès lors, toute réponse capable de mettre fin à cet état interne se trouve par là même renforcée, selon la Loi de l'Effet. Les deux processus mis en jeu successivement seraient donc: le conditionnement classique de la réponse de peur, par suite de la contiguïté SC-SI; et l'apprentissage instrumental d'une réponse motrice qui est renforcée par la cessation de la peur. Par conséquent cette dernière réponse, celle d'évitement, ne peut être acquise qu'une fois la peur conditionnée au SC. Voyons si les résultats d'expérience confirment ces diverses hypothèses.

Il est hors de doute que l'association SC-SI donne lieu à une motivation acquise de peur. En effet, les signaux associés à des chocs augmentent les réactions de sursaut (Brown, Kalish et Farber, 1951) et les réactions d'évitement elles-mêmes (Bull et Overmier, 1968), alors que des signaux témoins, ayant une valeur associative neutre vis-à-vis des chocs, ne produisent pas cet effet facilitateur.

L'idée selon laquelle la contiguïté SC-SI est déterminante dans le conditionnement de la peur n'a été contestée que par Miller (1948), pour qui la peur serait un besoin (de suppression des chocs) renforcé par la cessation du SI. Cette théorie fait donc appel, en réalité, à un seul processus (de renforcement par réduction d'un besoin), sous forme de deux facteurs: cessation du SI par lui-même, ou causé par une réponse de l'animal.

Si Miller avait raison, on devrait constater que l'apprentissage est d'autant plus difficile que le SI est de longue durée, puisque alors un grand intervalle sépare le signal SC du moment final du SI aversif; or nous savons que les conditionnements différés sont difficiles à établir. On a fait varier la durée du SI aversif chez divers groupes de sujets, en conservant constant le délai SC-SI (Overmier, 1966): ce facteur n'a introduit aucune différence dans l'apprentissage des différents groupes, prouvant ainsi que c'est la contiguïté entre le début du SC et celui du SI qui importe.

Troisième et dernière hypothèse: est-ce que la cessation des stimulus générateurs de peur constitue bien le facteur de renforcement de la réponse d'évitement? Une ancienne expérience de Brown et Jacobs (1949) montre que cela est parfaitement concevable. Ils ont associé un signal et un choc électrique, chez des rats, au cours d'une première phase, puis ils ont placé ces animaux dans un couloir où ils leur ont présenté le signal, mais sans le choc; le fait de traverser le couloir mettait fin au signal. Les rats ont appris à effectuer ce parcours de plus en plus vite, tandis que des sujets témoins, pour lesquels ce signal n'avait pas été associé à des chocs, n'ont pas manifesté cette modification de performance (fig. 22). La réponse locomotrice est donc bien renforcée quand elle met fin à un signal aversif.

Néanmoins, il ne s'agit pas là d'une situation répondant à un paradigme d'évitement, et ce sont les expériences ayant trait à celui-ci que nous devons considérer pour vérifier la troisième hypothèse de la théorie à deux facteurs. Kamin (1956) a effectué une comparaison de

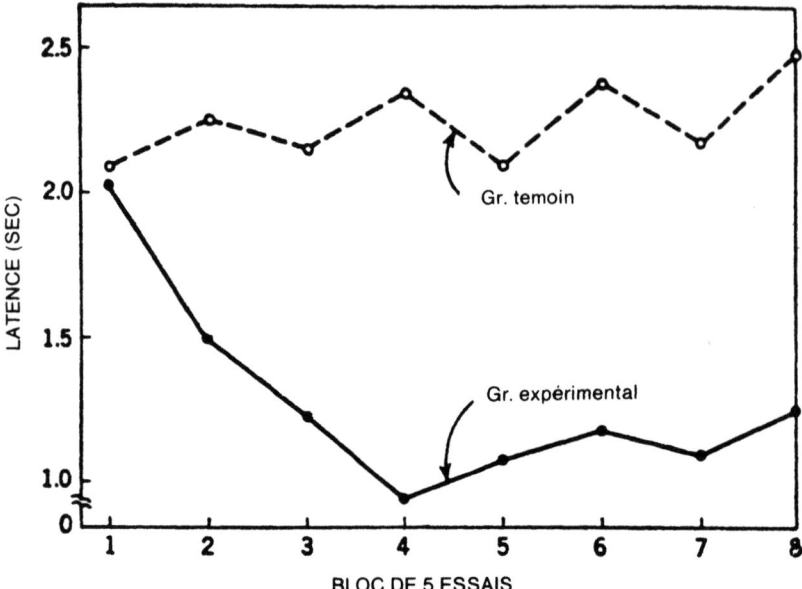

Figure 22: Latences moyennes requises pour mettre fin à un signal, par des rats, en traversant un couloir. Les sujets du groupe expérimental ont précédemment associé ce signal à un choc; dès qu'on le leur présente (sans aucun choc, cependant), ils apprennent très vite la réponse locomotrice qui le fait cesser. Rien de tel ne se produit chez les rats du groupe témoin, pour qui le signal n'a jamais été associé à un choc (Brown et Jacobs, 1949).

l'apprentissage de la navette d'évitement chez les rats, selon que cette réponse mettait fin au signal et empêchait de recevoir le choc (procédure normale d'évitement), ou qu'elle mettait fin au signal seulement, ou qu'elle n'agissait pas sur lui mais supprimait le choc. Le groupe témoin était soumis à un conditionnement classique: aucun effet de la réponse sur la présentation du SC ni sur celle du SI. Les rats témoins apprirent beaucoup moins bien que ceux qui étaient soumis à la procédure « normale », mais il faut surtout retenir que les progrès des deux autres groupes sont intermédiaires, notamment ceux des rats dont la fuite en navette n'a pour effet que de mettre fin au signal (fig. 23). Ces résultats ont été confirmés par ceux de Bolles, Stokes et Younger (1966). Toutefois, il faut noter que dans ces deux études, on a pu observer des cas où l'apprentissage a eu lieu alors que la réponse d'évitement ne mettait pas fin aussitôt au signal aversif.

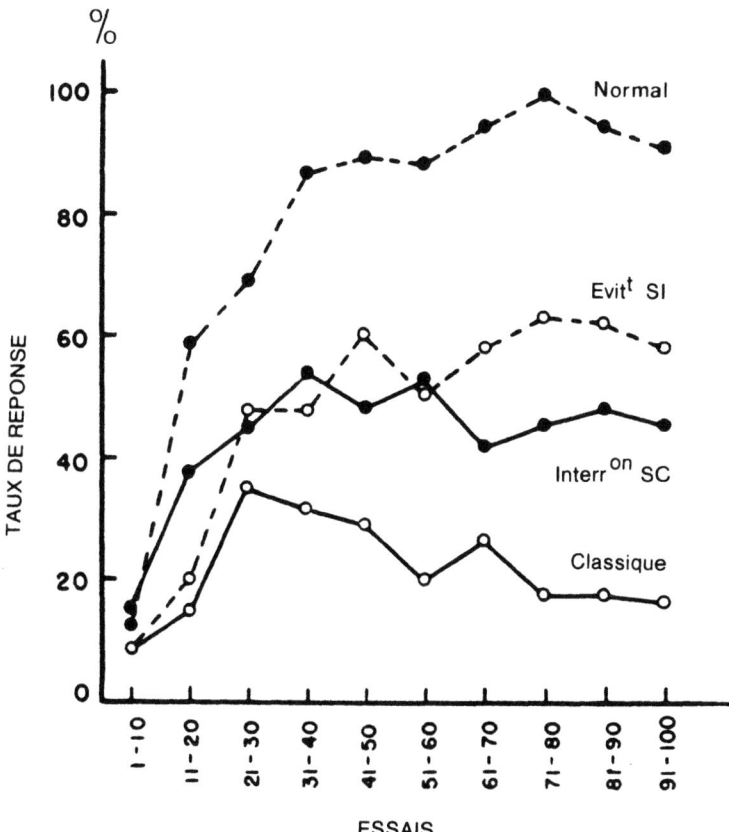

Figure 23: Evolution du pourcentage de passages d'un compartiment à l'autre d'une boîte à navette d'évitement, chez des rats soumis à quatre conditions d'acquisition différentes. Pour le groupe «normal», les réponses de passage font cesser le signal aversif SC et empêchent l'administration du choc SI. Pour le groupe «évitement SI», les passages font éviter le choc, mais ne font pas cesser le signal. C'est l'inverse pour le groupe «interruption SC»: le signal s'arrête dès que le rat est passé d'un compartiment dans l'autre, mais le choc est tout de même appliqué. Enfin, pour le groupe «classique», les stimulus SC et SI sont présentés en association et indépendamment des réponses de passage des rats (Kamin, 1956).

Est-ce à dire que c'est la suppression du choc qui constitue le facteur décisif dans l'apprentissage d'évitement? C'est exactement ce que Mowrer voulait réfuter. Et pourtant l'évitement peut être appris en dehors de toute contingence de cessation du signal aversif; c'est démontré par de nombreuses expériences: toutes celles de conditionnement de trace, et de conditionnement operant ne faisant usage d'aucun SC, comme l'évitement « de Sidman ».

Dans de tels cas, on peut toutefois arguer avec raison qu'il y a des signaux, non explicitement prévus par le plan d'expérience, et qui sont les rétroactions (réafférences, ou «feed-back») de la réponse d'évitement elle-même. Ces stimulus ne sont presque jamais suivis de choc, à la différence de l'ensemble des autres stimulus présents dans la situation. Ces derniers prendraient ainsi valeur de SC+ vis-à-vis de la réaction de peur, tandis que les rétroactions d'évitement deviendraient des SC− à cet égard; inversement, l'*absence* de ces indices de réponse (tant qu'elle n'a pas encore été émise) serait un SC+ qui contribuerait à l'état de peur. De cette façon, on conçoit que la cessation du signal aversif SC+ puisse ne pas être un facteur indispensable.

De tels SC−, inhibiteurs de la peur, ont pu être conditionnés de façon classique chez le Chien et le Rat; présentés ensuite au cours d'une fuite en navette d'évitement (Bull et Overmier, 1968) ou durant un conditionnement « de Sidman » (Weisman et Litner, 1969), ils ont eu pour effet de diminuer la fréquence des réponses d'évitement. Ils s'opposent donc à la motivation de peur qui sous-tend ces réponses. Si de tels SC− étaient produits par une réponse d'évitement, ils en constitueraient des rétroactions externes par rapport à l'animal, et ils renforceraient sa réponse. C'est ce que Morris (1975) a pu démontrer à propos de la navette d'évitement chez les rats. De ce fait, on peut inférer que les rétroactions internes sont également capables d'inhiber la peur, et de renforcer ainsi la réponse même qui les a produites. Les résultats d'une étude récente (Cicala et Owen, 1976) semblent bien confirmer cette hypothèse.

Pour conclure, il semble bien que l'hypothèse d'un renforcement produit par l'inhibition de la réaction de peur, puisse rendre compte des résultats déconcertants qu'on trouve en matière d'évitement. Un rôle important est joué par les réafférences de la réponse d'évitement pour réaliser cette inhibition, soit qu'il s'agisse de messages proprio-ceptifs, soit que le signal de danger s'interrompe, soit enfin que l'animal perçoive tout autre stimulus «feed-back» prévu à cette fin. La théorie à deux facteurs puise une réelle force explicative dans cet élargissement de sa conception, puisque la réduction de la peur peut être produite de diverses façons. Enfin, l'idée d'une réponse médiatrice de peur, conditionnée de façon classique, et tenant lieu de motivation acquise, reste le point fort de cette théorie.

Lois générales et contraintes spécifiques de l'apprentissage instrumental

A partir de la situation simple définie par la contingence des trois termes : stimulus - réponse - renforcement, on a dérivé des paradigmes aussi variés que ceux d'apprentissage par récompense, par punition, par échappement ou par évitement. Dans tous ces cas, qu'est-ce qui est appris, et comment cela s'opère-il ? Diverses théories ont été présentées à ce sujet, en considérant de la façon la plus générale qui soit la relation contingente entre les trois termes qu'on vient de mentionner. Parmi elles, nous distinguerons celles qui font appel à un seul processus associatif, et celles qui en requièrent au moins deux.

Les théories à processus unique

Ce sont des théories déjà anciennes, d'inspiration associationniste, parmi lesquelles on distingue classiquement les conceptions de type S-S et de type S-R, selon que les associations sont supposées se former entre stimulus successifs, ou bien entre certains stimulus et certaines réponses. On peut également subdiviser ces théories suivant qu'elles considèrent la contiguïté entre ces termes S et R comme la condition nécessaire et suffisante pour que se forme une association, ou bien qu'elles y ajoutent la nécessité d'un renforcement relatif aux motivations mises en jeu. Le tableau III donne un aperçu schématique de ces options théoriques et des auteurs qui les représentent.

TABLEAU III

Processus de type:	Contiguïté seule	Contiguïté + renforcement
S-R	Watson, Guthrie, Estes	Thorndike, Hull
S-S	Tolman, Bindra	

Théories contiguïstes S-R

Les plus anciennes théories sont celles de Watson et de Guthrie selon lesquelles, si une réponse R se produit en présence d'un stimulus S, une association tend à se former entre S et R du fait de leur contiguïté, et cela d'autant plus fortement que leur occurrence se répétera plus souvent de façon contiguë. Ainsi la probabilité que R soit émise par l'animal quand on lui présentera S augmentera progressivement. Les données fondamentales du conditionnement pavlovien constituent évidemment la clé de voûte de ces théories.

Selon elles, les conséquences ont pour effet, soit de garantir que la réponse a bien été fournie (Watson, 1916), soit de changer les stimulus présents de telle sorte qu'aucune autre réponse que R ne puisse s'associer au stimulus S (Guthrie, 1935). La réponse qui est apprise de cette façon est donc celle qui se produit chaque fois que le stimulus S est présenté, dans une situation donnée, en raison des contingences de celle-ci. Cependant, malgré leur élégante simplicité, ces conceptions contiguïstes S-R n'expliquent pas pourquoi certaines réponses, qui sont spontanément émises dans telle ou telle situation, ne sont cependant pas apprises; ni comment une réponse, une fois apprise, peut encore être sujette à extinction.

Théories du renforcement S-R

Les deux questions formulées ci-dessus trouvent une réponse dans les théories de Thorndike et de Hull (1943). Selon eux, l'animal apprend bien à répondre d'une certaine manière en présence d'un stimulus donné, mais ce n'est pas tant la contiguïté S-R qui en est le facteur déterminant, que les conséquences de la réponse et leur valeur hédonique. La Loi de l'Effet explique ainsi la sélection des réponses et leur extinction éventuelle, quelle que soit leur fréquence initiale d'émission.

Les arguments sur lesquels s'appuient ces théories sont des résultats d'expériences où l'on a fait varier l'importance des stimulus survenant après une réponse donnée, en tant que conséquence de celle-ci, ou bien simplement le délai qui sépare la réponse de ces stimulus : la diminution de la récompense, ou le retard de son attribution, gênent l'apprentissage. On peut également comparer deux groupes d'animaux recevant le même nombre de « renforcements », les uns à la suite de chacune de leurs réponses, les autres indépendamment des leurs; on constate alors que les premiers apprennent beaucoup mieux que les seconds (du moins quand il ne s'agit pas d'une tâche de discrimination).

Cependant ces théories S-R du renforcement reposent sur deux présupposés : a) ce sont les réponses R qui sont l'objet d'acquisition et d'extinction; b) pour qu'il y ait apprentissage dans une situation donnée, il est nécessaire que des réponses y soient émises. C'est pourquoi ces théories sont mises en défaut par deux sortes de résultats : les cas où une réponse se substitue à celle qui a fait l'objet de renforcement, si elle en est fonctionnellement équivalente; ceux où la performance est modifiée de façon associative sans que la réponse R soit émise à la suite de S.

Théories contiguïstes S-S

De tels résultats gênants pour la théorie S-R ont été apportés par Tolman. Par exemple, on peut entraîner un rat à tourner à *droite* dans un labyrinthe en forme de T pour chercher à manger dans l'un des buts, et retourner ensuite l'appareil à 180° : on constate alors que l'animal se dirige à *gauche* car il retourne ainsi au lieu où il a précédemment trouvé sa nourriture. C'est donc le lien entre ces deux stimulus S-S (lieu et nourriture) qui compte, et non la réponse latéralisée qui fait aller le rat du départ au but. De même, les expériences d'apprentissage latent que nous avons vues plus haut ont gêné les théoriciens S-R, notamment celles où les rats ont parcouru très vite un couloir qui était vide jusque-là, aussitôt après avoir été placés directement dans la chambre de but et y avoir perçu la présence de nourriture. Notons que les rats ne mangent rien lors de ce placement : la simple contiguïté lieu-nourriture suffit à produire une « attente locale » appétitive, sans qu'il y ait eu de renforcement alimentaire.

Le coup de grâce aux premières théories S-R a été porté par des expériences comme celle de Crespi (1942), décrite au chapitre II. En changeant la quantité de récompense, on obtient chez les rats une modification de la performance qui n'est pas progressive, mais soudaine, avec même des effets de contraste. On peut d'ailleurs obtenir de tels effets en plaçant directement l'animal au but *avant* qu'il n'y aille de lui-même, de façon à ce qu'il constate que sa récompense habituelle est augmentée ou diminuée (Dyal, 1962). Ces effets montrent que la quantité de récompense n'a pas pour simple effet de renforcer le lien S-R, mais aussi de fixer pour l'animal un «niveau espéré» de satisfaction.

Tolman a donc bien montré l'existence de liens S-S, mais comment relier ces S aux réponses R? Les tenants modernes de cette théorie (Bindra, 1974; Hearst et Jenkins, 1974) répondent à cela que les stimulus agents de récompense ou de punition produisent bien des réactions spécifiques, et donc que les stimulus qui les signalent parviennent à produire à leur tour ces mêmes réactions, qui leur sont conditionnées. Le problème qui surgit alors est d'expliquer que l'animal puisse apprendre des réponses différentes de ces réactions spécifiques (ou RI), comme par exemple à éviter un choc électrique en approchant du stimulus qui annonce ce choc; quoique difficile, cet apprentissage est possible (Gallon, 1974).

Pour réfuter cette objection, Mowrer (1960) a proposé une théorie S-S-r, où r est la réponse émotionnelle à l'agent de renforcement. Si cette r est conditionnée à un signal S, elle exerce sur la réponse instrumentale un effet de rétroaction positive si elle-même est de nature appétitive («souhait»), ou négative si elle est de nature aversive («peur»). Les réponses instrumentales seront ainsi dynamisées ou affaiblies.

Reste à savoir cependant comment s'effectue la sélection initiale des réponses, surtout quand l'animal a le choix entre de multiples possibilités d'action: doit-il les essayer toutes afin d'en comparer les rétroactions? D'autre part, les expériences de Taub et Berman (1963) ont montré que des singes sont capables d'éviter des chocs en manipulant un levier sans voir leur patte ni même la sentir, car on l'a désafférentée. Les rétroactions sensorielles ne sont donc pas un facteur indispensable de l'apprentissage.

En somme, aucune théorie à un seul processus ne s'est avérée vraiment adéquate. Les théories S-R sont, par nature même, restrictives quant aux possibilités d'action de l'animal; elles n'expliquent pas qu'il puisse généraliser ce qu'il a appris en fournissant des réponses nouvelles et adaptées. Quant aux théories S-S, elles ont du mal à rendre compte de la sélection qui s'opère entre plusieurs réponses. C'est pourquoi les théoriciens ont cherché une solution en faisant appel à la formation de *deux* liens associatifs, soit de même nature (Hull, 1952), soit de nature différente (Mowrer, 1947) comme: une médiation consistant en un conditionnement classique, et un renforcement par réduction d'un besoin.

Les théories à deux processus

Dans les chapitres précédents, nous avons vu divers exemples de recours à une motivation acquise par un effet de conditionnement classique. Il en va ainsi de la «peur» dans la théorie de Mowrer (1947) pour l'évitement, mais aussi de l'incitation appétitive par anticipation de la récompense (Hull, 1952; Spence, 1956) ou par celle de la «frustration» (Amsel, 1958). On peut ainsi concevoir que l'omission d'un stimulus (choc électrique) puisse être facteur d'apprentissage, et l'on peut également donner une explication aux effets de contraste, à l'apprentissage latent, et aux paradoxes que présentent les effets de renforcement partiel. C'est pourquoi depuis lors les théories à deux processus se sont multipliées et affinées; voyons quels en sont les principes généraux.

L'idée principale est que l'apprentissage instrumental résulte de l'interaction de deux processus associatifs agissant en parallèle: l'un est le conditionnement classique d'un état médiateur, l'autre est le renforcement d'actes adaptatifs. Ces deux processus sont indépendants, mais agissent ensemble pour déterminer le comportement de l'animal au cours des essais successifs, et au cours de la séquence signal-réponse-renforcement lors de chaque essai. La seconde idée essentielle est que ces deux processus sont séparables, et qu'on peut modifier la performance de l'animal en agissant sur l'une ou l'autre des deux associations. C'est ce qu'on fait dans l'apprentissage latent, où la vigueur de la réponse locomotrice est modifiée par l'association qu'on effectue en plaçant de la nourriture dans la chambre de but, qui était vide jusque-là.

En étroite relation avec la disinction des deux types de processus associatifs, on trouve une distinction entre deux types d'effecteurs. Selon Mowrer, le conditionnement classique concerne le système nerveux autonome et se manifeste au niveau viscéral et glandulaire, tandis que le renforcement instrumental est effectué par le système nerveux central et se traduit par les contractions des muscles du squelette. Ainsi, selon Mowrer, l'état de «peur» n'est rien d'autre qu'une mobilisation périphérique du système sympathique. Sans aller plus loin, Spence admet que «l'incitation» alimentaire équivaut au conditionnement de la salivation. Ces auteurs supposent donc que ce sont des réponses conditionnées classiques du système autonome qui influencent les réponses motrices instrumentales. Cette influence est de nature principalement motivatrice, encore que Spence et Amsel accordent en outre une valeur d'indices discriminatifs aux stimulus réafférents produits par les réponses médiatrices (voir le chapitre II).

Les théories à deux processus paraissent ainsi disposer d'un grand pouvoir explicatif. Néanmoins elles reposent sur trois hypothèses qu'il est nécessaire d'éprouver: a) les réponses conditionnées périphériques sont les médiateurs obligés des actes instrumentaux, b) ces actes peuvent être modifiés opérationnellement par un conditionnement classique, et c) il y a réellement deux processus associatifs à l'œuvre, et on peut les distinguer l'un de l'autre. Nous allons examiner successivement ces trois hypothèses à la lumière des données expérimentales.

L'hypothèse de la médiation

On a cherché s'il existe une variation concomitante entre la liaison conditionnelle médiatrice (RC) et la réponse instrumentale, et si elle répond aux spécifications suivantes:
- la RC se manifeste *avant* la réponse instrumentale;
- la probabilité que celle-ci soit donnée est plus grande si une RC a été observée préalablement que si elle ne l'a pas été;
- l'énergie de la réponse instrumentale est proportionnelle à celle de la RC. Voyons si les résultats expérimentaux confirment ces trois points.

1. Apprentissage par récompense

C'est surtout la salivation qui a été choisie comme variable indicatrice de la liaison conditionnée appétitive. Plusieurs études ont montré un net parallélisme entre cette RC et la réponse motrice instrumentale (Shapiro, 1962; Kintsch et Witte, 1962). La figure 24 illustre ce dernier travail et montre que la quantité de salive sécrétée par deux chiens soumis à un programme d'intervalle fixe (FI 90 s) varie au cours de l'intervalle séparant deux renforcements alimentaires d'une façon semblable à la fréquence de leurs appuis operants. Utilisant un programme temporisé DRL, Shapiro (1962) a même constaté qu'une sécrétation de salive précédait chaque appui sur un levier. Par ailleurs, ayant conditionné la salivation à un signal sonore, il fit entendre ce signal à ses animaux au cours du programme DRL: aussitôt, non seulement ils salivèrent, mais ils appuyèrent sur le levier; or la réponse d'appui n'avait pas été conditionnée au son! Mieux:

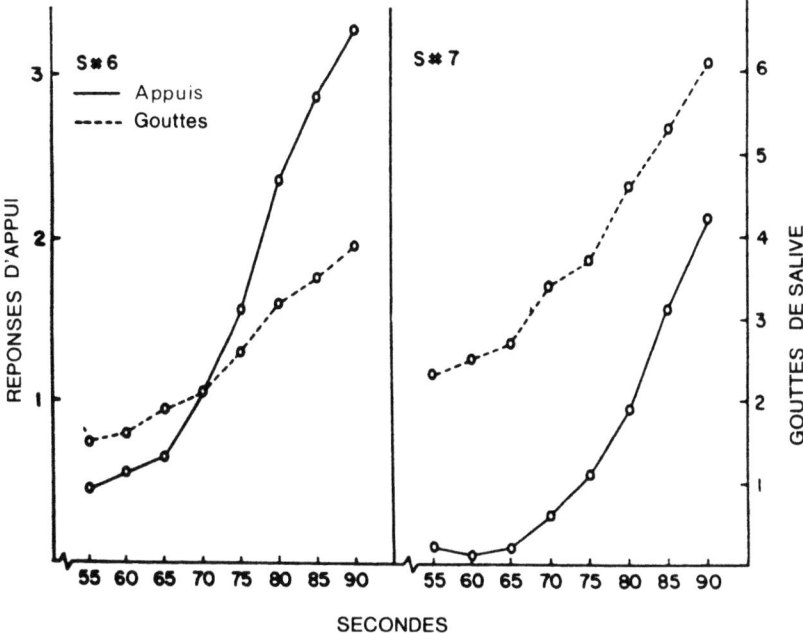

Figure 24: Evolution simultanée de la fréquence des appuis operants et de la quantité de gouttes de salive sécrétées chez deux chiens (S*6 et S*7) en situation instrumentale de renforcement alimentaire. On notera qu'il y a une corrélation positive entre ces deux mesures de l'apprentissage instrumental (Kintsch et Witte, 1962).

quand la réponse de salivation faisait défaut, il n'y avait pas non plus d'appui operant.

Ces résultats et bien d'autres confirmèrent donc les prédictions tirées de la théorie des deux facteurs; malheureusement il y a eu également des résultats contradictoires. Ainsi Williams (1965), utilisant un programme FR 33, n'a pas observé de salivation durant les tout premiers appuis operants. Plus grave encore, Ellison et Konorski (1965) ont pu dissocier complètement la RC salivaire de la réponse instrumentale. Ils ont employé deux signaux successifs: le premier était un S^D annonçant la possibilité d'obtenir un renforcement en FR 9, et le second était présenté après que le dernier appui requis ait été donné; il précédait de 9 s l'attribution de nourriture. Or le S^D ne produisait que des appuis, mais non la salivation: celle-ci était observée, par contre, durant la présentation du second signal. Ces deux résultats expérimentaux rendent difficile de considérer que la RC salivaire soit un médiateur de la réponse instrumentale.

2. Apprentissage d'évitement

Un certain nombre d'études ont montré que, chez le Chien, les réponses d'évitement sont précédées par une accélération cardiaque durant l'intervalle qui sépare le signal et l'évitement proprement dit (Black, 1959; Church et Black, 1958). C'est en accord à la théorie des deux facteurs, mais ce n'est pas très convaincant car toute réaction d'échappement ou d'évitement mobilise les ressources de l'organisme et requiert une augmentation de l'irrigation sanguine. D'autre part, Black (1959) a lui-même noté qu'au cours de l'extinction, c'est l'accélération cardiaque qui cesse de se produire la première; son absence n'empêche donc pas la réponse motrice d'évitement de se manifester encore à l'occasion de plusieurs essais. Enfin Overmier (1966), ayant appris à des chiens à éviter deux chocs d'intensité différente et signalés par deux SC différents, a observé une RC cardiaque identique dans les deux cas; or les chiens donnaient une réponse motrice de latence plus courte au SC qui annonçait le choc le plus fort. L'hypothèse de proportionnalité n'est donc pas vérifiée.

Une autre technique d'étude consiste à perturber le système nerveux autonome afin de savoir si les réactions émotionnelles ou viscérales qui en dépendent constituent une médiation obligatoire des réponses d'évitement. Cela a été réalisé de diverses façons (Auld, 1951; Wenzel, 1968) et les résultats sont concordants: les réponses d'évitement se trouvent un peu affaiblies par ce traitement, mais en aucun cas supprimées. Des rats qui ont subi un blocage biochimique par une injection de 6-hydroxydopamine restent capables d'apprendre une navette d'évitement, à peine moins vite que des rats intacts (Lord, King et Pfister, 1976).

Ces divers résultats, pas plus que ceux qui ont trait à l'apprentissage par récompense, ne confirment guère l'hypothèse qu'il existe une relation étroite entre un conditionnement viscéral et la réponse motrice instrumentale.

3. La théorie de la médiation centrale

L'échec relatif des mesures de l'activation émotionnelle comme variable indicatrice de l'état médiateur conditionné, a amené les théoriciens actuels à supposer que cet état existe bien, mais qu'il consiste en une *représentation centrale* de l'agent de renforcement, avec laquelle les RC qu'on peut observer n'ont qu'un rapport assez lointain (Black, 1971; Obrist et Webb, 1967).

A la limite, il ne reste aucun témoin mesurable de l'état central conditionné, si bien que plusieurs auteurs dénient toute valeur scientifique à la théorie de la médiation centrale. Pourtant, ce n'est pas parce que nos techniques actuelles sont incapables de mesurer ce qui peut l'être dans l'organisme, que nous devons renoncer à cette théorie, si elle s'impose logiquement. En outre, la difficulté peut être tournée au plan méthodologique: si l'on ne peut mesurer ce qu'on suppose être un RC à un stade donné de l'apprentissage instrumental, on peut toujours effectuer séparément un conditionnement classique en amenant la force de cette liaison au niveau désiré, puis placer l'animal ainsi «préparé» en situation d'adaptation instrumentale. On saura ainsi dans quelle mesure sa performance est influence par le conditionnement subi au préalable. Il s'agit en somme d'un transfert d'apprentissage. Si ce transfert a effectivement lieu, on pourra préciser la nature de la médiation lorsqu'on saura exactement ce qui a été appris au cours de la phase de conditionnement classique et quelles sont les conditions nécessaires à ce que se forme cette liaison (Overmier, 1966).

L'hypothèse de la modulation

Les expériences de transfert comprennent essentiellement trois phases: a) conditionnement classique à un signal donné SC associé à un SI, b) apprentissage instrumental d'une réponse donnée ayant le SI pour renforcement, et c) présentation du SC dans la situation d'apprentissage instrumental après stabilisation de la performance. L'ensemble des résultats obtenus par cette méthode est concluant: un SC qui n'a jamais été associé à une réponse instrumentale peut influencer et déterminer celle-ci, en fonction de la procédure même de conditionnement classique (Overmier et Bull, 1969; Trapold et Overmier, 1972). Cela ne peut se concevoir que si un état central fait office de médiation entre les deux liens associatifs constitués séparément, comme on l'a schématisé dans le tableau IV.

TABLEAU IV

Phases	Opérations expérimentales	Théorie
a)	SC – choc électrique	SC – – peur (lien 1)
b)	S^D – R – évitement du choc	S^D – – peur – – R évit. (lien 2)
c)	tests avec SC, pour vérifier si: SC – – R	SC – – peur – – R évit. (lien 1), (lien 2)

Une expérience remarquable, qui illustre bien cette procédure en trois temps et ses résultats, a été effectuée par Solomon et Turner

(1962). Ils ont dressé des chiens à appuyer sur une plaque à chaque fois qu'un signal lumineux S^D leur était présenté, afin d'éviter un choc. Puis ils ont paralysé ces chiens au curare et ils ont procédé à un conditionnement classique différentiel avec deux stimulus sonores: un SC+ signalant un choc, et un SC− jamais suivi de choc. Enfin, après que les chiens aient récupéré leur mobilité, on les a remis auprès de la plaque et on leur a présenté, sans aucun choc cette fois, la lumière S^D et les sons SC+ et SC−. On a constaté alors que les chiens appuyaient sur la plaque en entendant le SC+ aussi bien qu'en voyant le S^D, tandis qu'ils ne réagissaient pas au SC−. On peut même procéder à l'extinction du S^D sans que cela diminue la réactivité au SC+ (Overmier et Bull, 1969), ce qui montre à quel point les liens associatifs formés au cours des deux premières phases sont distincts et indépendants l'un de l'autre.

En bref, on peut distinguer quatre catégories d'effets de transfert, selon que le SI du conditionnement classique d'une part, et l'agent de renforcement de la réponse instrumentale d'autre part, sont appétitifs ou aversifs (Rescorla et Solomon, 1967). Le tableau V présente sous forme de matrice ces diverses combinaisons, avec dans chacune des quatre cases la référence d'un résultat-type et le sens attendu de la variation de la réponse instrumentale sous l'effet de transfert produit par la présentation du SC.

TABLEAU V

		Apprentissage instrumental	
		Motivation appétitive	Motivation aversive
Conditionnement classique	SC + appétitif	facilitation (Estes, 1948)	inhibition (Bull, 1970)
	SC + aversif	inhibition (Estes & Skinner, 1941)	facilitation (Solomon & Turner, 1962)

Certains résultats récents ont paru faire douter de ces effets de transfert, comme ceux de Scobie (1972). Cet auteur employait des chocs électriques beaucoup plus forts pour établir le conditionnement classique que pour faire apprendre la réponse d'évitement; présentés dans cette dernière situation, les SC des chocs forts n'ont produit aucune facilitation de la réponse, mais au contraire sa suppression. D'autre part, Capaldi, Hovancik et Friedman (1976), employant des stimulus alimentaires quantitativement très différents dans les deux phases, n'ont pas obtenu non plus d'effet de transfert. En réalité, il ne s'agit pas d'exceptions, mais d'une confirmation pour la théorie, car elle permet d'interpréter ces résultats. En effet, il ne peut y avoir transfert entre deux conditions de stimulation que par la médiation d'*un* état conditionné, tandis que s'il y en a *deux* différents, relatifs à des SI différents, aucun transfert n'est plus possible.

On peut conclure de tout cela que le mécanisme médiateur n'est pas directement observable, mais que nous devons logiquement en supposer l'existence; la théorie des deux facteurs reste donc plausible.

L'hypothèse d'indépendance des deux processus

Finalement, existe-t-il bien deux processus associatifs distincts mis en jeu, l'un dans la procédure de conditionnement, l'autre dans celle d'apprentissage instrumental? On a cherché plusieurs critères pour les distinguer; voyons si l'on peut s'y fier.

1. La nature des réponses apprises

Les premiers auteurs pensaient que le conditionnement pavlovien concernait principalement des réponses diffuses, de nature émotionnelle ou viscérale, tandis que les réponses instrumentales seraient de type moteur, orientées de façon précise et adaptive. Or, il n'est que de considérer les résultats de Williams et Williams (1969) sur le conditionnement classique du picorage chez les pigeons, et ceux de Miller (1969) sur le conditionnement operant du rythme cardiaque et de la salivation chez les rats, pour être convaincu que la nature des réponses apprises ne constitue pas un critère qui permette de distinguer les deux processus associatifs.

2. Les lois fonctionnelles

En appliquant les deux procédures bien distinctes de conditionnement et d'apprentissage instrumental, obtient-on des lois de comportement différentes? En général, non: les mêmes données de base se retrouvent avec l'une et l'autre procédures. Il se pourrait toutefois que les effets de renforcement partiel permettent de fonder une différence. Ainsi, le renforcement partiel retarde beaucoup l'acquisition en conditionnement classique, et n'exerce que peu d'effets sur son extinction (Ost et Lauer, 1965), alors qu'en apprentissage instrumental il élève souvent le niveau final de performance et augmente considérablement la résistance à l'extinction.

A vrai dire, ces différences reposent sur la comparaison de résultats qui concernent des réponses différentes. Pour qu'elles soient probantes, il nous faudrait disposer de comparaisons sérieuses des effets des deux processus sur une *même* réponse.

3. Les mécanismes physiologiques

McCleary (1960) a entraîné des Poissons rouges à réagir à un faisceau lumineux projeté sur un de leurs yeux, l'autre œil étant recouvert d'un cache; ce signal précédait l'administration d'un choc électrique. Pour un groupe de sujets, le choc était inévitable, et il a servi à établir le conditionnement du rythme cardiaque; par contre les poissons de l'autre groupe pouvaient éviter le choc grâce à une réponse natatoire appropriée. Ensuite McCleary a testé l'effet du stimulus en le présentant à l'œil qui était jusque-là recouvert. Lors de ce test, tous les poissons dont le rythme cardiaque avait été conditionné ont à nouveau manifesté cette réponse, tandis qu'un seul des poissons ayant appris l'évitement a paru réagir ainsi de nouveau. Le transfert interoculaire est donc possible pour le conditionnement classique, mais non pour la réponse instrumentale. Etant donné qu'on peut considérer le Poisson rouge comme une « préparation naturelle » de cerveau dédoublé (*split-brain*), il était intéressant de répéter la comparaison faite par McCleary sur des animaux supérieurs, mais préparés chirurgicalement de cette façon. C'est ce qu'ont fait Meikle, Scheizer et Stellar (1962) chez le Chat, et ils ont obtenu des résultats semblables à ceux qu'on vient de décrire. Des mécanismes nerveux différents seraient donc responsables des deux modes d'association étudiés.

Ceci a été confirmé par un résultat récent de DiCara, Braun et Pappas (1970). Ils ont constaté que l'on pouvait conditionner les rythmes du cœur et du péristaltisme intestinal, en utilisant la procédure pavlovienne, chez des rats privés de leur néo-cortex aussi bien que chez des rats normaux. Par contre, les sujets décortiqués sont incapables, à l'inverse des témoins, d'acquérir ces mêmes réponses viscérales dans un paradigme d'évitement de chocs électriques. Là encore, la séparation des deux processus au plan psycho-physiologique est nettement démontrée.

Les contraintes spécifiques

Les chercheurs qui ont fait des recherches en matière d'apprentissage chez l'animal se sont efforcés de dégager des lois générales, indépendamment de la nature particulière des stimulus, des réponses et des agents de renforcement. Une loi valable doit donc pouvoir être vérifiée expérimentalement en choisissant arbitrairement telle ou telle sorte de stimulus ou de réponse. Récemment toutefois, de nombreux résultats ont obligé les chercheurs à reconsidérer cette orientation car il semble que, dans certains cas au moins, le choix des stimulus présentés et des réponses requises constitue un facteur critique de la possibilité d'apprentissage (Bolles, 1972; LoLordo, 1978; Seligman, 1970). Selon l'espèce étudiée, la possibilité des acquisitions comportementales est soumise à des contraintes qui portent, soit sur la liaison entre le signal et le renforcement, soit sur celle de la réponse avec le renforcement. Néanmoins il convient de considérer ces résultats avec prudence: nous en présenterons quelques exemples.

Signal et renforcement

Des rapports privilégiés semblent exister entre certains stimulus et certains renforcements, selon leur nature physique et la manière dont ils affectent l'organisme. Un exemple frappant en est fourni par une étude de Garcia et Koelling (1966), dans laquelle ils ont comparé l'associabilité de deux stimulus intéressant des modalités sensorielles différentes, et de deux agents punitifs différents, dans une tâche d'évitement passif. Les sujets étaient des rats, divisés en deux groupes. On donnait à boire à ceux du premier groupe de l'eau additionnée d'extrait de menthe, après quoi les rats d'un premier sous-groupe étaient soumis à une injection de chlorure de Lithium (Li Cl) qui déclenchait, une heure après environ, des troubles intestinaux. Les rats du second sous-groupe recevaient un choc électrique aux pattes aussitôt après avoir bu cette eau mentholée. Pour les sujets du second groupe, on employait un signal tout différent: c'était une sonnerie qui retentissait dès qu'ils commençaient à boire au biberon; après quoi les rats d'un premier sous-groupe étaient injectés avec du Cl Li, tandis que les autres recevaient un choc électrique. Ces divers traitements constituaient pour tous les rats une première phase de conditionnement classique, après laquelle on leur proposait de choisir de boire, dans leur cage, entre deux biberons: l'un « signalé » par la saveur ou par la sonnerie déjà perçues, l'autre non. Les auteurs ont constaté un choix net chez deux sous-groupes de rats seulement: il y a évitement du biberon signalé chez les rats qui ont bu l'eau mentholée puis qui ont éprouvé une colique, ainsi que chez ceux qui ont entendu la sonnerie puis reçu un choc. Il est remarquable que les rats des deux autres sous-groupes ne manifestent pas d'évitement, comme s'ils n'avaient pas pu associer une saveur à un choc, ni une sonnerie à une colique.

L'interprétation offerte par Garcia et Koelling est celle d'un mécanisme associatif et sélectif: « la sélection naturelle a dû favoriser les mécanismes qui associent les saveurs et les odeurs aux troubles internes, car les sensibilités chimiques sont celles qui sont davantage sollicitées par les diverses substances au moment où elles sont ingérées ». Réciproquement, les données des sensibilités extéroceptives sont prédisposées à s'associer aux événements locaux qui se produisent dans l'environnement, vis-à-vis desquels elles ont une valeur adaptative.

Cette conception, partagée par Domjan et Wilson (1972), a été très discutée récemment (Bitterman, 1976; Mitchell, 1978). Il y a bien d'autres interprétations possibles, en effet, pour des résultats du genre de ceux qui ont été présentés ci-dessus. Ainsi, pour LoLordo (1978), il est hors de doute que les aversions au goût fondées sur la maladie, de même que l'évitement d'un stimulus lumineux qui précède un choc, sont bien des effets associatifs mais on ne peut pas dire qu'il s'agisse d'effets sélectifs; simplement ces associations se forment plus vite qu'entre un goût et un choc, ou entre un son et une colique.

On peut supposer en effet que certains SC produisent, au niveau sous-liminaire, des réactions de même nature que celles que déterminent certains SI. Ainsi, la réaction à certaines saveurs (mais non à des sons) préfigurerait-elle la réponse aversive au Li Cl, et la réaction aux sons (mais non aux saveurs) celle d'évitement des chocs électriques. De cette façon, même si les associations entre ces SC et ces SI se développent de manière comparable, certaines débutent « plus près du seuil de réponse » que d'autres, et donneront donc lieu à un RC au terme de moins d'essais.

On peut d'ailleurs se demander si, dans les cas où l'aversion conditionnée n'est pas apprise, c'est bien dû à un manque total d'association entre le SC et le SI, ou plutôt au fait que cette association existe bien, mais qu'elle n'a pas encore pu se manifester au plan de la performance. Il semble bien que ce soit cette seconde formulation qui soit la bonne, car nous savons à présent qu'on est parvenu à conditionner l'aversion fondée sur les troubles digestifs à divers indices extéroceptifs (Best, Best et Henggeler, 1977; Willner, 1978) et qu'on peut également conditionner l'évitement d'un choc à une saveur déterminée (Best et coll., 1977; Krane et Wagner, 1975). La question n'est donc plus de savoir si les associations sont possibles ou non, mais de savoir pourquoi elles se forment vite ou lentement.

Un autre cas d'interaction entre signal et renforcement a été découvert par Foree et LoLordo (1973). Ils ont dressé des pigeons à appuyer sur une pédale en réponse à un signal composé d'un son et d'une lumière rouge; ainsi certains oiseaux obtenaient-ils des graines, tandis que d'autres évitaient des chocs électriques. Quand les sujets ont atteint un taux de réponse de l'ordre de 75 % des essais, et ne répondaient plus que rarement entre deux essais, les auteurs ont procédé à une série de tests pour savoir quelle était l'importance relative des deux éléments du signal composé. Ainsi, chaque pigeon fut soumis à 20 essais, tous renforcés, où lui étaient présentés soit le son, soit la lumière, dans un ordre aléatoire. La figure 25 résume les résultats obtenus: la lumière détermine principalement les réponses appétitives, tandis que le son ne les déclenche que rarement. Au contraire, la réponse d'évitement est plus souvent déclenchée par le son que par le signal lumineux. Ce résultat a été confirmé par d'autres expériences (Shapiro, Jacobs et LoLordo, 1980), incluant des groupes témoins pour lesquels la présentation du SC composite et de l'un ou l'autre SI était réalisée sans association ni contiguïté, mais de façon aléatoire au cours du temps.

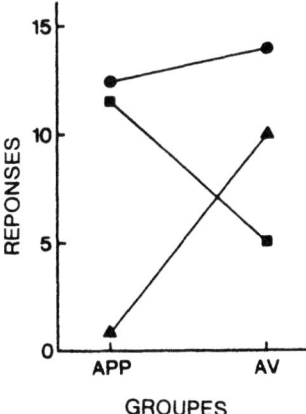

Figure 25: Nombre moyen de réponses à un stimulus-test composite (cercles) et à ses éléments: lumière rouge (carrés) et son (triangles), chez des pigeons préalablement entraînés sous motivation appétitive (App) ou aversive (AV) (Foree et LoLordo, 1973).

Aucun de ces sujets témoins n'a répondu de façon différente au son ou à la lumière lors des tests finaux, ce qui démontre que les réponses des sujets expérimentaux, décrites ci-dessus, résultent bien d'un processus associatif. Mais celui-ci est-il sélectif ? Les réserves formulées plus haut au sujet des résultats de Garcia et Koelling (1966) peuvent également être présentées ici. Néanmoins Foree a obtenu des résultats qui montrent que la simple présentation de nourriture augmente l'attention portée par les pigeons aux indices visuels. Il a dressé ses oiseaux à effectuer deux réponses différentes sur un programme instrumental double (*concurrent operants*): soit picorer une clé de réponse pour recevoir des graines, soit presser une pédale pour éviter des chocs. Le stimulus était le même pour ces deux réponses : un SC composé d'un son et d'une lumière. Or, quand la réponse d'évitement a été bien apprise, Foree a procédé à des tests séparés pour chaque composant, sonore et lumineux, et il a constaté que chacun d'eux produisait autant d'évitements que l'autre. Tout se passe comme si l'entraînement réalisé sur le programme concurrent à renforcement alimentaire avait attiré l'attention des oiseaux sur l'indice visuel, et augmenté ainsi son associabilité vis-à-vis des chocs électriques.

Réponse et renforcement

On ne connaît que deux études expérimentales qui mettent en évidence une possibilité d'interaction entre la réponse et le renforcement : celle de Sevenster chez l'Epinoche, et celle de Shettleworth chez le Hamster.

Sevenster (1973) a montré que si l'on offre à un mâle d'Epinoche l'opportunité de courtiser un bref moment une femelle, ou de combattre un autre mâle, cela constitue des agents de renforcement d'égale efficacité pour lui apprendre à passer en nageant au travers d'un anneau, mais que seul le combat renforçait la réponse de mordre une tige à bout vert immergée dans l'aquarium. Par contre la possibilité de courtiser une femelle ne renforce pas cette réponse de morsure. En outre, Sevenster a observé qu'en programme FR.3 les latences des réponses de morsure étaient plus longues quand elles succédaient à une morsure suivie d'un épisode de cour, qu'à une morsure non «renforcée» de la sorte. Enfin, le simple fait de présenter la femelle au mâle et de la lui faire courtiser en dehors de toute réponse instrumentale, avait pour effet d'allonger la latence de la réponse de morsure suivante. Tout se passe donc comme si l'activité de cour exerce un effet suppressif sur celle de morsure.

La nature de cet effet suppressif a pu être élucidée en observant ce que fait le mâle durant ces longues latences de réponse : il tourne autour de la tige qui lui est présentée, souvent en effectuant des mouvements de la danse en zig-zag. Ainsi, selon Sevenster, le mâle traiterait la tige comme un leurre de femelle et, dirons-nous, comme un SC associé à la présentation de celle-ci. Nous aurions donc affaire à un simple cas de compétition entre la réponse instrumentale et une réponse conditionnée à un stimulus de la situation. La morsure de la tige est néanmoins apprise à la suite de la contingence positive de présentation de la femelle car, selon Sevenster, la fréquence des morsures augmente beaucoup dès qu'on passe en conditions d'extinction après une phase d'acquisition en renforcement continu. Par ailleurs, Sevenster a présenté des femelles à des mâles dont les morsures de la tige avaient été renforcées par l'opportunité de combattre un autre mâle; les épisodes de cour qui en sont résultés n'ont pas empêché la reprise des morsures sans délai dès que la femelle a été ôtée et la tige présentée de nouveau. Il n'y a donc pas besoin d'avoir recours à une explication invoquant la suppression sélective de l'activité de morsure par celle de cour.

Un exemple similaire d'interaction entre réponse et renforcement a été publié par Shettleworth (1973, 1978). Elle a étudié les effets de renforcement à base, soit de nourriture, soit de chocs électriques, sur trois types d'activité spontanée chez le Hamster : la toilette de la face, le redressement sur les pattes arrière, et le grattage du sol ou des parois de la cage. Ces deux dernières réponses augmentent beaucoup en fréquence et en durée quand la présentation de nourriture est contingente vis-à-vis de leur émission, mais rien de tel n'a été observé quand il s'agit des réponses de toilette. Au contraire, la durée des épisodes de toilettage diminue quand ils sont suivis d'apport de nourriture, tandis qu'elle augmente à nouveau dès qu'on passe en procédure d'extinction.

Est-ce parce que cette réponse est difficile à modifier par voie associative ? Non, car si l'on applique des chocs aux hamsters quand ils se toilettent, cette activité est très vite inhibée, alors que les redressements le sont beaucoup moins à la suite de ce même renforcement négatif. Il semble donc bien qu'il y ait là un effet d'interaction entre différentes réponses et différents agents de renforcement.

Néanmoins il est indéniable que toutes ces réponses se sont modifiées à la suite des associations réalisées par la procédure expérimentale, et même la toilette vis-à-vis de la présentation de nourriture. En effet, les hamsters à qui on offre des pilules alimentaires quand ils se toilettent, s'en emparent plus vite que ne le font des hamsters auxquels on en donne sans les avoir conditionnés : les premiers anticipent donc la présentation de nourriture, au contraire des seconds. D'autre part, la réduction en durée des épisodes de toilettage pourrait bien être l'expression de cette anticipation de l'arrivée des pilules dans la mangeoire, qui serait donc conditionnée au toilettage, mais qui entrerait en compétition avec lui dès qu'il commence. Telle est l'interprétation de Shettleworth; si elle est correcte, on aurait donc un cas comparable au précédent (Sevenster, 1973), de compétition entre une réponse instrumentale et une réponse conditionnée classique. Cela n'implique pas que certaines associations se forment, et d'autres non, ni même que les unes se forment plus vite que les autres. Shettleworth (1978) a présenté d'autres résultats semblables concernant les effets de renforcement négatif produits par les chocs électriques.

Implications théoriques de ces interactions

En résumé, on peut soutenir qu'aucun des quatre cas présentés ci-dessus ne constitue une interaction véritable, qui supposerait une affinité sélective entre certaines réponses et certains renforcements, ou entre ceux-ci et certains signaux. Autrement dit, il n'est pas besoin d'invoquer des lois particulières d'apprentissage pour rendre compte de ces résultats.

Nous n'en sommes qu'au début de l'étude des limitations imposées par chaque espèce animale aux possibilités d'apprentissage et de performance. Il faut souhaiter que cette étude se développe, et que soient proposés d'autres exemples d'interaction entre stimulus et renforcement, ou entre réponse et renforcement, ne serait-ce que pour approfondir notre connaissance générale de ces modes d'association. En outre, il est un autre type de limites qu'il convient d'étudier : c'est celui qui est relatif au stade d'évolution phylogénétique de chaque espèce ou groupe zoologique. En effet, les recherches sur l'apprentissage ont pour but de formuler des lois générales qui dépassent les différences entre espèces, tout comme elles dépassent les particularités des stimulus, des réponses et des renforcements. Les problèmes de méthodes et de concepts qu'on rencontre dans les deux cas sont très semblables, et motivent également cette approche comparative, dont une synthèse récente a été présentée par Bitterman (1975).

L'apprentissage discriminatif et l'attention

La généralisation

Comme Thorndike et Pavlov l'avaient noté depuis longtemps, les effets d'un apprentissage donné ne se limitent pas aux conditions précises où il a été formé : ces effets se généralisent à d'autres conditions. Par exemple, si on a dressé un pigeon à frapper du bec un disque rouge, il aura ensuite tendance à becqueter également un disque jaune, bien qu'il distingue parfaitement ces deux couleurs. La généralisation ne se manifeste pas par tout-ou-rien : elle varie en fonction de la plus ou moins grande similitude des conditions d'apprentissage et de test. Mais là n'est pas le plus intéressant : c'est que d'autres facteurs de variation déterminent le degré de généralisation, de sorte que celle-ci peut varier tandis que la différence des conditions d'apprentissage et de test reste la même. L'étude de ces facteurs et de leurs effets constitue l'objet d'étude des expériences dont il va être question.

La procédure de base est la suivante : l'animal est entraîné à répondre à un stimulus donné S, dans un contexte donné X, puis il est soumis à divers essais-tests dans ce même contexte où on lui présente S plus ou moins modifié, selon une dimension définie (taille, couleur, etc...). On présente donc à l'animal SX, S'X, S''X et ainsi de suite. Le principal résultat d'une telle expérience sera l'obtention d'un *gradient de généralisation* où les réponses sont figurées pour chacun des divers stimulus-tests, selon le degré de leur ressemblance physique au stimulus d'entraînement initial. La figure 26 montre un de ces gradients, obtenu par Guttman et Kalish (1956) après avoir dressé des pigeons à becqueter un disque sur lequel était projeté un faisceau lumineux d'une certaine couleur et en procédant ensuite à des essais avec des couleurs différentes. Les pigeons ont donné le plus grand nombre de coups de bec au disque portant la couleur d'entraînement (SC), et de moins en moins quand les couleurs étaient différentes et s'écartaient davantage de celle du SC.

La procédure employée dans cet exemple est la « méthode des stimulus multiples », dans laquelle chaque sujet est confronté à tous les stimulus-tests. Cependant on peut craindre que chacun de ces stimulus ne devienne à son tour l'origine d'une généralisation; c'est pourquoi il est préférable d'employer la « méthode de stimulus unique », où chaque sujet est testé avec une seule valeur du stimulus différente de celle du SC. La mesure de généralisation ainsi obtenue est donc plus pure que celle fournie par la méthode précédente, mais elle requiert un plus grand nombre de sujets.

On peut également se demander si les essais-tests doivent être renforcés, ou non; d'habitude, on ne les renforce pas. On peut d'ailleurs employer un renforcement différentiel, comme dans la « méthode de discrimination » : deux groupes de sujets sont d'abord entraînés avec le stimulus S, puis ils sont testés avec ce stimulus S et un autre S' : pour l'un des groupes, S est renforcé tandis que S' ne l'est pas, et pour l'autre groupe, c'est l'inverse. La différence du nombre d'essais nécessaires à établir cette discrimination, entre les animaux de l'un et l'autre groupes, indique quelle est la tendance à généraliser à S' les réponses apprises envers S.

Les sources de généralisation

Les *stimulus communs* aux conditions d'apprentissage et de test sont, dans une large mesure, responsables des effets de généralisation de l'une à l'autre. Les animaux sont entraînés avec le stimulus S, non pas isolément, mais dans un contexte X; après cet entraînement en SX, les tests avec le stimulus S' sont effectués dans le même contexte et consistent donc à fournir une réponse à S'X : la généralisation peut donc être produite par le stimulus commun qu'est X.

C'est ainsi que Jenkins et Harrison (1960) ont constaté que des pigeons entraînés à becqueter un disque blanc pendant que retentissait un son de 1.000 Hz, fournirent également cette réponse quand le son fut changé pour 1.500 Hz, et même sans qu'il y eut de son du tout! Les oiseaux ne réagissaient donc pas au son, mais à un stimulus commun à ces trois conditions, probablement le disque blanc lui-même. Il se peut également que la généralisation soit due à l'*équivalence partielle* des stimulus d'entraînement et de test. Par exemple, Jenkins et Harrison ont entraîné d'autres pigeons en récompensant leurs coups de bec sur le disque s'ils étaient donnés seulement en présence du son de 1.000 Hz, mais jamais à un autre moment. Ensuite ils firent entendre à ces oiseaux un son de 1.500 Hz: ils observèrent des réponses de picorage, mais moins nombreuses que si le son avait été de 1.000 Hz; les deux sons étaient donc équivalents, mais en partie seulement.

Cette *généralisation du stimulus* par équivalence de deux stimulus, ou possibilité de les substituer l'un à l'autre, a elle-même deux origines. Supposons qu'un pigeon, dressé à répondre à un cercle rouge, soit testé avec un carré rouge ou avec un cercle jaune. S'il répond à ces stimulus-tests comme au stimulus d'entraînement, cela pourra tenir à ce qu'il a retrouvé en eux, soit la couleur, soit la forme du cercle rouge: la généralisation que l'on constate entre ces stimulus est alors due à leurs *qualités communes*. Si notre pigeon est testé avec un cercle orange et s'il y répond comme s'il était rouge, la ressemblance des teintes pourra être invoquée comme facteur de la généralisation; celle-ci sera due alors à la ressemblance qualitative («*attributive similarity*») des stimulus. Dans ce cas, on obtient généralement des gradients de généralisation continus comme celui de la figure 26.

Un mécanisme neurologique sous-jacent à la généralisation qualitative a été proposé par Pavlov (1927) et il est encore admis à présent (Mackintosh, 1974; Rescorla, 1976). Il est fondé sur la ressemblance qualitative partielle des stimulus et suppose que des stimulus semblables excitent des éléments nerveux communs. Ainsi, le renforcement des réponses à une couleur n° 1 qui excite les éléments *a, b* et *c* aura pour effet de conditionner chacun de ces trois éléments. La présentation de la couleur n° 2, qui excite les éléments *b, c* et *d*, aura alors pour effet de produire la réponse qui est conditionnée à *b* et à *c*, soit les 2/3 de la réaction totale produite par la couleur d'entraînement n° 1. Une couleur n° 3, qui excite les éléments nerveux *c, d* et *e*, ne produira que 1/3 de cette réponse conditionnée totale. Si nous désignons par S la qualité du stimulus qui nous intéresse, comme sa couleur, et par V_s la force de la liaison associative que cette couleur a acquise au cours de l'apprentissage, alors la force de la liaison gé-

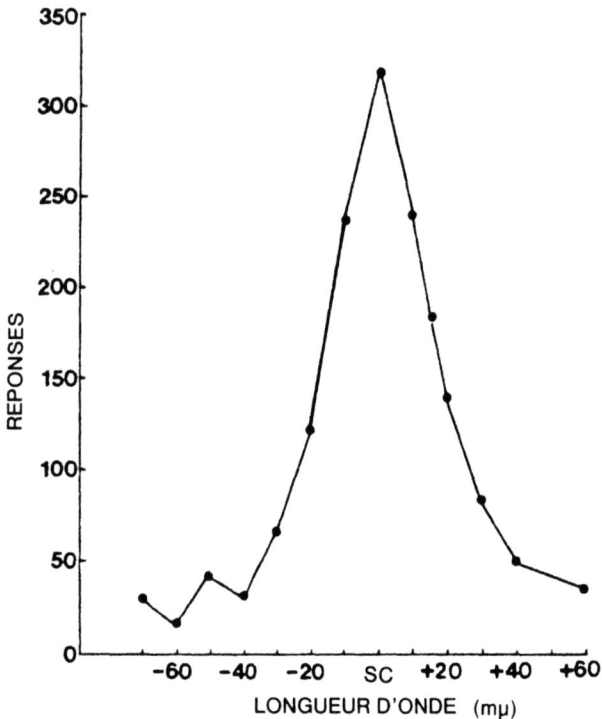

Figure 26: Généralisation de la réponse à une couleur donnée (SC) quand on présente à un pigeon des stimulus-tests de longueur d'onde voisines (Guttman et Kalish, 1956).

néralisée à une autre couleur S' sera exprimée par une équation de la forme: $V_{S'} = G \times V_S$ dans laquelle G est la proportion d'éléments excités par S et par S'. On suppose donc que la généralisation est une fonction inverse du pouvoir résolutif ou discriminatif. Si $G = 1$, l'animal est incapable de distinguer S de S', et si G tend vers zéro il est incapable de généralisation de S à S'.

On peut pousser plus loin cette formalisation en y incluant les stimulus du contexte X, le niveau d'activation A et celui de performance P. On peut ainsi prédire que le gradient aura une pente d'autant plus raide que l'activation ou la motivation seront fortes, que la valeur associative de S sera élevée, ou que sa discriminabilité sera bonne.

Ces prédictions ont été vérifiées pour ce qui est des effets de la discriminabilité par Ganz (1962) chez les singes, Haber et Kalish

(1963) chez les pigeons, Moore (1972) chez les lapins, et Yarczower et Bitterman (1965) chez les carassins. L'effet du degré de privation d'eau a été vérifié chez les rats par Coate (1964), dont la figure 27_a illustre les résultats.

En réalité, l'intérêt des expériences de généralisation ne réside pas dans ce qu'elles nous apprennent sur la ressemblance qualitative des stimulus, car on l'apprécie beaucoup mieux au moyen d'expériences d'apprentissage différentiel. De même, les effets d'activation peuvent aussi bien s'étudier par d'autres techniques. Le véritable intérêt des expériences de généralisation consiste en l'information qu'elles nous apportent concernant la valeur associative des stimulus-tests, par rapport à une de leurs dimensions, ou à la simple présence de tel ou tel stimulus. Cet effet de présence est facile à mettre en évidence quand on a affaire à un SC composite formé de plusieurs stimulus : on présente à l'animal ce SC, moins l'un ou l'autre de ses consti-

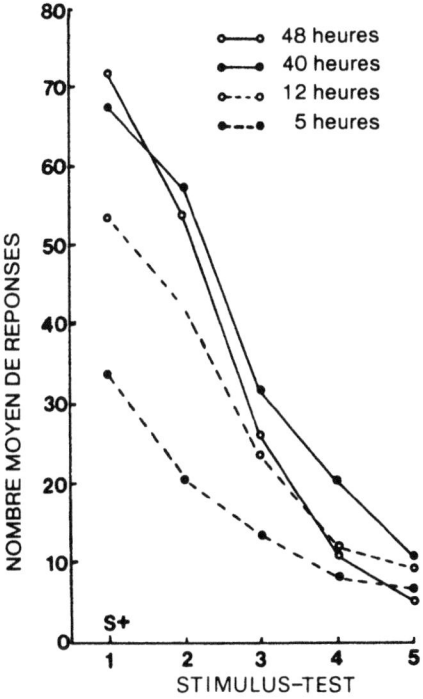

Figure 27a : Gradients de généralisation des réponses à un stimulus S+, estimés par le nombre moyen de réponses données par des rats privés de boisson depuis 4 laps de temps différents (Coate, 1964).

tuants. Par contre on ne peut pas procéder de cette façon pour étudier la valeur associative d'une qualité déterminée d'un stimulus, car on ne peut pas supprimer, par exemple, la forme d'un objet tout en laissant subsister sa taille; ce qu'on peut faire, c'est faire varier systématiquement cette forme ou cette taille.

A partir de cette variation effectuée au cours d'essais-tests, on obtient des fréquences brutes de réponses qui dessinent un gradient, comme celui de la figure 27_a. Malheureusement de tels gradients ne donnent pas une bonne estimation des valeurs associatives V_S. En effet, même si la discriminabilité G du stimulus est tenue constante, la pente du gradient dépend également de l'activation A; c'est pourquoi l'on a recours à une mesure *relative*, en rapportant la fréquence brute des réponses pour chaque valeur de stimulus-test, soit à celle du stimulus d'entraînement, soit à celle de tous les stimulus combinés. Cette dernière estimation relative est la plus satisfaisante au plan statistique, mais elle est longue à calculer. On obtient ainsi un indice de l'effet de généralisation exercé par chaque stimulus-test, indépendamment de l'activation qui en est concomitante. On constate alors que la pente du *gradient relatif* est indépendante de l'activation, comme le montrent les résultats de Coate (fig. 27_b). Newman et Grice (1965) ont trouvé des résultats semblables en faisant varier la durée du jeûne chez des rats. Cependant, en manipulant la même variable chez des Pigeons, Thomas et King (1959) ont trouvé que le gradient relatif tend à avoir tout d'abord une pente raide quand la privation est légère, puis à s'aplatir quand elle devient importante.

Il ne faudrait pas conclure pour autant que le gradient de généralisation soit sous la dépendance de l'activation, car les résultats de Thomas et King peuvent être dus à des effets de «plafond» de performance, ou au contraire de «plancher». Quand la motivation est à son maximum, la fréquence ou l'énergie des réponses est toujours la même, c'est-à-dire maximale, pour toutes les valeurs du stimulus où elle est émise. Au contraire, si la motivation est très faible, le SC seul sera capable de produire une réponse, d'ailleurs minimale, tandis que les stimulus-tests seront incapables de faire dépasser aux réactions qu'ils suscitent leur valeur «plancher», c'est-à-dire leur seuil d'émission. Ceci a bien été montré par Hoffman et Fleshler (1961) dans leur étude sur la généralisation de la suppression conditionnelle des appuis operants, en réponse à des sons de diverses tonalités.

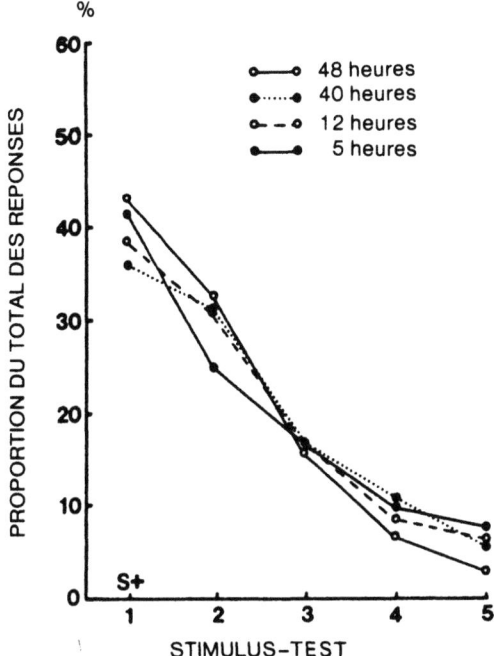

Figure 27b: Gradients relatifs de généralisation, portant sur les mêmes données que la figure 27a: chaque nombre de réponses relatif à une valeur donnée du stimulus-test a été rapporté à l'ensemble des effectifs de réponses au S+ et aux stimulus-tests, pour une même durée de privation. On voit ainsi que cette dernière variable ne modifie pas l'allure des gradients de généralisation (Coate, 1964).

Facteurs déterminant la généralisation qualitative

Même en supposant que les pentes des gradients relatifs traduisent les différences des effets exercés par les diverses valeurs du stimulus, on ne peut rien dire de précis quant à ce qui détermine ces effets, car les données expérimentales que nous possédons sont fragmentaires et souvent contradictoires. C'est ainsi qu'on a obtenu tous les résultats possibles concernant les effets de la quantité d'entraînement préliminaire sur le gradient relatif: celui-ci devient plus raide d'après Thompson (1958) et Hoffeld (1962) qui expérimentaient avec des chats, ou au contraire plus plat selon Margolius (1955) qui employait des rats, tandis que Hearst et Koresko (1968) n'ont trouvé aucun effet net chez les pigeons. Les diverses expériences qu'on a faites sur cette question diffèrent entre elles de toutes les manières possibles, et aucune recherche systématique n'a été faite pour savoir en quoi ces différences peuvent expliquer la variété des résultats obtenus. Toutefois il est deux cas où l'on peut prédire que le gradient aura une forte pente; c'est tout d'abord quand il existe des stimulus communs, faciles à percevoir, et renforcés de façon différentielle au cours de l'apprentissage (comme le disque blanc de picorage dans l'expérience de Jenkins et Harrison, 1960). Et ensuite, c'est quand le programme de renforcement inclut des délais relativement courts, que ce soit en FI ou en DRL (Hearst, Koresko et Poppen, 1964).

Une autre question importante, pour laquelle nous n'avons pas de réponse certaine, est celle de savoir ce que deviennent les effets exercés par les diverses valeurs du stimulus au cours des essais répétés de généralisation, sans renforcement, tandis que le niveau absolu de réactivité va en diminuant. Selon Jenkins et Harrison (1960) les gradients relatifs deviennent plus raides, mais selon Kalish et Guttman (1957) ils ne se modifient pas. Deux sources d'erreur sont à craindre en ce domaine : d'une part les effets de « plafonnement » de la performance quand on obtient un gradient de pente d'autant plus accusée que les tests sont davantage répétés. D'autre part, il faut se méfier des différences des niveaux d'activation, qui vont en diminuant au cours des essais successifs, et qui diffèrent d'un sujet à l'autre; dans ces deux cas, les différences qu'on observe entre les gradients bruts s'annulent dès qu'on les transforme en gradients relatifs (Kalish et Guttman, 1957; Thomas et King, 1959).

Une découverte intéressante relativement au problème de l'oubli consiste en ce que les gradients relatifs s'aplanissent notablement quand on introduit un délai entre la phase d'apprentissage et celle de test. Perkins et Weyant (1958) ont dressé quatre groupes de rats à traverser un couloir peint en gris d'un certain ton, puis ils les ont testés une minute ou bien une semaine plus tard, dans un couloir du même ton de gris ou bien de ton différent. La traversée du couloir-test s'est avérée nettement plus lente que celle du couloir d'entraînement chez les rats testés après un délai d'une minute. Par contre, chez les animaux testés une semaine après la fin de l'entraînement, les parcours des couloirs soit gris d'origine, soit gris modifié, furent effectués à une vitesse moyenne et presque identique dans ces deux cas. Le gradient de généralisation perd donc beaucoup de sa pente en une semaine, sans qu'il s'agisse d'un artefact dû au niveau de la motivation. McAllister et McAllister (1963) ont trouvé un résultat semblable en matière de généralisation de la brillance chez des rats entraînés à éviter des chocs, quand on les teste avec un délai de 3 mn ou bien de 24 h. Thomas et Lopez (1962) ont obtenu le même effet du délai de test sur la généralisation de la couleur chez des pigeons entraînés en programme VI, puis testés soit 1 mn, soit 24 h après. Les résultats sont donc cohérents, mais leur interprétation n'est pas claire, car si les valeurs associatives absolues de tous les éléments d'un ensemble de stimulus diminuent de la même façon au cours du temps, on ne devrait pas constater de changement de leurs valeurs associatives relatives.

Le facteur qui fait principalement l'objet des recherches modernes concerne les effets de l'apprentissage discriminatif sur la généralisation qualitative. Nous examinerons tout d'abord les expériences dites «interdimensionnelles», dont le but est d'étudier les effets de l'apprentissage à différencier la présence de l'absence d'un stimulus donné, sur la généralisation d'une quantité (ou dimension) de ce même stimulus. Jenkins et Harrison (1960) par exemple, ont étudié la généralisation des réponses à la tonalité d'un son chez deux groupes de pigeons. Pour l'un d'eux (groupe «interdimensionnel»), le stimulus associé au renforcement était le composé noté TKC : T, son de hauteur tonale donnée; K : disque de picorage; C, tous les autres stimulus présents dans le contexte expérimental. Par contre, le composé KC n'était jamais associé à la nourriture. Pour les pigeons du groupe témoin, le composé TKC, était également renforcé, mais on ne leur présentait jamais KC. De cette sorte, le stimulus T devenait un indice discriminatif pour les sujets du premier groupe, car les autres stimulus n'étaient jamais renforcés sans lui; par contre T ne devenait rien de tel pour les pigeons du second groupe. Or les gradients de généralisation les plus accentués (à pente plus raide) ont été ceux des sujets «interdimensionnels». Ce résultat a été retrouvé et précisé, sous forme de gradients relatifs, par Farthing (1972) dans une expérience où le rôle du stimulus discriminatif T était tenu par une ligne oblique dont on faisait varier l'inclinaison.

Ces résultats sont assez compréhensibles : la valeur associative de KC est réduite quand ces stimulus sont associés à l'absence de renforcement, de sorte que c'est à T que revient toute la valeur associative. Le modèle de Rescorla et Wagner, concernant le partage de l'associativité entre les stimulus, s'applique pleinement ici. De même pourrait-on se référer au principe de «l'attention sélective» (Sutherland et Mackintosh, 1971); nous en traiterons en détail plus loin.

On a également étudié les effets de généralisation qualitative au moyen d'expériences dites «extra-dimensionnelles». Il ne s'agit plus, comme dans les études intradimensionnelles qu'on vient de voir, de faire varier une qualité ou dimension d'un stimulus qui intervient dans un apprentissage discriminatif en ce que le renforcement est associé à ce stimulus et à lui seul. Au contraire, dans les études extra-dimensionnelles, les tests de généralisation se font en variant une dimension d'un stimulus sur lequel *ne porte pas* l'apprentissage. Ce stimulus peut être présent durant l'apprentissage discriminatif, mais il ne fait pas l'objet d'un renforcement différentiel; on qualifie une telle procédure de «méthode concurrente». Le stimulus peut même être également présenté *avant* ou *après* la phase d'apprentissage discriminatif: c'est la procédure «séquentielle». Les résultats de ces deux types d'expérience ont conduit à la conclusion que l'apprentissage discriminatif élève le niveau *général* d'attention. Quand l'animal découvre que certains stimulus «sont le signe de quelque chose», il prête plus d'attention qu'auparavant à *tous* les stimulus, et il apprend davantage à leur sujet (Tomie, Davitt et Thomas, 1975).

Thomas, Freeman, Svinicki, Burr et Lyons (1970) ont réalisé une étude qui constitue un bon exemple d'expérience extra-dimensionnelle en procédure séquentielle. Ils ont dressé des pigeons en leur présentant deux disques à picorage, l'un rouge et l'autre vert. Pour les pigeons du groupe extra-dimensionnel, ou encore: de discrimination réelle (TD), le rouge était associé au renforcement alimentaire (VI 1 mn), mais non le vert. Pour les pigeons du groupe témoin, ou de pseudo-discrimination (PD), les réponses sur chaque disque étaient renforcées dans la moitié des cas, selon le même programme VI 1 mn. A la suite de cet entraînement, tous les pigeons furent dressés à picorer un disque vert marqué d'une barre verticale blanche. Enfin on procéda à des tests de généralisation de la réponse à des lignes blanches d'obliquité variée, présentées sur fond noir. Les gradients relatifs ainsi obtenus sont plus abrupts chez les pigeons du groupe TD que chez ceux du groupe PD. Des résultats semblables ont été obtenus chez le Carassin par Tennant et Bitterman (1975). Tous ces faits s'accordent bien avec l'idée que l'entraînement à discriminer élève le niveau général d'attention qui, en retour, détermine ce qui sera appris des qualités des stimulus présentés ensuite.

La généralisation de l'inhibition, et son interaction avec l'excitation

Les seuls cas de généralisation que nous ayons considérés jusqu'ici sont des effets de renforcement qui sont à l'origine d'émission de réponses. Or il est facile de montrer que les effets inhibiteurs du non-renforcement, qui sont suppresseurs de réponses, se généralisent tout aussi bien. Farthing et Hearst (1968) ont dressé des pigeons, à l'aide d'un programme VI - 1 mn, à picorer un disque quand il était blanc uni, mais non quand on y projetait l'image d'une barre noire verticale. Ensuite, ils ont procédé à des tests en projetant des barres plus ou moins inclinées sur le disque. La figure 28 montre les gradients absolus de généralisation obtenus chez trois groupes de sujets: l'un a été testé après une seule session d'apprentissage discriminatif, le second après deux sessions, et le dernier après huit sessions. On voit que mieux la différenciation est formée entre le disque uni et le même disque marqué d'une barre verticale, et plus la propriété inhibitrice de cette barre se généralise aux barres obliques.

Les effets d'inhibition ne peuvent s'évaluer que par rapport à ceux d'excitation, car la performance ne peut pas diminuer plus qu'en s'annulant. Dans l'expérience de Farthing et Hearst, c'est le renforcement des réponses au disque uni qui a permis d'apprécier l'effet inhibiteur de la barre verticale ou oblique. Une autre façon d'étudier la généralisation des effets de non-renforcement consiste à renforcer

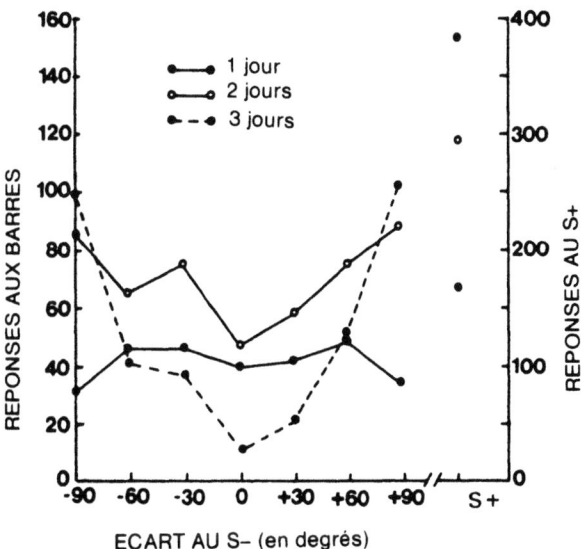

Figure 28: Généralisation de l'inhibition chez des pigeons après 1, 2 ou 8 jours d'entraînement différentiel, dans lequel le S+ est la couleur blanche uniforme du disque de picorage, et le S− une barre noire verticale qui se détache sur ce disque. Les stimulus-tests consistent en barres noires dont l'angle d'inclinaison varie depuis 0° (verticale) jusqu'à 90° (horizontale) (Farthing et Hearst, 1968).

dans un premier temps toutes les valeurs du stimulus qu'on utilisera ensuite comme test, puis à ne plus renforcer l'une de ces valeurs; enfin, on les teste toutes. Ainsi, Kling (1952) a récompensé des rats lorsqu'ils réagissaient à deux cercles de diamètres différents, l'écart entre ces deux stimulus étant plus ou moins grand pour différents groupes de sujets. Ensuite Kling procéda à l'extinction de la réponse à l'un des deux cercles, puis il effectua finalement des tests avec le cercle restant. Il constata que plus les cercles étaient semblables, et plus la réponse des rats au test était longue à se manifester: leur hésitation traduisait la généralisation du non-renforcement du premier cercle.

Il est parfois plus pratique de renforcer les essais-tests que de ne pas le faire. Un exemple de cette technique, qui mesure ce qu'on peut appeler la «résistance au renforcement», est fourni par un travail de Karpicke et Hearst (1975). Ils ont présenté d'abord un stimulus d'une certaine couleur à des pigeons, sans renforcement; ensuite, ils ont procédé à une série d'essais-tests renforcés avec des stimulus de cette couleur et aussi bien de diverses autres teintes. Ils ont constaté que la fréquence des réponses était d'autant plus basse que le stimulus présenté était d'une couleur plus semblable à celle qui, durant la première phase, n'était pas renforcée. Il ne faudrait d'ailleurs pas croire que ces gradients d'inhibition soient moins «purs» que ceux d'excitation: tous ces gradients, sauf peut-être ceux qui résultent d'effets d'excitation très élémentaires, sont modelés par l'interaction des effets de renforcement et de non-renforcement.

Cette interaction mérite d'être étudiée pour elle-même. En effet, dans toutes les expériences que nous venons de décrire, la généralisation est mesurée selon une dimension de stimulation donnée, après apprentissage relatif au renforcement (ou non) d'un stimulus correspondant à un seul degré sur cette dimension, ou qualité, par exemple: une certaine couleur. Or rien n'empêche que l'apprentissage porte sur deux degrés, ou sur deux points d'une dimension donnée, S et S': on aura, par exemple, SX renforcé et S'X non renforcé. Il s'agit alors d'expériences «intradimensionnelles» dont les résultats donnent lieu à des gradients, dits «post-discriminatifs», qui montrent simultanément la généralisation de l'excitation et celle de l'inhibition. La figure 29 illustre les résultats d'une telle expérience (Hanson, 1959), mettant en jeu deux groupes de pigeons. Pour ceux du groupe témoin, l'apprentissage consistait simplement à renforcer en programme VI les réponses à une teinte donnée S+ (550 nm). Pour les pigeons du groupe de post-discrimination, cette même teinte était as-

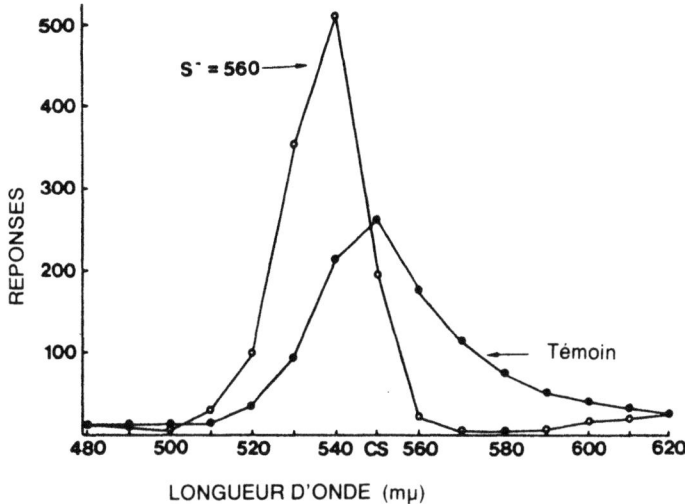

Figure 29: Gradients de généralisation des réponses à un stimulus coloré (550 mµ) chez deux groupes de pigeons. Ceux du groupe «S− 560» ont effectué un apprentissage différentiel dans lequel le stimulus coloré non renforcé avait la longueur d'onde de 560 mµ. Les pigeons du groupe témoin n'ont pas eu à apprendre cette différenciation, et n'ont eu affaire qu'au seul S+, de 550 mµ (Hanson, 1959).

sociée au même renforcement, mais elle devait être discriminée d'une teinte voisine S− (560 nm) non renforcée. On voit quelle est la principale différence des gradients bruts de ces deux groupes: leur maximum ou « mode » ne coïncide pas avec la même valeur du stimulus, car celui du groupe de post-discrimination est décalé par rapport à la valeur du S+ dans la direction opposée à celle du S−. Outre ce « décalage du mode », on notera que le niveau global de réactivité le plus élevé est celui du groupe de post-discrimination.

Ce phénomène de décalage du mode en rappelle un autre qui a été découvert dès les premières expériences sur les conduites de choix. Soit un ensemble de stimulus *1, 2, 3, 4*, etc... différant par leur degré sur une dimension donnée (par ex.: la taille), et supposons qu'un animal ait été entraîné à choisir *2* plutôt que *3* quand on lui présente ces deux stimulus ensemble, parce que le choix de *2* est renforcé mais non celui de *3*. Si on procède ensuite à une preuve de choix entre les stimulus *1* et *2*, l'animal pourra très bien choisir *1* malgré le fait que ce *1* n'a jamais été associé au renforcement tandis que *2* l'a constamment été; de même, si l'épreuve de choix se fait entre *3* et *4*, l'animal pourra fort bien choisir *3* malgré l'expérience qu'il a eue de son non-renforcement. Cela peut s'interpréter en disant que l'animal a appris une relation de tailles, et l'on nomme «transposition» ce qui semble être sa réaction à la relation existant entre les stimulus qui lui sont présentés. Mais Spence (1937) avait proposé l'hypothèse selon laquelle ces résultats pouvaient se comprendre en termes de gradient de généralisation, sans qu'il soit besoin de faire appel à l'apprentissage d'une relation définie entre les stimulus. La figure 30 montre des gradients théoriques de généralisation: l'un d'excitation (E) culminant pour la valeur S+ du stimulus, et l'autre d'inhibition (I) culminant négativement pour S−. Leur addition algébrique donne un gradient résultant (E - I) qui montre un décalage des deux modes en sens opposé. Néanmoins le niveau général d'activation que traduit ce gradient résultant est inférieur à celui du gradient E. Or, on a de bonnes raisons de penser que les deux caractères induits par l'apprentissage discriminatif, à savoir le décalage des modes d'une part, et le niveau élevé de réponse d'autre part, dépendent de facteurs bien distincts. Le premier caractère dépend de l'interaction des gradients

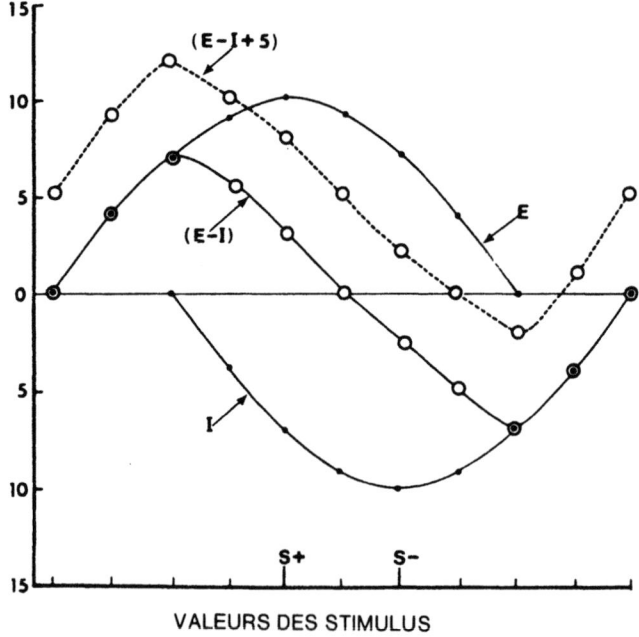

Figure 30: Schéma hypothétique des gradients d'excitation (E) et d'inhibition (I) produits par l'apprentissage discriminatif vis-à-vis d'un stimulus renforcé (S+) et d'un autre qui ne l'est pas (S−).

E et I, tandis que le second est relatif à ce facteur mal connu qui est également responsable de l'effet de «constraste comportemental» (Reynolds, 1961). C'est pourquoi on a ajouté une constante (+5) au gradient (E-I), ce qui permet de tracer un quatrième gradient théorique (E - I + 5), qui correspond bien aux données d'observation, comme nous allons voir.

En effet, on admet que pour chaque valeur des stimulus-test, il se produit une interférence des effets d'excitation et d'inhibition. Par conséquent on est amené à prédire qu'un décalage du mode doit se produire aussi bien quand la réactivité est minimale que si elle est maximale. Or, cela peut être mis en évidence si l'on fait en sorte que l'animal manifeste une activité de fond constante, sur laquelle les effets inhibiteurs du stimulus peuvent s'exercer en réduisant cette propension à réagir. C'est ce qu'a fait Guttman (1965) en renforçant tout d'abord en VI - 40 s les coups de bec de pigeons sur un disque à couleur variable, les longueurs d'onde prenant 19 valeurs étagées entre 510 et 600 nm. A la suite de ce renforcement général des couleurs, Guttman a entraîné ses oiseaux à discriminer entre deux couleurs : 550 et 560 nm, l'une des deux étant associée au renforcement alimentaire, et l'autre non. Ceci étant acquis, Guttman mit un terme à l'expérience en procédant à des essais-tests non renforcés avec 15 des 19 couleurs initiales. La figure 31 montre les gradients bruts ainsi obtenus; on y voit bien le déplacement du maximum de la valeur inhibitrice du stimulus, dans la direction opposée à celle de la valeur excitatrice maximum.

Ces déplacements de modes ont fait l'objet d'interprétations modernes comme celles de Blough (1975) et de Rescorla (1976); leur point de départ est le modèle de Rescorla et Wagner (1972) concernant le partage des valeurs associatives entre les stimulus présents dans la situation d'apprentissage.

On mentionnera pour finir deux cas intéressants d'interférence entre gradients excitateur et inhibiteur. Le premier est relatif à l'usage de deux stimulus lors d'un apprentissage discriminatif préliminaire, tous deux renforcés, mais l'un davantage que l'autre. Telle est une expérience de Guttman (1959) réalisée avec des pigeons en conditionnement operant, employant un stimulus coloré de 550 nm renforcé en programme VI - 1 mn, et un autre de 570 nm renforcé en VI - 5 mn seulement. Les gradients post-discriminatifs qui en sont résultés sont semblables à ceux qu'avait obtenus Hanson (1959) et que nous avons vus plus haut (fig. 29). Si l'on désire interpréter le résultat de Guttman d'après la somme algébrique des gradients, il faut

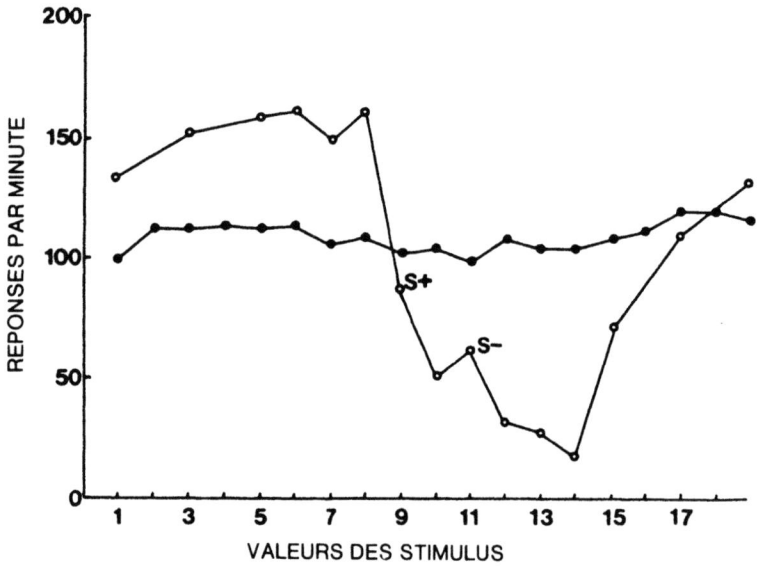

Figure 31: Nombre moyen de réponses données par des pigeons à des stimulus de diverses couleurs, après un exercice préalable non différentiel (cercles noirs), puis après un apprentissage discriminatif portant sur deux teintes S+ et S− (Guttman, 1965).

supposer que le stimulus le moins renforcé a pris des propriétés inhibitrices. Mais alors il faut rendre compte du fait que les pigeons y répondent encore; effectivement, même en fin d'expérience, leur fréquence de becquetage pour 570 nm atteignait 20/mn. Cela ne peut être dû qu'à des propriétés excitatrices communes aux deux stimulus colorés.

Le second cas intéressant d'interférence entre gradients opposés est celui des gradients «constants» ou «continus», qu'on mesure au cours de la phase d'acquisition, et sur toutes les valeurs d'une dimension du stimulus. Toutes ces valeurs sont associées au renforcement, mais de manière inégale. Ainsi, dans une expérience de Blough (1975), les teintes comprises entre 570 et 597 nm correspondaient à une probabilité de renforcement de 1/12, tandis que celle des teintes allant jusqu'à 617 nm était de 1/3. Il en est résulté que la fréquence moyenne des réponses finit par être moins élevée dans le premier cas que dans le second, au terme de cette procédure en une seule phase, une fois que la discrimination fut bien acquise. On observa ainsi à ce moment la formation de deux plateaux de fréquence de réponses, reliés par un gradient dont le point médian correspondait assez à la valeur frontière de 597 nm. L'intérêt de cette procédure des gradients continus réside en ce qu'elle permet de multiplier les mesures et d'observer la constitution des effets de généralisation

La différenciation

L'entraînement discriminatif est celui qui a pour effet de faire donner, par l'animal, des réponses différentes à des stimulus qu'on associe à des conséquences différentes. Trois raisons principales motivent ce genre d'expériences, la première étant d'évaluer la capacité de l'animal à distinguer les stimulus entre eux. Cette distinction peut porter sur les qualités les plus élémentaires des stimulus, mais également sur les qualités d'ordre général de stimulus composites ou de séries de stimulus. On peut se demander, par exemple, si un animal est capable de reconnaître qu'un stimulus présenté parmi plusieurs autres ne ressemble à aucun d'eux; ou s'il est capable de réagir au nombre des stimulus présentés comme indice discriminatif.

Le second but principal des études de différenciation consiste à analyser les effets de diverses contingences de renforcement. Par exemple, soit un stimulus A qui n'est pas suivi de consommation d'aliments, et un stimulus B qui peut en être suivi, à la condition que l'animal n'émette aucune réponse durant sa présentation. Le sujet apprendra-t-il à réagir différemment à ces deux stimulus? Cette différence ira-t-elle dans le sens logique de la suppression de toute réponse au second stimulus, alors que rien ne l'empêche d'en donner au premier? En réalité, la contingence de renforcement du stimulus B, par omission, réalise une contiguïté stimulus-renforcement qui entraîne une probabilité de réponse supérieure à celle du stimulus A, soumis à la contingence d'extinction (Woodard, Ballinger et Bitterman, 1974).

La troisième finalité des expériences d'apprentissage discriminatif consiste à analyser l'influence exercée par les stimulus («*stimulus control*»). En effet, on met en jeu obligatoirement des stimulus qui sont pertinents, car associés à un renforcement différentiel, et d'autres qui ne le sont pas, car on les trouve dans toutes les conditions, où ils tendent à faire émettre la même réponse. Le problème est de savoir comment s'instaure la détermination différentielle des réponses par les indices pertinents. Nous avons déjà abordé cette question à propos de la généralisation, et nous la retrouverons à propos de l'attention.

Principales procédures expérimentales

1. Présentation isolée des stimulus

Les procédures d'entraînement discriminatif les plus usitées sont celles de présentation des stimulus un par un (dites aussi «go / no-go»). S'il y a deux stimulus à distinguer, chacun est présenté séparément et successivement; on choisit pour variable indicatrice une seule catégorie de réponse (salivation, coup de bec) dont les différences de force, de fréquence ou de latence envers chacun des stimulus mettent en évidence la discrimination opérée vis-à-vis de ceux-ci. Dans le cas le plus simple, l'un des stimulus (S+) est associé à un renforcement, et non l'autre stimulus (S−), mais on peut établir bien d'autres programmes de différenciation. Ainsi, les deux stimulus peuvent être renforcés, mais selon des quantités, des délais ou des probabilités différents. Par exemple, un rat peut trouver une pilule alimentaire au bout d'un couloir peint en noir, tandis qu'il peut en trouver huit au bout d'un autre couloir peint en blanc. On peut mêler les procédures de conditionnement classique et operant; par exemple, si l'on présente un stimulus donné S, la réponse de l'animal (quelle qu'elle soit) entraînera l'attribution d'une récompense; mais la situation comporte d'autres stimulus (S', S'', etc...) auxquels l'animal ne doit pas réagir, sinon la récompense est supprimée (Schwartz et Williams, 1972). Il est d'ailleurs possible de mettre en œuvre plus de deux simulus et de deux traitements qui leur sont associés: trois, ou davantage.

Quelques précautions méthodologiques s'imposent. Si l'on emploie deux stimulus et deux traitements, chacune des deux combinaisons possibles entre ces éléments de la situation doit être mise en œuvre sur une moitié de l'effectif total des sujets. Il convient également de contrebalancer l'ordre de présentation des stimulus; notamment, il ne faut pas se contenter de les présenter alternativement car la réponse à chacun d'eux peut être influencée systématiquement par le renforcement du stimulus qui précède. Il vaut mieux prévoir un intervalle minimum entre deux présentations successives, et programmer celles-ci dans un ordre pseudo-aléatoire, de telle sorte que chaque stimulus soit précédé aussi souvent par l'autre stimulus que par lui-même. De telles successions «au hasard» ont été mises au point par Gellerman (1933) et par Fellows (1967). Même en conditionnement operant, mieux vaut avoir recours à des essais distincts et séparés par des pauses, car on peut reprocher à la procédure de libre débit de réponses que le premier renforcement reçu durant une présentation du S+ constitue une incitation supplémentaire à répéter la réponse ainsi récompensée. Il vaut mieux arrêter la présentation des S+ dès le premier renforcement octroyé, mesurer la durée moyenne ainsi occupée, et présenter les S− ensuite durant un temps équivalent. On trouvera des exemples de cette procédure dans les expériences de Bitterman sur le Carassin (Tennant et Bitterman, 1973; Woodard et Bitterman, 1974). Le procédure operante ordinaire se trouve ainsi changée en une succession d'essais distincts, lors desquels il reste d'ailleurs possible de mesurer un débit de réponse; c'est le cas si chaque renforcement est subordonné à l'émission de réponses répétées, en programmes FR ou FI, par exemple. Notons d'ailleurs que la nécessité de répéter leurs réponses oblige généralement les animaux à affiner leur discrimination par rapport à la situation simple où une seule réponse est requise, et dont on mesure le temps de latence.

2. Présentation simultanée des stimulus

Une procédure courante d'entraînement discriminatif consiste à présenter à l'animal plusieurs stimulus en même temps, et à obtenir de lui une réponse de choix orientée vers l'un de ces stimulus. C'est ce qu'on fait lorsqu'on place un rat sur un appareil à saut de Lashley, en lui présentant deux cartes, l'une noire et l'autre blanche; si le rat saute sur la carte noire (S1), celle-ci pivotera comme une porte qui lui permettra de sortir de l'appareil, tandis que s'il saute sur la carte blanche (S2), elle résistera à sa poussée, et l'animal tombera dans un filet placé sous la plate-forme de saut. Encore faut-il, pour être sûr que le rat discrimine bien les deux cartes, éviter toute confusion entre les facteurs «carte» et «latéralité»: la carte noire et la blanche doivent se trouver autant de fois à droite qu'à gauche du rat, ces deux positions se succédant de manière aléatoire. En effet, beaucoup de rats manifestent d'une latéralité de réponse prédominante lors des premiers essais; par exemple, ils sauteront toujours à gauche, que la carte située de ce côté soit noire ou blanche. Par la suite, leur préférence pour une latéralité donnée fait place à un choix préférentiel de la carte S+. L'attirance envers S+ n'est cependant pas le seul facteur qui détermine les réponses de choix, et le refus de sauter vers S− intervient également. On peut s'en assurer en remplaçant S+ par un stimulus nouveau ou neutre, et constater que le rat choisit de sauter vers lui, ce qui démontre son aversion envers S− (Mandler, 1968).

Contrairement aux expériences de présentation isolée qui peuvent consister en conditionnements classiques comme instrumentaux, les expériences de présentation simultanée avec réponse de choix sont toutes de type instrumental. Dans le cas le plus simple, le choix d'un stimulus est renforcé tandis que celui de l'autre stimulus ne l'est pas (extinction); néanmoins on peut aussi bien faire établir le choix entre deux stimulus affectés de renforcements inégaux par l'importance, le délai ou la probabilité, si le but essentiel n'est pas d'étudier la facilité relative à distinguer ces stimulus l'un de l'autre. Par exemple, Woodard et Bitterman (1973) ont entraîné des carassins à choisir entre deux cibles, l'une rouge et l'autre verte : 70 % des appuis sur l'une étaient récompensés, contre seulement 30 % des appuis sur l'autre. On peut également punir le choix du S−, comme dans l'appareil à saut de Lashley, puisque le rat qui a sauté vers la « mauvaise » carte tombe dans un filet.

Dans la plupart des expériences de choix, la procédure adoptée est celle d'essais distincts, mais on peut également utiliser celle de libre émission de réponses. C'est ainsi que Nevin (1969) a donné le choix à des pigeons de becqueter l'un ou l'autre de deux disques, l'un étant rouge et associé à un programme VI - 1 mn, l'autre vert et renforcé en VI - 3 mn. Néanmoins cette technique comporte une complication qui lui est propre : c'est que la probabilité du renforcement du picorage sur l'un des disques augmente avec le temps passé à becqueter l'autre disque.

Souvent, dans les expériences de ce type, une réponse est définie comme « bonne » (et renforcée) et une autre comme « mauvaise » (et non reforcée). On doit alors définir si la procédure qu'on adopte permet ou non à l'animal de corriger lui-même ses erreurs éventuelles. Sans correction possible, chaque essai est terminé dès que l'animal a fourni une réponse, qu'elle soit bonne ou mauvaise. Dans la procédure « avec libre correction » (*correction method*) au contraire, l'essai ne se termine qu'à l'émission de la réponse correcte, de sorte qu'il y a toujours un renforcement final, même si plusieurs mauvaises réponses ont été émises tout d'abord.

Il faut d'ailleurs bien distinguer la première mauvaise réponse à un essai donné, des mauvaises réponses répétées qui peuvent lui faire suite au cours de ce même essai, car leur signification est différente. Les mauvaises réponses réitérées disparaissent vite avec l'entraînement, et c'est pourquoi la procédure de libre correction est indiquée quand on désire éliminer les réponses latéralisées persistantes qui constituent souvent le premier mode de réponse dans une situation de choix. Par contre, les erreurs initiales peuvent persister d'autant plus longtemps que les stimulus entre lesquels il faut choisir sont plus difficiles à distinguer. L'animal apprend alors, en cas d'erreur, à changer aussitôt de réponse de choix. L'inconvénient de la procédure est là: c'est que l'apprentissage peut se borner à effectuer cette correction, surtout si elle est peu «coûteuse» à l'animal en temps et en efforts. Par exemple, Bullock et Bitterman (1962) ont entraîné des pigeons à discriminer entre deux disques de picorage, et n'ont constaté qu'une faible capacité discriminative chez ces oiseaux tant qu'ils ont été laissés libres de corriger immédiatement chaque erreur. Mais leurs aptitudes discriminatives se sont révélées dès que chaque mauvaise réponse a été suivie par une période d'obscurité de 6 s (durant laquelle les deux disques étaient déconnectés), avant qu'une bonne réponse puisse être donnée. On peut également affiner la discrimination en adoptant un programme de renforcement FR: il ne suffit plus alors d'un seul coup de bec pour exprimer le choix, mais il en faut 10 ou 15.

La difficulté à discriminer dépend évidemment du fait que les stimulus à différencier sont bien perçus par l'animal, ou qu'ils ne le sont pas. C'est pourquoi, afin de bien contrôler ce facteur perceptif, on peut cacher les stimulus à discriminer et ne les découvrir qu'au moment où l'animal donne une «réponse d'observation». Par exemple, Coate et Gardner (1965) ont dressé des rats à venir appuyer sur une pédale à une extrémité d'une boîte à choix, simplement pour faire apparaître à l'autre bout les deux stimulus à distinguer. De la sorte, on est sûr qu'au moment de choisir entre eux, les rats les perçoivent bien, et qu'ils se tiennent toujours tournés vers eux de la même façon et à la même distance à chaque essai.

Par ailleurs, on a mentionné dans un chapitre précédent l'importance du facteur de contiguïté spatiale entre les trois termes: stimulus, réponse et renforcement. On connaît beaucoup d'exemples de la difficulté d'apprendre à discriminer quand un de ces termes est éloigné des deux autres, que ce soit l'endroit où sont présentés les stimulus (McClearn et Harlow, 1954), ou bien celui où doit s'effectuer la réponse (Cowey et Weiskrantz, 1968).

Enfin, les situations de choix entre stimulus présentés simultanément diffèrent de celles de présentation de stimulus un par un, en ce qu'elles permettent de comparer directement les stimulus à discriminer. Tant que ceux-ci sont nettement différents, la tâche ne se trouve pas notablement facilitée par la possibilité de les comparer (Grice, 1949), mais cela constitue une aide appréciable quand les stimulus se ressemblent davantage. Ce point est illustrée par une expérience de Saldanha et Bitterman (1951), réalisée avec des rats et l'appareil à saut de Lashley. Les stimulus consistaient en quatre cartes: deux à rayures de largeur différente, et deux de teinte grise unie plus ou moins claire (fig. 32). Les animaux étaient divisés en deux groupes; pour ceux du groupe « comparaison », la présentation simultanée des deux stimulus semblables était la règle, c'est-à-dire qu'on leur montrait ensemble les deux stimulus gris, le « bon » et le « mauvais », et de même pour les deux stimulus rayés. Au contraire, les rats du groupe « sans comparaison » avaient à choisir entre des stimulus différents, par exemple : entre un « bon » stimulus gris et un « mauvais » stimulus rayé, ou bien l'inverse. Les rats de ce dernier groupe n'ont pratiquement rien appris, alors que les sujets du premier groupe ont peu à peu discriminé sans erreur. Mieux encore : les rats du groupe « comparaison » ont été ensuite placés dans la condition « sans comparaison »; or ils s'y sont adaptés et leur discrimination est restée correcte. Les rats sont donc bien capables de distinguer un gris d'un autre gris, et de reconnaître si les rayures sont larges ou si elles sont

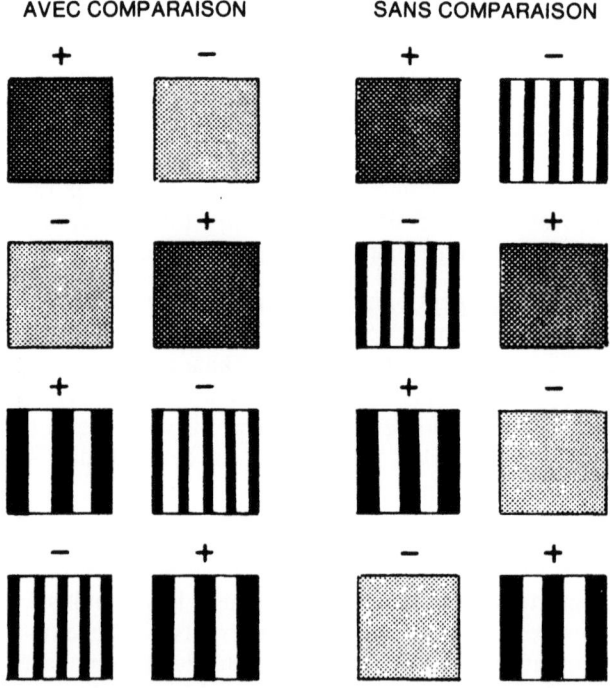

Figure 32 : Stimulus à discriminer dans une situation de choix simultané, et nécessitant de différencier deux teintes de gris ou deux épaisseurs de barres verticales. Ces stimulus sont présentés par paires, de telle sorte que la discrimination s'opère par comparaison directe des gris ou des barres, ou sans que cette comparaison soit possible (Saldanha et Bitterman, 1951).

fines, quand ces stimulus sont présentés séparément. La possibilité de les comparer, quand elle leur est offerte dans un premier temps, a pour effet d'attirer leur attention sur les petites différences qui existent entre stimulus de même nature, et permet ainsi leur reconnaissance ultérieure.

3. La procédure des choix successifs

Une troisième procédure intéressante pour étudier la discrimination est celle des « choix successifs », dans laquelle les stimulus à distinguer sont présentés isolément, mais où les choix peuvent cependant être évalués. Soit par exemple un labyrinthe en forme de T, dont les bras sont peints en gris et dont le couloir d'entrée peut être soit blanc, soit noir. On convient que les rats trouveront une récompense en tournant à droite si le couloir est blanc, et à gauche s'il est noir. De même, dans l'appareil de Lashley, les deux cartes seront noires, ou bien blanches : dans le premier cas, la bonne réponse consistera à sauter sur la carte de droite, dans le second cas sur celle de gauche, par exemple. Ce sont des situations où la proportion des divers choix peut être mesurée, mais où les animaux n'ont pas la possibilité de comparer directement les stimulus à discriminer entre eux. C'est pourquoi il n'est pas étonnant que les mêmes discriminations soient plus difficiles à apprendre selon cette procédure que selon celle de présentation simultanée, et d'autant plus que les stimulus se ressemblent davantage (MacCaslin, 1954).

Traces, combinaisons et relations entre stimulus

1. Traces mnémoniques

Les tâches de discrimination peuvent porter sur des stimulus perçus par le sujet au moment de donner sa réponse, mais cette dernière peut aussi bien être *différée*, tandis que les stimulus, après avoir été présentés, disparaissent : le sujet doit alors réagir aux *traces* mnémoniques laissées par les stimulus à discriminer. Encore faut-il s'assurer qu'il ne réagit pas à un autre indice. Par exemple, on a présenté à un pigeon deux disques de becquetage situés de part et d'autre d'un stimulus central, où l'on fait apparaître soit la forme A, soit la forme B. Après qu'une de ces formes ait été montrée, elle disparaît, un intervalle de temps s'écoule, et les deux disques de picorage s'éclairent. Le pigeon doit alors frapper du bec celui de droite si c'est la forme A qui vient d'être montrée, et celui de gauche si c'est la forme B (Smith, 1967). Mais est-on sûr que si la réponse correcte est donnée, elle est guidée par le souvenir de la dernière forme qui a été montrée ? En réalité, rien n'empêche l'oiseau de s'orienter vers le disque du côté correct dès qu'une des deux formes lui est présentée, de rester dans cette position, et de donner son coup de bec quand le disque s'illumine. Depuis très longtemps, on connaît cette capacité de divers animaux à différer la réponse correcte en conservant une immobilité posturale (Hunter, 1913).

Il existe plusieurs façons d'éliminer cet artefact et de s'assurer que l'animal réagit bien au souvenir d'un stimulus qu'il a discriminé; «l'appariement différé» (*delayed matching*) en est un exemple. En conditionnement opérant, chez le Pigeon, on emploie trois disques de picorage: sur celui du milieu, on projette l'une de deux images, en temps limité; après un certain délai, les deux images sont projetées chacune sur l'un des disques latéraux, aussi souvent à gauche qu'à droite. Le pigeon doit alors frapper du bec l'image identique à celle qui lui a d'abord été montrée sur le disque central (Roberts et Grant, 1976).

2. *Stimulus composites et combinaisons de stimulus*

Les animaux sont capables d'apprendre à discriminer des propriétés des stimulus autrement complexes que de simples qualités comme leurs couleurs ou leurs formes: il s'agit des combinaisons de ces qualités entre elles.

Nous commencerons par le cas, encore relativement simple, des *stimulus composites*. Soient par exemple deux stimulus élémentaires A et B, et le composé AB qui résulte de leur présentation simultanée (Pavlov, 1927). Si l'on associe AB au renforcement, mais non A seul ni B seul, le sujet (un chien) répondra au composé, mais non à ses éléments. Inversement d'ailleurs, si l'on renforce A seul et B seul, mais non AB, les réponses ne se feront plus qu'envers les stimulus élémentaires, et cesseront de l'être au stimulus que constitue leur somme. Pour résoudre le problème posé par cette exception à la non-additivité des effets d'excitation, Pavlov a proposé la solution suivante: la présentation simultanée des deux stimulus exciterait des éléments nerveux qui ne sont pas excités si on présente un seul des éléments A ou B; la discrimination se baserait donc sur la présence ou l'absence d'excitation des éléments nerveux que seul le composé AB peut activer. Et la discrimination entre plusieurs stimulus composites se fonderait alors sur l'excitation d'éléments propres à chacun de ces composés. C'est ce qu'on a étudié sous le nom de «qualités composites» (*attributive compounding*). Par exemple, Saavedra (1975) a réalisé un conditionnement de clignement de l'œil chez des lapins, qui ont appris à distinguer les combinaisons entre deux stimulus auditifs A1 et A2 et deux stimulus visuels B1 et B2, comme par exemple: A1B1 et A2B2 renforcés, contre A1B2 et A2B1 non renforcés. On dit alors qu'une telle différenciation est «conditionnelle» (pas seulement «conditionnée»). La formulation théorique de ce type de discrimination avait été pressentie par Hull (1943), mais c'est Rescorla (1973) qui en a présenté une version satisfaisante.

3. L'apprentissage de relations

Les animaux peuvent apprendre à distinguer non seulement des stimulus ou des combinaisons de stimulus, mais aussi des relations établies entre ces stimulus ou leurs composés. Nous avons évoqué plus haut le cas de la «transposition» d'une différence de sens donné entre deux stimulus présentés simultanément, et nous avons rappelé à ce propos l'hypothèse de Spence (1937), visant à faire l'économie de l'apprentissage d'une relation définie: les choix de l'animal s'expliqueraient par la position respective des stimulus à comparer sur un gradient de généralisation. Si cela est exact, on doit constater qu'il y a transposition tout aussi bien quand les stimulus sont présentés isolément, en succession, à l'animal. Par contre, si la transposition dépend de la perception d'une relation définie, apprise comme telle, elle doit se manifester essentiellement dans le cas où la présentation des stimulus est simultanée. Thompson (1955) a abordé cette question expérimentalement. Il a dressé deux groupes de rats à sauter dans l'appareil de Lashley, en utilisant les mêmes stimulus que Saldanha et Bitterman (1951) (fig. 32). Il avait fait en sorte que la tâche soit également difficile pour les rats du groupe «comparaison» et pour ceux du groupe «sans comparaison». Dès qu'elle fut apprise, les rats eurent à transposer les discriminations ainsi acquises. Thompson constata une transposition dans les deux groupes, ainsi que Spence l'aurait prédit, mais elle était bien plus marquée dans le groupe «comparaison».

D'autres tâches discriminatives impliquent l'appréhension de relations entre les stimulus. L'une d'elles consiste à renforcer le choix, parmi trois stimulus ordonnés sur une dimension définie, de celui qui est intermédiaire entre les deux autres. Comme Spence (1942) l'a reconnu, la réussite à un tel apprentissage ne peut pas s'expliquer en termes de gradients, le stimulus qui emporte la décision étant celui dont la valeur associative nette (E - I) est la plus grande. Cependant des chimpanzés ont réussi ce problème (Gonzalez, Gentry et Bitterman, 1954) ainsi que des macaques (Gentry, Overall et Brown, 1959). En réalité, cette tâche est bien plus difficile à maîtriser que celle qui consiste à choisir le plus grand, ou le plus petit, de trois stimulus; c'est ce qu'avait constaté Lashley chez les rats dès 1938.

Une autre tâche discriminative qui suppose la saisie d'une relation et qui emploie trois stimulus, est celle de choisir celui des trois qui diffère des deux autres («*oddity*» *problem*). Soit un appareil à saut portant 3 cartes: 2 noires (N) et une blanche (B), ou l'inverse, dont on peut varier les positions relatives; cela donne 6 combinaisons: NNB, NBN, BNN, NBB, BNB et BBN. Dans les 3 premières, le «bon» stimulus sera B, tandis que dans les autres ce sera N, c'est-à-dire celui qui est isolé et non par paire. Si on entraîne ensuite ces rats avec un nouvel ensemble de trois stimulus, deux semblables et un autre différent, ils choisissent ce dernier de préférence aux autres dès les premiers essais, transférant ainsi la relation de «singularité» de la première situation à la seconde (Wodinsky et Bitterman, 1953). La tâche contraire peut également être apprise, le renforcement portant alors sur le choix d'un stimulus semblable à l'un des deux autres («*matching from sample*» *problem*). On en a constaté l'apprentissage chez les chimpanzés (Robinson, 1955) et chez les pigeons (Malott et Malott, 1970).

La question fondamentale qui se pose à propos de tels résultats est de savoir si leur interprétation requiert de nouveaux principes concernant l'apprentissage, ou si nous pouvons en fournir une à partir de ce que nous savons concernant la discrimination des stimulus simples. La conception la plus économique consiste à dire que toute perception comprend des aspects simples et des aspects complexes, et que l'animal apprend ceux-ci de la même façon qu'il apprend ceux-là. A titre d'exemple, on pourrait citer l'apprentissage réalisé par des pigeons, en conditionnement operant, à différencier des photos où figurent des êtres humains, de photos où il n'y en a pas (Herrnstein et Loveland, 1964); ou bien à distinguer des photos d'objets naturels, de photos d'objets fabriqués (Lubow, 1974). Cela évoque les anciennes expériences faites par Lashley (1938), où les rats ont appris à reconnaître des triangles indépendamment de leur orientation; mais peut-on alors parler de «formation de concept»? Peut-être les rats ne réagissent-ils en réalité, qu'à des propriétés complexes qu'ils discriminent dans les stimulus qu'on leur présente.

Transfert d'apprentissage

La répétition de problèmes de discrimination du même type, mais portant sur des stimulus chaque fois différents, montre souvent une amélioration du processus d'apprentissage quand on passe d'un problème au suivant. Lors du premier problème, le taux de réponses correctes observé lors des tout premiers essais est proche de la valeur aléatoire; mais lors des problèmes suivants, le taux de ces réponses correctes s'élève significativement. C'est ce que montre la figure 33, tirée d'une expérience d'apprentissage de reconnaissance de la singularité (*oddity*) chez des macaques; elle portait sur une longue série de problèmes, avec 6 essais pour chaque problème (Moon et Harlow, 1955). On dit alors que s'est formée une «attitude d'apprentissage» (*learning set*), orientée ici vis-à-vis de tout ce qui est singulier, en exemplaire unique.

Harlow (1950) a montré que, dans ces conditions, l'amélioration de la performance dépend de l'élimination de certaines tendances qui sont cause d'erreurs. Ainsi, lors des premiers problèmes de la série, les singes ont tendance à choisir systématiquement l'un des deux stimulus ou objets; s'il s'agit du «mauvais» stimulus, on aura alors une répétition d'erreurs, car l'animal persiste dans ce mauvais choix. Autre catégorie d'erreurs qui apparaît ensuite: celle qui consiste à choisir le stimulus non renforcé quand il se trouve placé du même côté que le stimulus renforcé lors de l'essai précédent. La réduction

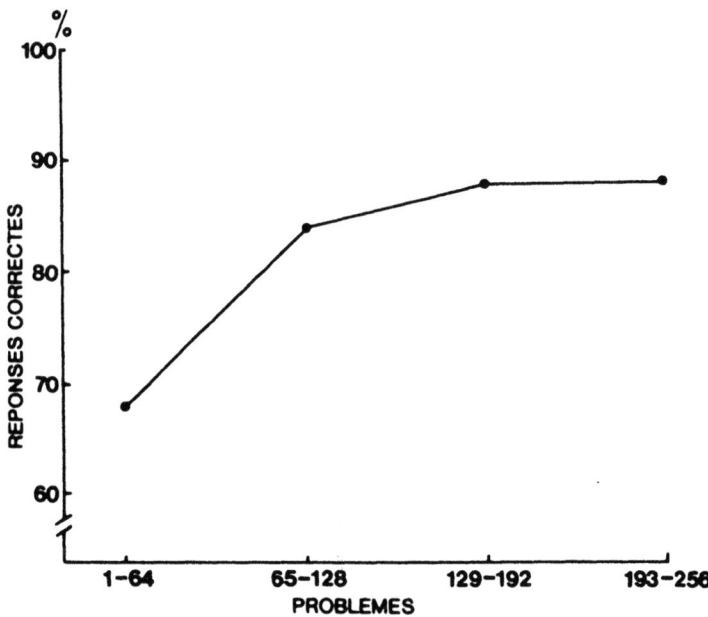

Figure 33: Evolution du taux de réponses correctes au premier essai chez des macaques entraînés à résoudre une longue série de problèmes de reconnaissance de la singularité (Moon et Harlow, 1955).

de cette tendance n'est obtenue que par le non-renforcement systématique de la latéralité (droite-gauche) de présentation du stimulus correct. Troisième type d'erreur : « essayer » chacun des stimulus à son tour, de sorte que si à l'essai n l'animal a choisi le stimulus incorrect A par hasard, à l'essai $n + 1$ il aura une probabilité accrue de choisir le stimulus correct B (Harlow, 1959). On dit alors que l'animal adopte une stratégie « gagne-répète / perd-change » (*win-stay / lose-shift*). Cela signifie que l'apprentissage consiste à réagir en fonction de l'issue du choix effectué au précédent essai, retenu comme « mémoire » ou « trace » du stimulus (Restle, 1958). Ceci est confirmé par le fait que les meilleures performances, aussi bien chez les Oiseaux que chez les Primates, dépendent de la brièveté des intervalles entre essais (Bessemer et Stollnitz, 1971 ; Kamil et Mauldin, 1975).

Autre exemple intéressant de transfert : celui d'apprentissage sériel d'inversions des réponses correcte et incorrecte (*serial reversal learning*). Dans ce cas, on utilise toujours les deux mêmes stimulus, mais l'un d'eux est associé au renforcement dans les problèmes de rang pair, tandis que l'autre y est associé dans ceux de rang impair. Habituellement tous ces problèmes comportent le même nombre d'essais successifs, mais on peut également passer au problème suivant lorsque la performance au problème précédent a satisfait à un critère de réussite donné. C'est ainsi que Gatling (1952), ayant dressé des rats à sauter dans un appareil de Lashley, leur présentait deux cartes à la fois : l'une, gris clair, était le stimulus vers lequel sauter lors du premier problème (R_0), tandis que lors du second (R_1) les rats devaient sauter vers l'autre carte, gris foncé. Le second problème constituait ainsi une inversion de la relation $S+ / S-$ apprise précédemment ; le 3e problème, par contre, rétablissait cette relation puisqu'il réalisait une seconde inversion (R_2) ; et ainsi de suite... Il y avait dix essais par jour, et le critère de réussite consistait à ne commettre qu'une erreur au plus par jour durant deux jours de suite. La figure 34 montre que les premières inversions ont été à l'origine de nombreuses erreurs, mais que celles-ci ont décru lors des inversions suivantes. Ce graphique est une courbe « inter-inversions » (*between reversals*).

Il est tout aussi intéressant de tracer des courbes « intra-inversions » (*within reversals*) pour illustrer l'évolution de la performance à partir du premier essai d'un nouveau problème, c'est-à-dire immédiatement après une inversion. La figure 35 montre des courbes de ce type, relatives à la différenciation que faisaient des pigeons entre

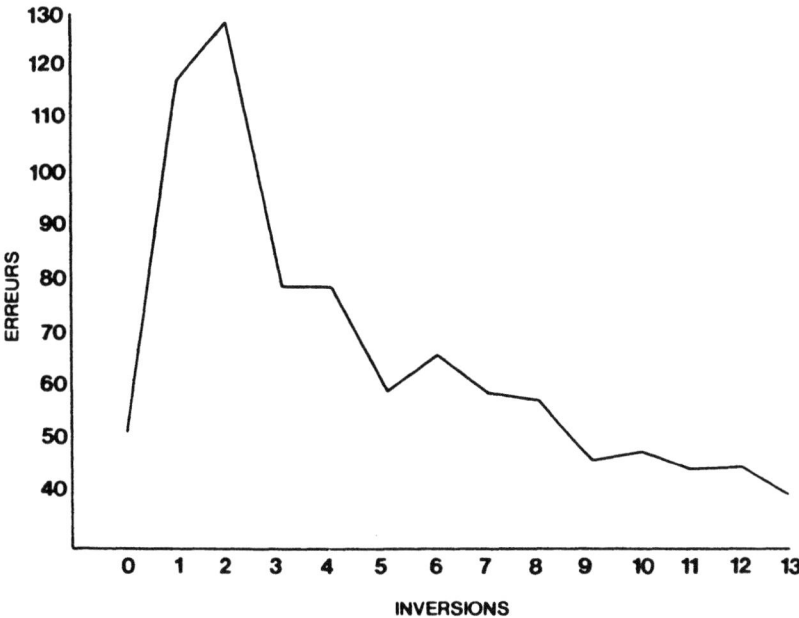

Figure 34: Evolution du nombre d'erreurs commises par des rats au cours d'inversions successives des termes S+ et S− d'une différenciation. On observe une détérioration de la performance initiale lors des premières inversions, puis une amélioration progressive avec la répétition des inversions (Gatling, 1952).

un stimulus rouge et un vert (Bitterman, 1968). Ces oiseaux effectuaient 40 essais par jour (on ne voit ici que les résultats des 10 premiers) sur le même problème pendant deux jours de suite; ensuite la tâche était inversée, le S+ devenant le S− durant les deux jours suivants. La courbe montre l'évolution de la probabilité des erreurs lors du premier jour de l'expérience, quand la discrimination rouge-vert est réalisée pour la première fois, ainsi qu'en quatre autres occasions: au premier (1) et au 120e (120) problèmes d'inversion, et pour chacun de ces problèmes, soit après l'inversion (R), soit le jour suivant et donc sans inversion (NR). On voit que les transferts sont manifestes d'un jour sur le suivant, et que leur résultat est favorable à la performance s'il n'y a pas inversion, mais qu'il est défavorable s'il y a eu une inversion. On note que l'importance des transferts diminue beaucoup entre le 1er et le 120e problème. D'une manière générale, le niveau moyen de performance à un problème donné s'élève au fur et à mesure des inversions successives. Il se peut que cela soit dû à un effet d'oubli causé par une «inhibition proactive»: à

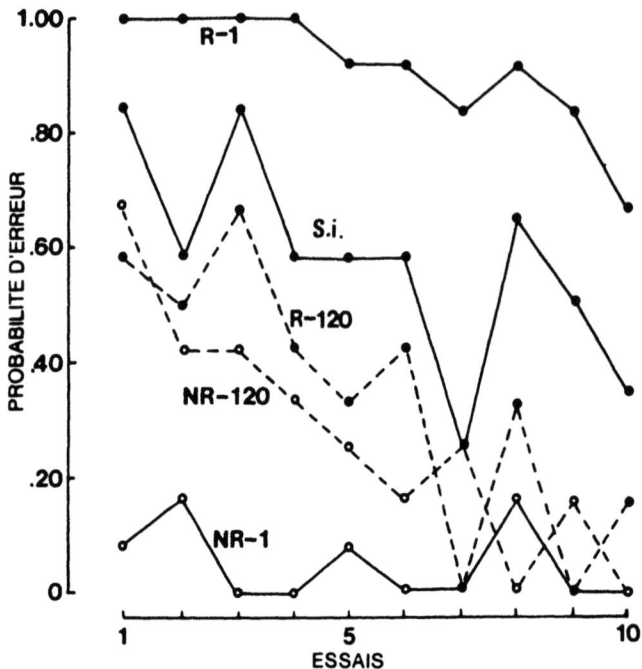

Figure 35: Inversion de discrimination chez des pigeons: évolution de la probabilité d'erreur au cours de 10 essais consécutifs durant la session initiale (S.I.), durant la première session avec inversion (R-1) et la 20ᵉ (R-120), ainsi que lors des deux sessions suivantes, sans inversion (NR-1 et NR-120) (Bitterman, 1968).

la suite de renforcements contraires répétés, les animaux ne se rappellent plus quel stimulus était renforcé le jour précédent.

Néanmoins cette explication ne suffit pas à rendre compte du fait que souvent la performance s'améliore si bien qu'elle est finalement meilleure que celle qui a été réalisée lors de la discrimination initiale (R_o), sans inversion préalable. On note une vitesse accrue pour maîtriser chaque problème; cela rappelle ce qu'on observe dans la formation d'une «attitude d'apprentissage», c'est-à-dire lors de tâches successives de discrimination répondant à la même règle, mais portant sur des paires de stimulus chaque fois différentes. D'ailleurs les progrès qui sont effectués lors d'un apprentissage d'inversions successives ont pour effet de faciliter ensuite la discrimination d'objets chaque fois différents; on l'a constaté chez les chimpanzés (Schusterman, 1964), chez les macaques (Warren, 1966) et chez les geais (Kamil, Jones, Pietrewicz et Mauldin, 1977). Les progrès de l'apprentissage d'inversion discriminative ne peuvent cependant pas être dus à l'application de la règle «gagne-répète / perd-change», car celle-ci suppose que les intervalles entre essais sont courts. Or North (1959) a constaté que chez les rats, les inversions successives d'une tâche de discrimination de la clarté des stimulus, s'accompagnaient de progrès même si on n'effectuait qu'un essai par jour. Une explication de ces progrès ne peut pas être fondée sur un mécanisme d'oubli, puisque l'oubli retarderait l'accession au critère d'apprentissage (fixé ici à 11 réponses correctes en 12 essais, sans erreur lors des 8 derniers).

La plupart de ces expériences d'inversion de différenciation sont réalisées avec une procédure de présentation simultanée des stimulus, mais on peut les réaliser également avec celle de présentation successive. Woodard, Schoel et Bitterman (1971) ont ainsi entraîné des pigeons à inverser leur choix de becqueter un disque qui est éclairé tantôt en rouge et tantôt en vert. L'examen attentif de l'évolution des réponses au cours de chaque problème montre que, au fil des inversions successives, les oiseaux apprennent à essayer d'abord chacun des stimulus, puis à délaisser celui qui n'est pas associé au renforcement, même s'il l'était lors de la session expérimentale précédente. Inversement, c'est la facilité à répondre au stimulus qui n'était pas renforcé précédemment, qui augmente au fil des inversions. Les effets de non-renforcement jouent donc un rôle essentiel dans ce type d'apprentissage, que les théories actuelles n'expliquent pas encore très bien. Pour le moment, c'est en étudiant le niveau final auquel peuvent parvenir les performances d'inversion, c'est-à-dire les conditions de leur maximum d'efficacité, que nous progresserons dans la compréhension de ce type d'apprentissage.

Les essais comparatifs ont paru indiquer l'existence d'une liaison entre le degré d'évolution phylogénétique des espèces étudiées, et leur niveau de maîtrise vis-à-vis des effets de transfert entre problèmes successifs. Selon Harlow (1959), les macaques sont supérieurs aux ouistitis pour acquérir une attitude d'apprentissage (*learning set*), et les Primates en général surpassent les autres Mammifères à cet égard. Cependant, on a pu montrer que la facilité à former une telle attitude dépend avant tout de la discriminabilité des stimulus employés, pour chaque espèce à comparer aux autres (Warren, 1973). De leur côté, Sutherland et Mackintosh (1971) ont constaté que les inversions de discrimination sont plus facilement apprises par les rats que par les pigeons, et mieux par ces derniers que par les poissons. Bien qu'on en ignore les raisons, c'est un fait que les poissons n'améliorent généralement pas leurs performances après plusieurs inversions (Behrend, Domesick et Bitterman, 1965), mais dans certaines circonstances ils en semblent capables néanmoins (Engelhardt, Woodard et Bitterman, 1973). Là encore, la nature des stimulus employés relativement à l'espèce animale étudiée est une variable déterminante. Par exemple, les inversions de discrimination s'établissent bien plus facilement chez les rats si les stimulus sont olfactifs que s'ils sont visuels ou auditifs (Nigrosh, Slotnick et Nevin, 1975).

Manifestement, bien des choses nous échappent encore à propos des effets de transfert entre discriminations successives. Nous en reparlerons cependant à propos du problème de l'attention, car ses principales données sont constituées, précisément, par les résultats expérimentaux obtenus dans les expériences de transfert d'apprentissage.

L'attention

La plus simple des théories de l'apprentissage discriminatif est la conception «continuiste», qu'on désigne également du nom de «théorie du conditionnement et de l'extinction». Les noms qui s'y rattachent sont ceux de Pavlov (1927), de Hull (1929) et de Spence (1936). Nous avons vu, à propos des gradients de généralisation, quels sont ses principes fondamentaux, et notamment celui-ci: la réponse à un stimulus complexe est régie par sa valeur associative, qui est la somme algébrique des valeurs associatives de ses éléments. Ces valeurs élémentaires sont toutes augmentées après un essai renforcé, et diminuées après un essai non renforcé. Toutes ces modifications sont supposées se produire *indépendamment* les unes des autres dans cette première version de la théorie; en effet, le principe du partage de la valeur associative totale entre les stimulus élémentaires n'a été introduit que récemment (Rescorla et Wagner, 1972). La réponse différentielle à deux stimulus SX et S'X dépendra donc de la différence de leurs valeurs associatives V_S et $V_{S'}$, résultant de l'inégalité des renforcements reçus au cours de l'entraînement. Ajoutons que les stimulus communs X exercent un effet dû à leur valeur V_X, dont il faut tenir compte à chaque essai, et que la généralisation de l'excitation ou de l'inhibition s'effectue d'autant mieux entre S et S' que ces stimulus se ressemblent davantage.

C'est à une conception toute opposée que sont parvenus Lashley (1929) et Krechevsky (1932) à la suite de leurs premières observations. Considérons en effet les courbes individuelles d'apprentissage de rats entraînés dans l'appareil à saut de Lashley à discriminer des cartes blanches et noires. On ne constate pas de progrès graduels et lents, s'étendant sur toute la série d'essais qui précède l'accession au critère d'apprentissage, mais plutôt une longue période initiale de réponses apparemment aléatoires à laquelle fait suite, presque sans transition, une phase de réponses correctes. Durant la première phase, celle de «pré-solution», les rats sautent généralement toujours du même côté. Lashley en concluait que les rats ne font attention qu'à la position relative des deux cartes, et qu'ils n'apprennent rien durant ce temps concernant leur teinte. De son côté, Krechewsky a entraîné des rats dans un problème d'orientation insoluble ; il employait des stimulus blanc et noir, placés au hasard tantôt à droite et tantôt à gauche du point de choix, et tous ces stimulus étaient associés au renforcement de façon aléatoire. Malgré cela, les réponses des rats n'en manifestent pas moins des régularités inattendues. Par exemple, un rat peut très bien manifester d'abord une nette préférence pour tourner du côté gauche, quelle que soit la teinte du stimulus placé de ce côté, après quoi il choisira toujours de tourner vers le stimulus noir, qu'il se trouve à droite ou bien à gauche ; ensuite il pourra revenir à son premier choix, ou en faire un autre (tourner à droite, par exemple). Selon Krechewsky, ces fluctuations des modes de réponse sont l'expression de changements d'attention, laquelle se porte tantôt sur un aspect de la situation, tantôt sur un autre, jusqu'à ce que soit découvert l'indice correct (du moins, si le problème est soluble).

Ces anciennes observations sont à l'origine de la théorie «discontinuiste» de l'apprentissage discriminatif, ou théorie «de l'attention», qui a été reprise et perfectionnée ces dernières années, notamment par Sutherland et Mackintosh (1971). Leur hypothèse principale consiste en ce que les animaux sont supposés choisir, parmi les composants d'un stimulus complexe, ceux auxquels ils prêtent attention tandis qu'ils négligent les autres. Les réponses ne dépendent pas de toutes les valeurs associatives combinées des divers éléments de stimulation, mais seulement de celles des éléments auxquels l'animal fait attention à ce moment. Les valeurs de ces éléments seront d'ailleurs les seules à être modifiées par suite de l'issue de renforcement (ou de non-renforcement) de ces réponses. Par exemple, si l'animal choisit le stimulus noir (N) placé à gauche (G), c'est V_N qui sera augmentée en cas de renforcement si l'animal fait attention à la teinte du stimulus ; au contraire V_G serait augmentée (et non V_N) s'il faisait attention à sa position. On conçoit évidemment que l'attention puisse se modifier: l'apprentissage discriminatif consiste autant à savoir quel stimulus mérite attention, que ce qu'il signifie.

Les diverses théories de l'attention présentent plusieurs points de désaccord. Ainsi, selon Lashley et Krechevsky, le processus attentionnel agit au niveau des qualités sensorielles: noir, gauche, etc..., tandis que pour Sutherland et Mackintosh, il porte sur une dimension de stimulation sur une modalités perceptive: l'animal prête attention à la clarté, ou bien à la latéralité. Selon cette dernière conception, l'animal réagit aux informations fournies par ses «analyseurs» dimensionnels. La puissance de chacun de ces analyseurs est augmentée par le renforcement différentiel des réponses qui sont guidées par les informations qu'il fournit; il est affaibli, au contraire, si ce renforcement n'est pas différentiel. Cela signifie que l'attention portée à la dimension visée par cet analyseur est accrue, ou bien diminuée; en conséquence, les effets associatifs sur la réponse s'en trouvent également augmentés ou diminués.

Lashley et Krechevsky supposaient que les rats prêtent attention à une qualité sensorielle à la fois, et à une seule, comme par exemple: *soit* blanc, *soit* placé à gauche, pour un stimulus donné. Or cela est inexact: Eninger (1953) a observé qu'au moment où un rat réagit encore d'après la latéralité de présentation des stimulus, la latence de ses réponses commence à varier selon la teinte, blanche ou noire, de ceux-ci. C'est pourquoi Sutherland et Mackintosh ont élaboré une théorie selon laquelle l'animal est capable de porter son attention sur plusieurs stimulus à la fois, ou sur plusieurs qualités distinctes d'un même stimulus. Autrement dit, les animaux sont capables de traiter l'information fournie par plusieurs analyseurs en même temps. Les analyseurs entrent toutefois en compétition du fait que la somme de leurs actions est constante, et que l'augmentation de la puissance de l'un d'entre eux n'est possible qu'au prix de la diminution de celle des autres. Cette supposition a reçu le nom «d'hypothèse inverse» (*inverse hypothesis*). Elle est donc incompatible avec celle d'un «niveau général d'attention», que nous avons évoquée à propos des effets de l'entraînement discriminatif extra-dimensionnel sur les gradients de généralisation. Mackintosh (1975) lui-même a admis qu'on pouvait abandonner l'hypothèse «inverse» et que la seule hypothèse fondamentale de la théorie «de l'attention» consiste en ce que l'entraînement peut modifier l'attention portée à un stimulus indépendamment de la valeur associative que celui-ci a acquise.

Les stimulus redondants

On a effectué, en matière d'entraînement instrumental discriminatif, des expériences analogues de celles qui sont connues en conditionnement classique sous le nom de « masquage » (*overshadowing*) et de « blocage » (*blocking*), et qui ont été décrites dans le premier chapitre. Ces expériences mettent en jeu des stimulus qui diffèrent entre eux sous plusieurs aspects à la fois, et leurs résultats concernent au premier chef la question des processus d'attention.

1. Masquage

Dans une expérience analogue du « masquage » classique, Lovejoy et Russell (1967) ont dressé des rats à choisir entre des rectangles présentés ensemble. Pour les sujets témoins, ces rectangles ne différaient que par l'orientation selon laquelle ils étaient présentés, tandis que pour ceux du groupe de masquage, ils différaient également par leur teinte. Après que ces derniers sujets aient acquis la discrimination, on leur a présenté les rectangles de teinte identique utilisés pour les rats témoins : ils se sont montrés incapables de choisir entre ces stimulus ne différant que par l'orientation. Tennant et Bitterman (1975) ont obtenu des résultats semblables chez des carpes, en employant comme stimulus des bandes colorées et inclinées qui différaient entre elles soit par l'inclinaison seulement, soit par l'inclinaison et par la couleur.

De tels résultats sont souvent pris pour preuve de la fausseté de l'hypothèse continuiste de Hull et Spence, mais ils ne sont pas très convainquants. En effet, la mauvaise performance au test observée chez les sujets soumis au masquage des stimulus peut être due à ce qu'ils ont beaucoup moins souvent répondu au S– durant leur entraînement que ne l'ont fait les animaux témoins, car ils commencé plus tôt qu'eux à choisir le S+ sur la base des indices ou stimulus « masquants », qui sont les plus apparents : la teinte des rectangles pour les rats, la couleur des bandes pour les poissons.

Selon Mackintosh et Sutherland, cela traduit les inégalités des « puissances de base » (*basal strength*) des différents analyseurs. Les sujets mis en condition de masquage réagissent tout d'abord suivant l'analyseur le plus puissant (par exemple, la teinte), et comme l'indice fourni est pertinent (ou valide, c'est-à-dire associé au renforcement), ces sujets n'apprennent rien suivant l'autre analyseur (par exemple, l'orientation), alors que les animaux témoins sont bien obligés de le faire. En outre, plus vite l'animal détecte des différences de renforcement liées à une dimension donnée de stimulation, et plus il utilise au maximum l'analyseur correspondant. Cet argument est malheureusement circulaire: la puissance de l'analyseur permet de détecter au plus vite ces différences, et elles augmentent en retour la puissance de cet analyseur.

En fait, on peut rendre compte des effets de masquage sans faire appel au concept d'attention, si l'on abandonne le principe d'indépendance dans l'augmentation des valeurs associatives, et si l'on adopte celui du partage de la valeur associative totale. C'est ce que propose la théorie de Rescorla et Wagner (1972), qui est bien continuiste en ce sens qu'elle fait appel à un seul processus d'apprentissage et non à deux. Dans cette hypothèse, les stimulus acquièrent plus ou moins de force associative selon qu'ils sont plus ou moins apparents, mais il n'est pas envisagé que ce «relief» perceptif des stimulus puisse être modifié du fait de l'apprentissage qui en résulte.

Dans les expériences de masquage, on observe souvent que les animaux qui ont affaire à des stimulus qui diffèrent sous deux aspects au moins, apprennent plus vite que les sujets témoins, pour lesquels les stimulus ne diffèrent que sous un seul aspect. Un exemple en est fourni par une expérience de Eninger (1952), consistant à entraîner des rats dans un labyrinthe en forme de T, de manière à choisir celle des deux allées qui mène au but garni de nourriture. Il y avait trois groupes de sujets; ceux du premier groupe devaient tourner d'un côté quand ils entendaient un signal sonore, et de l'autre côté s'ils ne résonnait pas. Les rats du second groupe devaient tourner d'un côté si le couloir d'entrée était noir, et de l'autre côté s'il était blanc. Pour les animaux du troisième groupe, ces deux indices, visuel et auditif, étaient présentés à la fois, et ils étaient également valides. Des trois groupes, c'est ce dernier qui a appris le plus vite (fig. 36).

Cela se comprend facilement d'après la théorie continuiste de Hull et Spence, puisque les valeurs associatives des stimulus peuvent s'additionner. De même, la version modifiée par Wagner et Rescorla prédit que, si le maximum de la performance doit être le même finalement pour les trois groupes, néanmoins il sera atteint plus vite par celui qui bénéficie d'indices redondants. Pour expliquer en termes d'attention des résultats comme ceux d'Eninger, il faut supposer que certains rats prêtent attention plus volontiers aux stimulus visuels, et d'autres rats plus volontiers aux stimulus auditifs (Sutherland et Mackintosh, 1971). Dans la condition de redondance, ces deux types d'animaux seront capables d'apprendre vite, puisque leur analyseur dominant est valide de toute façon. Par contre, si un seul type d'indices est disponible, un certain nombre de rats seront gênés s'il ne

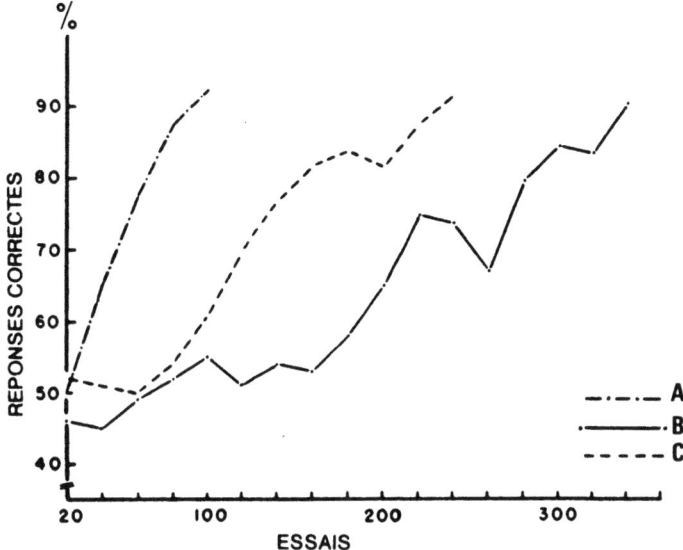

Figure 36 : Courbes d'apprentissage d'orientation de rats entraînés dans une situation de discrimination successive, soit avec des indices visuels et auditifs combinés (A), soit avec des indices auditifs seulement (B), soit avec des indices visuels seulement (C) (Eninger, 1952).

correspond pas à leur type d'analyseur dominant; le retard d'acquisition de ces sujets se répercutera alors sur la performance moyenne de leur groupe. Cela implique que si l'un des deux analyseurs était dominant pour *tous* les sujets, on ne devrait pas observer de différence entre ceux qui sont dans la condition de redondance et ceux qui ne le sont pas. Cela a été vérifié par Warren (1953) chez le Macaque, en employant des stimulus visuels différant par la forme, la couleur et la taille.

2. Blocage

Le « blocage » est un autre phénomène qu'on observe dans le conditionnement classique envers des stimulus composites, et dont on peut trouver l'équivalent dans l'apprentissage instrumental discriminatif. Par exemple, Tennant et Bitterman (1975) ont entraîné des Carassins à discriminer deux lignes obliques à 45°, présentées successivement, l'une bleue et l'autre verte; ensuite, ils leur ont fait différencier des lignes horizontales et verticales de ces deux couleurs. Pour les poissons mis en condition de blocage, la couleur qui était S+ au cours de la première phase continue de l'être dans la seconde;

l'adaptation de ces sujets à la nouvelle tâche de discrimination est rapide. Pour les poissons témoins, la couleur qui était S+ lors de la première phase devient S− dans la seconde; leur adaptation à la nouvelle discrimination s'en trouve ralentie. Enfin, lors d'une troisième phase, les poissons des deux groupes sont soumis à des tests sans renforcement, où ils doivent distinguer des lignes horizontales et verticales *blanches* : les sujets témoins y parviennent bien, mais ceux du groupe de blocage en sont incapables : l'indice de couleur a « bloqué » chez eux l'usage de celui d'inclinaison. Dans une autre expérience du même type, Tennant et Bitterman ont réalisé le blocage inverse, celui de la couleur des lignes par leur inclinaison.

Selon la théorie du Sutherland et Mackintosh, l'analyseur de couleur, pleinement employé durant la phase initiale de l'entraînement, est encore valide durant la seconde phase pour les sujets du groupe de blocage, et cela les empêche d'apprendre quoi que ce soit de l'obliquité ou de la verticalité des lignes. Au contraire, les sujets témoins abandonnent l'emploi de l'analyseur de couleur, puisqu'il ne prédit pas le renforcement, et adoptent celui de l'analyseur d'inclinaison.

Ces résultats peuvent également être expliqués par la théorie continuiste de Wagner et Rescorla, en termes de compétition entre les stimulus pour augmenter leur propre valeur associative. D'ailleurs la conception continuiste de Hull et Spence n'est pas à écarter, car les expériences de blocage lui fournissent le même argument que celles de masquage, fondé sur un défaut commun qui a été dénoncé plus haut : les sujets soumis au blocage (comme au masquage) ne donnent que très peu de réponses au stimulus S− lors de la seconde phase.

Deux variantes théoriques ont été proposées récemment, l'une par Mackintosh, l'autre par Rescorla. Selon Mackintosh (1971, 1975 a, b), on peut se passer du principe du partage de la valeur associative totale, ainsi que de « l'hypothèse inverse ». Il suffit pour cela de supposer que la valeur associative d'un stimulus augmente ou diminue de la même façon que sa disponibilité perceptive, que son « relief » (*salience*) en quelque sorte. Réciproquement, ce relief perceptif augmente quand le stimulus gagne de la valeur associative, c'est-à-dire quand il est un bon prédicteur du renforcement; les stimulus mauvais prédicteurs, eux, perdent peu à peu tout relief et finissent donc par ne plus exercer aucune action. Les expériences réalisées jusqu'à présent ne permettent pas de conclusion définitive sur ce point.

Rescorla (1971) part du fait qu'en présentant à plusieurs reprises un stimulus isolé avant de l'associer à un renforcement (ou à son absence), on rend difficile sa conversion en signal conditionnel excitateur ou inhibiteur. Sans abandonner le principe du partage de la valeur associative totale, Rescorla propose que le «relief» perceptif d'un stimulus puisse se modifier en fonction de sa valeur associative propre.

Les trois théories modernes, celles de Sutherland et Mackintosh, celle de Rescorla et celle de Mackintosh, diffèrent sur un point fondamental de l'ancienne conception continuiste de Hull et Spence. Elles impliquent toutes trois que l'expérience des stimulus qu'a le sujet peut modifier leur disponibilité perceptive, indépendamment de leur liaison associative avec la réponse et de ses modifications à la suite de l'entraînement reçu. Cette implication a été soumise à l'épreuve d'expériences qui vont être décrites maintenant.

La discriminabilité des indices et son acquisition

Pavlov (1927) avait noté que ses chiens étaient incapables de distinguer des sons de tonalités voisines, comme 2.324 Hz et 2.600 Hz, à moins qu'on ne leur fasse discriminer d'abord des sons de tonalités bien distinctes et qu'on réduise ensuite peu à peu la différence de leurs fréquences acoustiques. Après que les chiens aient appris à distinguer de cette façon des sons de tonalités proches, cette distinction restait acquise même si l'on changeait la nature du renforcement, par exemple en remplaçant la poudre de viande par une solution acide, ce qui produisait un changement qualitatif de la sécrétion salivaire. Ces résultats anciens montraient déjà qu'on peut modifier la discriminabilité des stimulus indépendamment des réponses qu'ils produisent.

Longtemps après, Lawrence (1949, 1950) mena des recherches sur cette question en effectuant notamment des expériences de discrimination combinant plusieurs stimulus. Ainsi, il a entraîné des rats à choisir entre deux compartiments blanc et noir, ou bien étroit et large, ou bien à sol lisse ou rugueux; ensuite, il leur a appris une discrimination successive où l'une de ces paires de stimulus constitue l'indice pertinent, mais non les deux autres. Par exemple, si les deux allées entre lesquelles choisir sont blanche et large ou blanche et étroite, les rats doivent tourner à droite au carrefour; tandis que si elles sont noire et étroite ou noire et large, c'est à gauche qu'ils doivent tourner. Les stimulus renforcés sont donc ici ceux de teinte, non ceux de largeur. Lawrence pensait que si les indices pertinents étaient les mêmes dans les deux tâches (par exemple, la teinte), on observait un transfert positif de la première sur la seconde, et au contraire un transfert négatif au cas où les indices pertinents seraient différents (par exemple, la teinte, puis la largeur). Il en aurait été ainsi si la première tâche avait accentué le «relief» des indices corrects, ce qui aurait retenu l'attention des rats dans la seconde tâche. C'est pourquoi il était important de disposer d'un groupe témoin, pour lequel les indices pertinents de la première tâche (par exemple, noir = S+; blanc = S−) ne seraient pas présentés dans la deuxième (par exemple, les deux allées sont grises). Or ce contrôle expérimental montre que la prédiction de Lawrence était en partie fausse: on observe bien le transfert positif qu'il prédit, mais non le transfert négatif, en ce sens que les rats pour qui les indices pertinents dans la première tâche ne le sont plus dans la seconde, n'apprennent pas cette dernière plus difficilement que les rats témoins. En outre, le transfert positif ne s'observe que dans le cas des indices de teinte, mais non dans celui des indices de largeur. Or, comme ceux-ci s'avèrent être les plus difficiles à discriminer d'après ce qu'on observe lors de la première tâche, on s'attendrait à ce que ce soient eux qui profitent le plus d'une accentuation de leur «relief».

Malgré l'intérêt suscité par les expériences de Lawrence, peu de chercheurs en ont réalisé de semblables. Celles de Siegel (1967) et de Pullen et Turney (1977) ont montré en tout cas que les effets de transfert positif n'étaient pas sans rapport avec la nature de la réponse motrice, et que la latéralisation de celle-ci rendait compte des similitudes observées entre le mode de réponse appris lors de la première tâche et celui qui est manifesté à la seconde. Dès lors, il importait de reprendre ce problème en employant des situations et des modes de réponse de tout autre nature.

C'est ce qui explique l'intérêt que présentent les expériences concernant l'effet du surapprentissage sur l'inversion de la réponse, ou ORE (*overlearning reversal effect*). Reid (1953) avait entraîné des rats à discriminer un stimulus noir d'un autre blanc, jusqu'à qu'ils soient capables d'effectuer 9 choix corrects sur 10 essais (1er groupe), ou bien jusqu'à ce qu'ils aient effectué 50 essais de choix supplémentaires (2e groupe), ou enfin 150 essais supplémentaires (3e groupe). Les rats de ces deux derniers groupes étaient donc soumis à un surentraînement (*overtraining*), donnant lieu à un surapprentissage (*overlearning*). Inversant ensuite les valeurs de S+ et S− relatives aux teintes noire et blanche (*reversal*), Reid constata un effet de facilitation dû au surapprentissage sur l'inversion du choix discriminatif: les rats qui avaient eu à choisir le plus grand nombre de fois la teinte blanche (par exemple) étaient ceux qui avaient besoin du moins grand nombre d'essais pour choisir à présent la teinte noire.

On peut voir là un cas où deux processus distincts d'acquisition évoluent à des vitesses différentes: la différenciabilité des stimulus d'une part, et leur liaison à la réponse renforcée d'autre part. Selon l'explication de Sutherland et Mackintosh, tout se passe comme si la puissance des analyseurs sensoriels augmentait moins vite que celle de leur liaison à la réponse de choix. Si l'on adhère à la conception de Rescorla (1971) ou à celle de Mackintosh (1975), on dira que le «relief» des stimulus croît moins vite que leur valeur associative V. Le surapprentissage, qui intervient *après* que cette valeur V ait atteint son maximum, permet d'amener également à son maximum la puissance de l'analyseur concerné; c'est ce qui facilite la discrimination d'un nouveau choix à effectuer sur cette dimension sensorielle.

Comme l'ont noté Sutherland et Mackintosh, cet ORE n'en reste pas moins un phénomène élusif, qui est moins souvent présent qu'absent dans le vaste ensemble d'expériences ayant eu pour objet de le mettre en évidence. Toutefois leur théorie de l'attention ne spécifie pas que l'ORE se rencontre dans tous les cas; ainsi, il n'y en aura pas selon ces auteurs, si l'analyseur est devenu puissant dès la fin de l'apprentissage, alors que la liaison du stimulus pertinent à la réponse n'a pas encore atteint sa valeur maximum. Pour qu'il y ait un ORE, il est bon que la situation d'apprentissage comporte une dimension de stimulation ayant du «relief», mais qui ne soit pas pertinente. D'autre part, le critère d'apprentissage ne doit pas être choisi trop élevé, de façon à ce que la puissance de l'analyseur n'ait pas atteint sa valeur maximum au moment où commence la seconde tâche de discrimination, inverse de la première. Il se trouve que l'ORE s'observe plus facilement si les récompenses sont fortes que si elles sont petites; Sutherland et Mackintosh interprètent cela en disant que les fortes récompenses augmentent bien la liaison des stimulus à la réponse, mais non la puissance de l'analyseur concerné. Ce n'est qu'un des exemples parmi d'autres des difficultés qu'éprouvent ces auteurs à rendre compte de données diverses et fluctuantes. En réalité, il y a trop d'expériences, comme celles de Lukaszewska (1968), qui ne mettent en évidence aucun ORE alors que toutes les conditions paraissent réunies pour qu'on observe cet effet.

On a donc proposé d'autres explications à l'ORE. Ainsi, cela pourrait bien n'être rien de plus qu'un effet d'extinction après surapprentissage, qui se réalise mieux si la récompense est relativement forte;

l'ORE n'aurait donc rien à voir avec l'attention (Birch, Ison et Sperling, 1960). On a fait remarquer également que le S− de la première tâche devient de moins en moins aversif quand l'entraînement se prolonge, puisque l'animal n'y réagit pratiquement plus (D'Amato et Jagoda, 1961). A cet égard, Sutherland et Mackintosh notent que l'effet facilitateur du surentraînement se manifeste malgré une préférence accrue pour le S+ de la première tâche, au moment où débute la seconde tâche qui requiert la réponse opposée. C'est ce qu'illustre la figure 37, relative à deux rats dressés à distinguer un stimulus noir d'un blanc en présentation simultanée; l'un des sujets est entraîné jusqu'à ce qu'il atteigne un critère de réussite donné, et l'autre est surentraîné, au-delà de ce même critère, par des essais supplémentaires. La figure montre les courbes de réapprentissage inverse de ces deux sujets. Le rat qui a été simplement entraîné jusqu'à un critère donné abandonne vite le choix d'une teinte pour adopter celui d'une

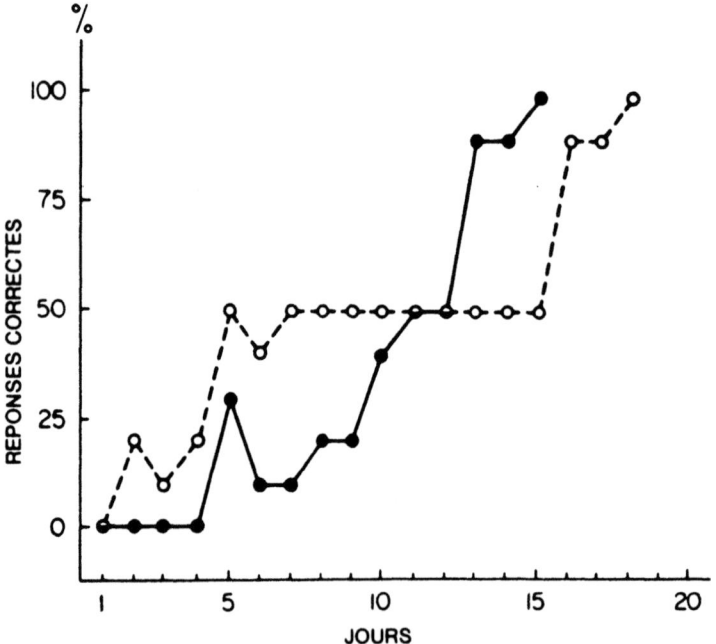

Figure 37: Courbes de réapprentissage discriminatif après inversion chez deux rats, l'un entraîné jusqu'à ce que le critère d'acquisition soit juste atteint (cercles clairs), l'autre surentraîné au-delà de ce critère (cercles noirs) (Sutherland et Mackintosh, 1971).

latéralité de réponse, ce qui se traduit par une succession de scores moyens de 50 % d'essais réussis; ensuite seulement, il choisit la nouvelle teinte correcte. Le rat surentraîné persiste davantage à choisir l'ancienne teinte correcte, puis il adopte la nouvelle, sans avoir émis entre temps de choix fondés sur la latéralité. L'interprétation est ici évidente: le surapprentissage a permis à l'analyseur de teinte de gagner une telle puissance, que celui de latéralité n'entre pas en action au moment de l'inversion, et ne ralentit donc pas le réapprentissage. Il serait souhaitable que de tels cas individuels soient décrits en détail et en plus grand nombre, au lieu d'être noyés dans des statistiques de groupe pour constituer des courbes d'apprentissage sous forme de scores moyennés.

Selon Sutherland et Mackintosh, l'analyseur des indices pertinents perd un peu de sa puissance au début de la tâche de discrimination inverse, puisqu'à ce moment il ne prédit plus le renforcement. Cependant, il regagne vite cette puissance quand c'est l'autre stimulus, ressortissant à la même dimension sensorielle, qui devient un tel prédicteur. Les analyseurs des stimulus non pertinents continuent à perdre de leur puissance durant ce temps. Mais cette interprétation est mise en défaut par une expérience de Gonzalez et Bitterman (1968) réalisée avec des pigeons, et portant sur une discrimination simultanée entre deux disques de picorage. Les jours impairs, l'indice pertinent était la couleur projetée sur ces disques: verte ou rouge; les jours pairs, c'était leur position, à droite ou à gauche, indépendammment de leur couleur. Bien qu'il n'y ait eu de renforcement différentiel qu'un jour sur deux pour chacune de ces deux dimensions sensorielles, les performances de choix portant sur la couleur augmentèrent de la même façon que celles portant sur la latéralité, ou bien que les performances de sujets témoins d'un second groupe. Ceux-ci n'étaient entraînés que les jours impairs, sur le choix des couleurs, tandis que les jours pairs, ils étaient laissés au repos. Des sujets témoins d'un troisième groupe étaient renforcés de la même façon les jours impairs, mais les jours pairs ils étaient soumis à un renforcement non différentiel des couleurs et des latéralités; or ce traitement eut pour effet de gêner leur différenciation des couleurs les jours impairs. Voilà donc un exemple de plus montrant les effets négatifs de la procédure de pseudo-discrimination; tout se passe comme si elle avait pour conséquence d'abaisser le *niveau général d'attention*. On voit en tout cas qu'il faut abandonner «l'hypothèse inverse» si l'on veut rendre compte du parallélisme des progrès réalisés par les pigeons du premier groupe dans les deux discriminations, puisque tout renforcement différentiel dans une dimension s'accompagnait nécessairement d'un renforcement non différentiel dans l'autre dimension.

En effet, les pigeons continuaient de préférer, un jour sur deux, la même couleur, bien qu'entre temps cette couleur n'ait pas été associée plus que l'autre couleur au renforcement. Cela prouve simplement, diraient les théoriciens continuistes, qu'il aurait fallu pousser davantage encore le traitement de renforcement non différentiel des indices de couleur, qui n'était appliqué qu'un jour sur deux. Une explication inspirée par Sutherland et Mackintosh serait que la préférence pour une couleur change dès que change le foyer de l'attention, c'est-à-dire l'analyseur dominant. Mais un résultat embarrassant consiste en ce que le renforcement non différentiel donné les jours pairs (tandis que les indices de position, eux, sont renforcés) ne gêne en rien la préférence manifestée pour la couleur correcte les jours impairs, car elle n'est pas moindre chez ces sujets que chez les témoins qui sont au repos les jours pairs. C'est comme si l'attention passait instantanément de la dimension de couleur à celle de latéralité, et réciproquement, sans que les valeurs associatives des stimulus soient modifiées. La théorie continuiste ne fournit aucune explication de ces conversions soudaines des systèmes de réponse; elle ne peut donc expliquer les résultats de Gonzalez et Bitterman, ni ceux de Lawrence et Mason (1955) et de Goodwin et Lawrence (1955), qui sont très semblables, bien qu'il s'agisse de rats et non de pigeons. Par contre, ces résultats n'infirment pas les théories de l'attention, car aucune d'elles n'a jamais impliqué que la préférence pour un stimulus donné soit amoindrie par le renforcement non différentiel de la dimension où se situe ce stimulus. Autrement dit, ces théories n'ont pas fait l'hypothèse d'une *in*différenciabilité des stimulus qui serait acquise à la suite de leur renforcement non différentiel. Un tel effet, en tout cas, n'a jamais été observé (Waller, 1971; Bitterman et Elam, 1954).

Effets d'attention sur une ou plusieurs dimensions perceptives

Les expériences que nous avons décrites concernaient l'acquisition de la différenciabilité de stimulus définis; celles qu'on va voir à présent montrent quels sont les effets du renforcement sur la différenciabilité de *nouveaux* stimulus ressortissant à la même dimension perceptive.

Le premier phénomène de ce type a été observé par Pavlov (1927) chez les chiens qui devaient différencier des sons de tonalités voisines; nous l'avons citée plus haut, à propos de la différenciabilité des stimulus. Ce phénomène a été dénommé « transfert le long d'un continuum sensoriel » par Lawrence (1952), et il l'a reproduit chez des rats en les plaçant dans une situation de choix simultané. Les stimulus étaient des cartes dont les teintes consistaient en sept nuances de gris, du plus sombre au plus clair; les rats devaient distinguer entre deux gris voisins, situés au milieu de cette gamme de teintes. Pour les animaux du groupe « de discrimination difficile », ces deux teintes voisines étaient présentées, et elles seules, dès le premier essai. Les rats du groupe « de transition abrupte » avaient d'abord à différencier un gris clair et un gris foncé, du 1er au 30e essai; après quoi on leur présentait les deux gris moyens. Les rats du groupe « à transition graduelle » étaient également soumis tout d'abord à des gris très différents, mais au cours des 30 premiers essais on leur présentait des gris de plus en plus semblables, pour finir par les deux gris moyens. Au total, 80 essais ont été effectués par chaque animal, dans les trois groupes. A l'issue de cet entraînement, les performances des deux groupes « à transition » étaient bien meilleures que celles du premier groupe, dont les sujets avaient été confrontés dès le début à la « discrimination difficile ». On peut donc dire que si l'entraînement commence avec des stimulus nettement différents, l'attention de l'animal est ainsi dirigée vers l'indice pertinent, tandis que si la différence des gris est peu perceptible, l'indice de teinte est peu apparent par lui-même et l'animal l'utilise peu. Suivant Sutherland et Mackintosh, on dira que la puissance de l'analyseur de teinte est maximisée dès les premiers essais par le « relief » des stimulus, et que les liaisons de ces stimulus aux réponses renforcées se développent ainsi d'autant mieux.

On peut toutefois proposer d'autres explications, notamment en termes de gradient de généralisation du stimulus. Considérons en effet les gradients d'excitation et d'inhibition qui se forment autour de deux points situés sur un continuum sensoriel, tel que celui de la figure 29. Supposons qu'un animal soit entraîné à différencier deux stimulus correspondant à des points situés, l'un au-delà marqué $S+$, et l'autre en deçà du point marqué $S-$. Si cet animal doit ensuite distinguer deux stimulus correspondant à $S+$ et $S-$, ces deux points du continuum seront alors affectés d'une différence de valeur associative (E - I) supérieure à ce qu'elle aurait été si l'entraînement avait porté dès le début sur les points $S+$ et $S-$ eux-mêmes; il en résultera un effet de transfert positif sur l'acquisition de la différenciation de ces deux stimulus.

Le transfert sera évidemment négatif si l'on inverse les signes + et −, c'est-à-dire l'association de chaque stimulus au renforcement ou à son absence. C'est ainsi qu'a procédé Sweller (1972) afin de mettre en évidence l'effet de transfert sur une dimension perceptive. Ses sujets étaient des rats, et ils avaient à différencier deux gris assez proches, soit sans entraînement préalable, soit après avoir discriminé des gris bien distincts. Ces derniers sujets ont donc été victimes d'un effet de transfert négatif quand ils ont abordé la seconde tâche discriminative, portant sur deux gris voisins. Mais il est remarquable que ce handicap a vite été comblé : ils ont corrigé leurs erreurs et atteint le critère d'apprentissage en moins d'essais que les sujets témoins, confrontés dès le début à la discrimination « difficile ». Cela montre que la généralisation du stimulus joue bien un rôle dans le transfert dimensionnel, mais qu'elle ne rend pas compte de tout.

Il se pourrait bien, d'ailleurs, que le soi-disant « transfert sur une dimension » n'en soit pas un, c'est-à-dire qu'il ne se limiterait pas à une dimension de stimulation spécifique. Au contraire, l'entraînement à effectuer une discrimination facile dans une modalité sensorielle donnée pourrait ensuite faciliter la réussite dans une tâche de discrimination fine dans une modalité différente.

C'est ce que démontre une expérience de Tennant et Bitterman (1975), portant sur des carassins. Les poissons d'un premier groupe ont été entraînés en conditionnement operant à frapper une cible rouge, en discriminant deux sons, de 400 et de 600 Hz; les sujets d'un second groupe ont eu à effectuer cette tâche également, mais après avoir eu à distinguer deux cibles selon leur couleur, verte ou bleue (tâche très facile). Les poissons de ce second groupe discriminèrent ensuite les sons beaucoup mieux que ceux du premier groupe. Cependant d'autres expériences n'ont pas permis de démontrer une telle facilitation non spécifique. Ainsi Marsh (1969), expérimentant avec des pigeons qui devaient distinguer des couleurs très voisines (520 nm et 530 nm), n'a constaté aucune facilitation à la suite d'un préentraînement où ces couleurs étaient présentées avec des brillances nettement différentes. Par contre, il a bien noté une facilitation quand le préentraînement consistait à différencier des couleurs dissemblables.

Ce type d'expérience se rattache aux études sur les transferts intra- et extra-dimensionnels (transferts ID et ED). Selon les théories de l'attention, si un analyseur a été potentialisé par l'apprentissage d'une première discrimination dans une modalité perceptive donnée, alors l'apprentissage d'une seconde discrimination sera facilitée si elle concerne la même modalité, mais non s'il s'agit d'une modalité différente; on prédit donc un transfert ID, mais non un transfert ED.

Une étude exemplaire à cet égard est celle de Shepp et Eimas (1964), réalisée avec des rats qui devaient choisir entre deux formes recouvertes de deux sortes de rayures. Dans une première tâche, l'indice pertinent était constitué soit par la forme, soit par les rayures; dans la seconde tâche, cet indice pouvait être soit le même que dans la tâche précédente, soit être constitué par l'autre dimension perceptive. Les auteurs ont constaté que le transfert était meilleur si les deux modalités restaient les mêmes (transfert ID) que si elles étaient différentes (transfert ED). Shepp et Schrier (1969) ont obtenu des résultats semblables avec des macaques, en employant des stimulus qui différaient par la forme et par la couleur.

Cependant les résultats qu'on a obtenus chez les pigeons ne sont pas aussi démonstratifs (Couvillon, Tennant et Bitterman, 1976); chez les carassins, ils sont franchement négatifs (Tennant et Bitterman, 1973). D'ailleurs Shepp et Eimas ont répété leur expérience (Turrisi, Shepp et Eimas, 1969) mais cette fois en ne faisant varier au cours de la première discrimination que les stimulus constituant les indices pertinents: si deux formes sont à distinguer, par exemple, elles sont recouvertes des mêmes rayures. Ils ont fait varier ensuite les deux sortes de stimulus au cours de la seconde tâche, et ils ont constaté alors qu'il importait peu que les indices pertinents soient les mêmes que ceux de la première tâche, ou non (par exemple, s'il y a maintenant deux sortes de rayures, et si les rats doivent distinguer entre elles, et non plus entre les deux formes). Cela montre que les résultats de l'expérience de 1964 étaient dus à la perte d'attention vis-à-vis des stimulus non pertinents dans la première discrimination, et que pour obtenir cette baisse d'attention, il est nécessaire de renforcer non différentiellement au moins deux valeurs de la dimension perceptive considérée.

C'est pourquoi il ne semble pas que l'animal choisisse, parmi plusieurs *dimensions* perceptives, celle qui constitue l'indice pertinent (par exemple, la couleur). Il semble bien plutôt réagir aux *stimulus* particuliers (par exemple, le rouge) qu'il a associés au renforcement, et continuer de le faire quand la règle de pertinence est modifiée. Les stimulus auxquels répond l'animal sont alors présentés en même temps que les nouveaux stimulus associés au renforcement, et c'est à ces stimulus composites qu'il réagit désormais, passant ainsi d'un type d'indices à un autre. C'est du moins ce qui a été observé dans plusieurs expériences chez diverses espèces animales (Tighe et Frey, 1972; Tighe et Graf, 1972; Tennant et Bitterman, 1973).

En définitive, les expériences de discrimination ont suggéré, mais non clairement démontré, que le «relief» des stimulus ou leur associabilité pouvaient être réellement modifiés à la suite de l'entraînement reçu. Les phénomènes ainsi découverts nous indiquent qu'il convient de dépasser la conception continuiste, mais on a vu qu'il reste encore beaucoup de points à éclaircir avant de proposer de nouvelles hypothèses théoriques.

Bibliographie

ADELMAN, H.M. et MAATSCH, J.L. (1955): Resistance to extinction as a function of the type of response elicited by frustation. *J. exp. Psychol.*, **50**, 61-65.
AMSEL A. (1958): The role of frustrative nonreward in noncontinuous reward situations. *Psychol. Bull.*, **55**, 102-119.
AMSEL, A. (1967): Partial reinforcement effects on vigor and persistence, *in*: K.W. Spence et J.T. Spence (Eds.), *The Psychology of learning and motivation*, vol. I. Academic Press, New York.
AMSEL, A. (1972): Behavioral habituation, counterconditioning, and a general theory of persistence, *in*: A.H. Black et W.F. Prokasy (Eds.), *Classical conditioning*, II. Appleton Century Crofts, New York.
AMSEL, A., HUG, J.J. et SURRIDGE, C.T., (1968): Number of food pellets, goal approaches, and the partial reinforcement effect after minimal acquisition. *J. exp. Psychol.*, **77**, 530-534.
AMSEL, A. et RASHOTTE, M.E. (1969): Transfer of experimenter-imposed slow-response patterns to extinction of a continuously rewarded response. *J. comp. physiol. Psychol.*, **69**, 185-189.
AMSEL, A. et ROUSSEL, J. (1952): Motivational properties of frustration: I. *J. exp. Psychol.*, **43**, 363-368.
ANNAU, Z. et KAMIN, L.J. (1961): The conditioned emotional response as a function of intensity of the US. *J. comp. physiol. Psychol.*, **54**, 428-432.
ANREP, G.V. (1920): Pitch discrimination in the dog. *J. Physiol.*, **53**, 367-385.
ARNETT, F.B. (1973): A local-rate-of-response and interresponse-time analysis of behavioral contrast. *J. exp. Anal. Behav.*, **20**, 489-498.
AULD, F. (1951): The effects of tetraethylammonium on a habit motivated by fear. *J. comp. physiol. Psychol.*, **44**, 565-574.
AYRES, J.J.B., BENEDICT, J.O. et WITCHER, E.S. (1975): Systematic manipulation of individual events in a truly random control in rats. *J. comp. physiol. Psychol.*, **88**, 97-103.
AZRIN, N.H. et HOLZ, W.C. (1961): Punishment during fixed interval reinforcement. *J. exp. Anal. Behav.*, **4**, 343-347.

AZRIN, N.H., HOLZ, W.C. et HAKE, D.F. (1963): Fixed-ratio punishment. *J. exp. Anal. Behav.*, **6**, 141-148.
BAKER, A.G. (1976): Learned irrelevance and learned helplessness: rats learn that stimuli, reinforcers, and responses are uncorrelated. *J. exp. Psychol., anim. Behav. Proc.*, **2**, 130-131.
BARON, A. (1965): Delayed punishment of a runway response. *J. comp. physiol. Psychol.*, **60**, 131-134.
BEHREND, E.R., DOMESICK, V.B. et BITTERMAN, M.E. (1965): Habit reversal in the fish. *J. comp. physiol. Psychol.*, **60**, 407-411.
BENEDICT, J.O. et AYRES, J.J.B. (1972): Factors affecting conditioning in the truly random procedure in the rat. *J. comp. physiol. Psychol.*, **78**, 323-330.
BESSEMER, D.W. et STOLLNITZ, F. (1971): Retention of discriminations and an analysis of learning set, *in*: A.M. Schrier et F. Stollnitz (Eds.), *Behavior of nonhuman primates*, vol. 4. Academic Press, New York.
BEST, M.P. (1975): Conditioned and latent inhibition in taste-aversion learning: clarifying the role of learned safety. *J. exper. Psychol., anim. Behav. Proc.*, **1**, 97-113.
BEST, P.J., BEST, M.R. et HENGGELER, S. (1977): The contribution of environmental noningestive cues in conditioning with aversive internal consequences, *in*: L.M. Barker, M.R. Best et M. Domjan (Eds.), *Learning mechanisms in food selection*. Baylor University Press, Waco (Texas).
BINDRA, D. (1974): A motivational view of learning, performance, and behavior modification. *Psychol. Rev.*, **81**, 199-213.
BIRCH, D., ISON, J.R. et SPERLING, S.E. (1960): Reversal learning under single stimulus presentation. *J. exp. Psychol.*, **60**, 36-40.
BITTERMAN, M.E. (1965): The CS-UCS interval in classical and avoidance conditioning, *in*: W.F. Prokasy (Ed.), *Classical conditioning*. Appleton Century Crofts, New York.
BITTERMAN, M.E. (1968): Reversal learning and forgetting. *Science*, **160**, 99-100.
BITTERMAN, M.E. (1975): The comparative analysis of learning. *Science*, **188**, 699-709.
BITTERMAN, M.E. (1976): Flavor aversion studies. *Science*, **192**, 266-267.
BITTERMAN, M.E. (1976): Incentive contrast in honey bees. *Science*, **192**, 380-382.
BITTERMAN, M.E. et ELAM, C.B. (1954): Discrimination following varying amounts of non-differential reinforcement. *Amer. J. Psychol.*, **67**, 133-137.
BLACK, A.H. (1959): Heart rate changes during avoidance learning in dogs. *Canad. J. Psychol.*, **13**, 229-242.
BLACK, A.H. (1971): Autonomic aversive conditioning in infrahuman subjects, *in*: F.R. Brush (Ed.), *Aversive conditioning and learning*. Academic Press, New York.
BLACK, R.W. (1976): Reward variables in instrumental conditioning: a theory, *in*: G.H. Bower (Ed.), *The psychology of learning and motivation*, vol. 10. Academic Press, New York.
BLANCHARD, R.J. et BLANCHARD, D.C. (1969): Crouching as an index of fear. *J. comp. physiol. Psychol.*, **67**, 370-375.
BLODGETT, H.C. (1929): The effect of introduction of reward upon the maze performance of rats. *Univ. Calif. Publ. Psychol.*, **4**, 113-134.
BLOUGH, D.S. (1975): Steady-state data and a quantitative model of operant generalization and discrimination. *J. exp. Psychol., anim. Behav. Proc.*, **1**, 3-21.
BOAKES, R.A., HALLIDAY, M.S. et MOLE, J.S. (1976): Successive discrimination training with equated reinforcement frequencies: failure to obtain behavioral contrast. *J. exp. Anal. Behav.*, **26**, 65-78.

BOAKES, R.A., HALLIDAY, M.S. et POLI, M. (1975): Response additivity: effects of superimposed free reinforcment on a variable-interval baseline. *J. exp. Anal. Behav.*, **23**, 177-191.
BOE, E.E. et CHURCH, R.M. (1967): Permanent effect of punishment during extinction. *J. comp. physiol. Psychol.*, **63**, 486-492.
BOLLES, R.C. (1969): Avoidance and escape learning: simultaneous acquisition of different responses. *J. comp. physiol. Psychol.*, **68**, 355-358.
BOLLES, R.C. (1970): Species specific defense reactions and avoidance learning. *Psychol. Rev.*, **71**, 32-48.
BOLLES, R.C. (1972): Reinforcement, expectancy and learning. *Psychol. Rev.*, **79**, 394-409.
BOLLES, R.C. et RILEY, A.L. (1973): Freezing as an avoidance response: another look at the operant-respondent distinction. *Learn. Motiv.*, **4**, 268-275.
BOLLES, R.C., STOKES, L.W. et YOUNGER, M.S. (1966): Does CS terminaison reinforce avoidance behavior? *J. comp. physiol. Psychol.*, **62**, 201-207.
BOTTJER, S.W., SCOBIE, S.R. et WALLACE, J. (1977): Positive behavioral contrast, autoshaping and omission responding in the goldfish. *Anim. Learn. Behav.*, **5**, 336-342.
BOWER, G.H. (1961): A contrast effect in differential conditioning. *J. exp. Psychol.*, **62**, 196-199.
BOWER, G.H., FOWLER, H. et TRAPOLD, M.A. (1959): Escape learning as a function of amount of shock reduction. *J. esp. Psychol.*, **58**, 482-484.
BOWER, G., STARR, R. et LAZAROWITZ, L. (1965): Amount of response-produced change in the CS and avoidance learning. *J. comp. physiol. Psychol.*, **59**, 13-17.
BRELAND, K. et BRELAND, M. (1966): *Animal Behavior*. Macmillan Co., New York.
BROWN, J.S. et JACOBS, A. (1949): The role of fear in the motivation and acquisition of responses. *J. exp. Psychol.*, **39**, 747-759.
BROWN, J.S., KALISH, H.I. et FARBER, I.E. (1951): Conditioned fear as revealed by the magnitude of startle response to an auditory stimulus. *J. exp. Psychol.*, **41**, 317-328.
BROWN, P.L. et JENKINS, H.M. (1968): Auto-shaping of the pigeon's key-peck. *J. exp. Anal. Behav.*, **11**, 1-8.
BROWN, R.T. et WAGNER, A.R. (1964): Resistance to punishment and extinction following training with shock and non-reinforcement. *J. exp. Psychol.*, **68**, 503-507.
BULL, J.A. et OVERMIER, J.B. (1968): The additive and substractive properties of excitation and inhibition. *J. comp. physiol. Psychol.*, **66**, 511-514.
BULLOCK, D.H. et BITTERMAN, M.E. (1962): Habit reversal in the pigeon. *J. comp. physiol. Psychol.*, **55**, 958-962.
BURNS, R.A., WOODARD, W.T., HENDERSON, T.B. et BITTERMAN M.E. (1974): Simultaneous contrast in the goldfish. *Anim. Learn. Behav.*, **2**, 97-100.
CAPALDI, E.D. HOVANCIK, J.R. et FRIEDMAN, F. (1976): Effects of expectancies of different reward magnitudes in transfer from noncontingent pairings to instrumental performance. *Learn. Motiv.*, **7**, 197-210.
CAPALDI, E.J. (1958): The effect of different amounts of training on the resistance to extinction of different patterns of partially reinforced responses. *J. comp. physiol. Psychol.*, **51**, 367-371.
CAPALDI, E.J. (1964): Effects of N-length, number of different N-lengths, and number of reinforcements on resistance to extinction. *J. exp. Psychol.*, **68**, 230-239.
CAPALDI, E.J. (1967): A sequential hypothesis of instrumental learning, *in*: K.W.

Spence et J.T. Spence, Eds.), *The Psychology of learning and motivation*, vol. I. Academic Press, New York.

CAPALDI, E.J. (1972): The successive negative contrast effect: intertrial interval, type of shift and four sources of generalization decrement. *J. exp. Psychol.*, **96**, 433-438.

CAPALDI, E.J. et LEVY, K.J. (1972): Stimulus control of punished reactions: sequence of punishment trials and magnitude of reinforcement trials. *Learn. Motiv.*, **3**, 1-19.

CAPALDI, E.J. et ZIFF, D.R. (1969): Schedule of partial reward and the negative contrast effect. *J. comp. physiol. Psychol.*, **68**, 593-596.

CATANIA, A.C. (1961): Behavioral contrast in a multiple and concurrent schedule of reinforcement. *J. exp. Anal. Behav.*, **4**, 335-342.

CATANIA, A.C. (1971): Elicitation, reinforcement and stimulus control, *in*: R. Glaser (Ed.), *The nature of reinforcement*. Academic Press, New York.

CATANIA, A.C. et GILL, C.A. (1964): Inhibition and behavioral contrast. *Psychon. Sci.*, **1**, 257-258.

CATANIA, A.C. et REYNOLDS, G.S. (1968): A quantitative analysis of the responding maintained by interval schedules of reinforcement. *J. exp. Anal. Behav.*, **11**, 327-383.

CHEN, J. et AMSEL, A. (1977): Prolonged, unsignaled, inescapable shocks increase persistence in subsequent appetitive instrumental learning. *Anim. Learn. Behav.*, **5**, 377-385.

CHURCH, R.M. (1963): The varied effects of punishment on behavior. *Psychol. Rev.*, **70**, 369-402.

CHURCH, R.M. et GETTY, D.J. (1972): Some consequences of the reactions to an aversive event. *Psychol. Bull.*, **78**, 21-27.

CHURCH, R.M., RAYMOND, G.A. et BEAUCHAMP, R.O. (1967): Response suppression as a function of intensity and duration of a punishment. *J. comp. physiol. Psychol.*, **63**, 39-44.

CHURCH, R.M., WOOTEN, G.L. et MATTHEWS, T.J. (1970): Discriminative punishment and the conditioned emotional response. *Learn. Motiv.*, **1**, 1-17.

CICALA, G.A. et OWEN, J.W. (1976): Warning signal termination and a feed-back signal may not serve the same function. *Learn. Motiv.*, **7**, 356-367.

COATE, W.B. (1964): Effect of deprivation on postdiscrimination stimulus generalization in the rat. *J. comp. physiol. Psychol.*, **57**, 134-138.

COATE, W.B. et GARDNER, R.A. (1965): Sources of transfer from original training to discrimination reversal. *J. exp. Psychol.*, **70**, 94-97.

COWEY, A. et WEISKRANTZ, L. (1968): Varying spatial separation of cues, response, and reward in visual discrimination learning in monkeys. *J. comp. physiol. Psychol.*, **66**, 220-224.

CONRAD, D.G. et SIDMAN, M. (1956): Sucrose concentration as a reinforcement for lever pressing by monkeys. *Psychol. Rep.*, **2**, 381-384.

COUVILLON, P.C., TENNANT, W.A. et BITTERMAN, M.E. (1976): Interdimensional versus extradimensional transfer in the discriminative learning of goldfish and pigeons. *Anim. Learn. Behav.*, **4**, 197-203.

COX, W.M. (1975): A review of recent incentive contrast studies involving discrete-trial procedures. *Psychol. Record*, **25**, 373-393.

CRESPI, L.P. (1942): Quantitative variations of incentive and performance in the white rat. *Amer. J. Psychol.*, **55**, 467-517.

CRESPI, L.P. (1944): Amount of performance and level of performance. *Psychol. Rev.*, **51**, 341-357.

DALY, H.B. (1974): Reinforcing properties of escape from frustration aroused in various learning situations, *in:* G.H. Bower, (Ed.), *The psychology of learning and motivation*, Vol. 8. Academic Press, New York.

D'AMATO, M.R. et JAGODA, H. (1961): Analysis of the role of overlearning in discrimination reversal. *J. exp. Psychol.*, **61**, 45-50.

D'AMATO, M.R. et SCHIFF, D. (1964): Long-term discriminated avoidance performance in the rat. *J. comp. physiol. Psychol.*, **57**, 123-126.

DARWIN, C. (1871): *The descent of Man and selection in relation to sex*, Vol. I. D. Appleton, New York.

DEUTSCH, J.A. (1956): The inadequacy of the hullian derivations of reasoning and latent learning. *Psychol. Rev.*, **63**, 389-399.

DiCARA, L.V., BRAUN, J.J. et PAPPAS, B.A. (1970): Classical conditioning and instrumental learning of cardiac and gastrointestinal responses following removal of neocortex in the rat. *J. comp. physiol. Psychol.*, **73**, 208-216.

DiCARA, L.V. et MILLER, N.E. (1968): Changes in heart rate instrumentally learned by curarized rats as avoidance response. *J. comp. physiol. Psychol.*, **65**, 8-12.

DICKINSON, A., HALL, G. et MACKINTOSH, N.J. (1976): Surprise and the attenuation of blocking. *J. exp. Psychol., anim. Behav. Proc.*, **2**, 313-322.

DINSMOOR, J.A. (1954, 1955): Punishment. I et II. *Psychol. Rev.*, **61**, 34-36 et **62**, 96-105.

DOMJAN, N. et WILSON, N.E. (1072): Specificity of cue to consequence in aversion learning in rats. *Psychon. Sci.*, **26**, 143-145.

DREYER, P. et RENNER, K.E. (1971): Self-punitive behavior - masochism or confusion. *Psychol. Rev.*, **78**, 333-337.

DUNHAM, P.J. (1968): Contrasted conditions of reinforcement: a selective critique. *Psychol. Bull.*, **69**, 295-315.

DUNHAM, P.J. (1972): Some effects of punishment upon unpunished responding. *J. exp. Anal. Behav.*, **17**, 443-450.

DYAL, J.A. (1962): Latent extinction as a function of the number and duration of pre-extinction procedures. *J. exp. Psychol.*, **63**, 98-104.

DYKMAN, R.A. (1976): Conditioning as sensitization. *Pavlovian J.*, **11**, 24-36.

EHRENFREUND, D. (1971): Effect of drive on successive magnitude shift in the rats. *J. comp. physiol. Psychol.*, **76**, 418-423.

ELLIOTT, M.H. (1928): The effect of change of reward on the maze performance of rats. *Univ. Calif. Publ. Psychol.*, **4**, 19-30.

ELLISON, G.D. (1964): Differential salivary conditioning to traces. *J. comp. physiol. Psychol.*, **57**, 373-380.

ELLISON, G.D. et KONORSKI, J. (1965): An investigation of the relations between salivary and motor responses during instrumental performances. *Acta Biol. exper.*, **25**, 297-315.

ELLSON, D.G. (1938): Quantitative studies of the interaction of simple habits: I. *J. exp. Psychol.*, **23**, 339-358.

ENINGER, M.U. (1952): Habit summation in selective learning. *J. comp. physiol. Psychol.*, **45**, 604-608.

ENINGER, M.U. (1953): The role of generalized approach and avoidance tendencies in brightnes discrimination. *J. comp. physiol. Psychol.*, **46**, 398-402.

ESTES, W.K. (1944): An experimental study of punishment. *Psychol. Monogr.*, **57**, n° 3.

ESTES, W.K. et SHINNER, B.F. (1941): Some quantitative properties of anxiety. *J. exp. Psychol.*, **29**, 390-400.

FANTINO, E. (1973): Aversive control, *in:* J.A. Nevin (Ed.), *The study of behavior*. Scott, Foresman & Co., Glenview (Illinois).

FARTHING, G.W. (1972): Overshadowing in the discrimination of successive compound stimuli. *Psychon. Sci.*, 28, 29-32.
FARTHING, G.W. et HEARST, E. (1968): Generalization gradients of inhibition after different amounts of training. *J. exp. Anal. Behav.*, 11, 743-752.
FELLOWS, B.J. (1967): Chance stimulus sequences for discrimination tasks. *Psychol. Bull.*, 67, 87-92.
FELTON, M. et LYON, D.O. (1966): The post-reinforcement pause. *J. exp. Anal. Behav.*, 9, 131-134.
FERSTER, C.B. et SKINNER, B.F. (1957): *Schedules of reinforcement*. Appleton Century Crofts, New York.
FLAHERTY, C.F. et CAPRIO, M. (1976): The dissociation of instrumental and consummatory measures of contrast. *Amer. J. Psychol.*, 89, 485-498.
FLAHERTY, C.F. et DAVENPORT, J.W. (1972): Successive brightness discrimination in rats following regular versus random intermittent reinforcement. *J. exp. Psychol.*, 96, 1-9.
FLAHERTY, C.F. et LARGEN, J. (1975): Within-subjects positive and negative contrast effects in rats. *J. comp. physiol. Psychol.*, 88, 653-664.
FLAHERTY, C.F., RILEY, E.P. et SPEAR, N.E. (1973): Effects of sucrose concentration and goal units on runway behavior in the rat. *Learn. Motiv.*, 4, 163-175.
FONBERG, E. (1962): Transfer of the conditioned avoidance reaction to the unconditioned noxious stimuli. *Acta Biol. exper.*, 22, 251-258.
FOREE, D.D. et LoLORDO, V.M. (1973): Attention in the pigeon: the differential effects of food-getting vs. shock-avoidance procedures. *J. comp. physiol. Psychol.*, 85, 551-558.
FOWLER, H. et MILLER, N.E. (1963): Facilitation and inhibition of runway performance by hind- and forepaw shock of various intensities. *J. comp. physiol. Psychol.*, 56, 801-805.
FRANKEL, F.D. (1975): The role of the response-punishment contingency in the suppression of a positively-reinforced operant. *Learn. Motiv.*, 6, 385-403.
FREY, P.W. et BUTLER, C.S. (1977): Extinction after aversive conditioning: an associative or non-associative process? *Learn. Motiv.*, 8, 1-17.
GALLON, R.L. (1974): Spatial location of a visual signal and shuttle box avoidance acquisition by goldfish. *J. comp. physiol. Psychol.*, 86, 316-321.
GAMZU, E. et SCHWARTZ, B. (1973): The maintenance of key pecking by stimulus-contingent and response-independent food presentation. *J. exp. Anal. Behav.*, 19, 65-72.
GAMZU, E. et WILLIAMS, D.R. (1971): Classical conditioning of a complex skeletal response. *Science*, 171, 923-925.
GANZ, L. (1962): Hue generalization and hue discriminability in *Macaca mulatta*. *J. exp. Psychol.*, 64, 142-150.
GARCIA, J. et KOELLING, R.A. (1966): Relation of cue to consequence in avoidance learning. *Psychon. Sci.*, 4, 123-124.
GARDNER, E.T. et LEWIS, P. (1976): Negative reinforcement with shock frequency increase. *J. exp. Anal. Behav.*, 25, 1-14.
GATLING, F. (1952): The effect of repeated stimulus reversals on learning in the rat. *J. comp. physiol. Psychol.*, 45, 347-351.
GELLERMAN, L.W. (1933): Chance orders of alternating stimuli in visual discrimination experiments. *J. genet. Psychol.*, 42, 206-208.
GENTRY, G.V., OVERALL, J.H. et BROWN, W.L. (1959): Transposition responses of rhesus monkeys to stimulus-objects of intermediate size. *Amer. J. Psychol.*, 72, 453-455.

GLEITMAN, H. et STEINMAN, F. (1964): Depression effect as a function of retention interval before and after shift in reward magnitude. *J. comp. physiol. Psychol.*, **57**, 158-160.
GONZALEZ, R.C., BAINBRIDGE, P. et BITTERMAN, M.E. (1966): Discrete-trials lever pressing in the rat as a function of pattern of reinforcement, effortfullness of response, and amount of reward. *J. comp. physiol. Psychol.*, **61**, 110-122.
GONZALEZ, R.C. et BITTERMAN, M.E. (1967): Partial reinforcement effect in the goldfish as a function of amount of reward. *J. comp. physiol. Psychol.*, **64**, 163-167.
GONZALEZ, R.C. et BITTERMAN, M.E. (1968): Two-dimensional discriminative learning in the pigeon. *J. comp. physiol. Psychol.*, **65**, 427-432.
GONZALEZ, R.C. et BITTERMAN, M.E. (1969): Spaced-trials partial reinforcement effect as a function of contrast. *J. comp. physiol. Psychol.*, **67**, 94-103.
GONZALEZ, R.C. et CHAMPLIN, G. (1974): Positive behavioral contrast, negative simultaneous contrast and their relation to frustration in pigeons. *J. comp. physiol. Psychol.*, **87**, 173-187.
GONZALEZ, R.C., FERNHOFF, D. et DAVID, F.G. (1973): Contrast, resistance to extinction, and forgetting in rats. *J. comp. physiol. Psychol.*, **81**, 562-571.
GONZALEZ, R.C., FERRY, M. et POWERS, A.S. (1974): The adjustement of goldfish to reduction in magnitude of reward in massed trials. *Anim. Learn. Behav.*, **2**, 23-26.
GONZALEZ, R.C., GENTRY, G.V. et BITTERMAN, M.E. (1954): Relational discrimination of intermediate size in the chimpanzee. *J. comp. physiol. Psychol.*, **47**, 385-388.
GONZALEZ, R.C. LONGO, N. et BITTERMAN, M.E. (1961): Classical conditioning in the fish: exploratory studies of partial reinforcement. *J. comp. physiol. Psychol.*, **54**, 453-456.
GONZALEZ, R.C., POTTS, A., PITCOFF, K. et BITTERMAN, M.E. (1972): Runway performance of goldfish as a function of complete and incomplete reduction in amount of reward. *Psychon. Sci.*, **27**, 305-307.
GONZALEZ, R.C. et POWERS, A.S. (1973): Simultaneous contrast in goldfish. *Anim. Learn. Behav.*, **1**, 96-98.
GOODRICH, K.P. (1959): Performance in different segments of an instrumental response chain as a function of reinforcement schedule. *J. exp. Psychol.*, **57**, 57-63.
GOODWIN, W.R. et LAWRENCE, D.H. (1955): The functional independence of two discrimination habits associated with a constant stimulus situation. *J. comp. physiol. Psychol.*, **48**, 437-443.
GORMEZANO, I. (1966): Classical conditioning, *in*: J.B. Sidowski (Ed.), *Experimental methods and instrumentation in psychology*. McGraw Hill, New York.
GORMEZANO, I (1972): Investigations of defense and reward conditioning in the rabbit, *in*: A.H. Black et W.F. Prokasy (Eds.), *Classical conditioning*, II. Appleton Century Crofts, New York.
GORMEZANO, I. et COLEMAN, S.R. (1975): Effects of partial reinforcement on conditioning, conditional probabilities, asymptotic performance, and extinction of the rabbit's nictitating membrane response. *Pavlov. J. Biol. Sci.*, **10**, 13-22.
GRANT, D.A. et ADAMS, J.K. (1944): «Alpha» conditioning in the eyelid. *J. exp. Psychol.*, **34**, 136-142.
GRASTYAN, E. et VERECZKEI, L. (1974): Effects of spatial separation of the conditioned signal from the reinforcement. *Behav. Biol.*, **10**, 121-146.
GRETHER, W.F. (1938): Pseudo-conditioning without paired stimulation encountered in attempted backward conditioning. *J. comp. Psychol.*, **25**, 91-96.

GRICE, G.R. (1949): Visual discrimination learning with simultaneous and successive presentation of stimuli. *J. comp. physiol. Psychol.*, **42**, 365-373.
GUTHRIE, E.R. (1934): Reward and punishment. *Psychol. Rev.*, **41**, 450-460.
GUTTMAN, N. (1954): Equal-reinforcement values for sucrose and glucose compared with equal-sweetness values. *J. comp. physiol. Psychol.*, **47**, 358-361.
GUTTMAN, N. (1959): Generalization gradients around stimuli associated with different reinforcement schedules. *J. exp. Psychol.*, **58**, 335-340.
GUTTMAN, N. (1965): Effects of discrimination formation on generalization measured from a positive-rate baseline, in: D.I. Mostofsky (Ed.), *Stimulus generalization*. Stanford Univ. Press, Stanford.
GUTTMAN, N. et KALISH, H.I. (1956): Discriminability and stimulus generalization. *J. exp. Psychol.*, **51**, 79-88.
GWINN, G.T. (1949): The effects of punishment on acts motivated by fear. *J. exp. Psychol.*, **39**, 260-269.
HABER, A. et KALISH, H.I. (1963): Prediction of discrimination from generalization after variations in chedule of reinforcement. *Science*, **142**, 412-413.
HAMMOND, L.J. (1967): A traditional demonstration of the active properties of pavlovian inhibition using differential CER. *Psychon. Sci.*, **9**, 65-66.
HAMMOND, L.J. (1968): Retardation of fear acquisition when the CS has previously been inhibitory. *J. comp. physiol. Psychol.*, **66**, 756-759.
HANEY, G.W. (1931): The effect of familiarity on maze performance of albino rats. *Univ. Calif. Publ. Psychol.*, **4**, 319-333.
HANSON, H.M. (1959): Effects of discrimination training on stimulus generalization. *J. exp. Psychol.*, **58**, 321-334.
HARLOW, H.F. (1950): Analysis of discrimination learning by monkeys. *J. exp. Psychol.*, **40**, 26-39.
HARLOW, H.F. (1959): Learning set and error factor theory, in: S. Koch (Ed.), *Psychology: a study of a science*, vol. 2. McGraw Hill, New York.
HARLOW, H.F. et TOLTZIEN, F. (1940): Formation of pseudo-conditioned responses in the cat. *J. gen. Psychol.*, **23**, 367-375.
HARRIS, J.D. (1943): Studies of non-associative factors inherent in conditioning. *Comp. Psychol. Monogr.*, **18** (n° 33).
HEARST, E. et FRANKLIN, S.R. (1977): Positive and negative relations between a signal and food: approach-withdrawal behavior to the signal. *J. exp. Psychol., anim. Behav. proc.*, **3**, 37-52.
HEARST, E. et JENKINS, H.M. (1974): *Sign-tracking: the reinforcer relation and directed action*. The Psychonomic Society, Austin (Texas).
HEARST, E. et KORESKO, M.B. (1968): Stimulus generalization and amount of prior training on variable-interval reinforcement. *J. comp. physiol. Psychol.*, **66**, 133-138.
HEARST, E., KORESKO, M.B. et POPPEN, R. (1964): Stimulus generalization and the response-reinforcement contingency. *J. exp. Anal. Behav.*, **7**, 369-380.
HELSON, H. (1964): *Adaptation-level theory*. Harper and Row, New York.
HERRNSTEIN, R.J. (1969): Method and theory in the study of avoidance. *Psychol. Rev.*, **76**, 49-69.
HERRNSTEIN, R.J. et HINELINE, P.N. (1966): Negative reinforcement as shock frequency reduction. *J. exp. Anal. Behav.*, **9**, 421-430.
HERRNSTEIN, R.J. et LOVELAND, D.H. (1964): Complex visual concept in the pigeon. *Science*, **146**, 549-551.
HILL, W.F. et SPEAR, N.E. (1962): Resistance to extinction as a joint function of reward magnitude and the spacing of extinction trials. *J. exp. Psychol.*, **64**, 636-639.

HINELINE, P.N. (1970): Negative reinforcement without shock reduction. *J. exp. Anal. Behav.*, **14**, 259-268.
HOBHOUSE, L.T. (1901): *Mind in evolution*. Macmillan, Londres.
HOFFMAN, H.S. et FLESHLER, M. (1961): Stimulus factors in aversive controls: the generalization of conditioned suppression. *J. exp. Anal. Behav.*, **4**, 371-378.
HOFFELD, D.R. (1962): Primary stimulus generalization and secondary extinction as a function of strength of conditioning. *J. comp. physiol. Psychol.*, **55**, 27-31.
HOGAN, J.A. (1974): Responses in pavlovian conditioning studies. *Science*, **186**, 156-157.
HOLLAND, P.C. (1977): Conditioned stimulus as a determinant of the form of the pavlovian conditioned response. *J. exp. Psychol., anim. Behav. Proc.*, **3**, 77-104.
HOLMES, S.J. (1916): *Studies in animal behavior*. R.C. Badger, Boston.
HOLZ, W.C. et AZRIN, N.H. (1961): Discriminative properties of punishment. *J. exp. Anal. Behav.*, **4**, 225-232.
HOMZIE, M.J. et ROSS, L.E. (1962): Runway performance following a reduction in the concentration of a liquid reward. *J. comp. physiol. Psychol.*, **55**, 1029-1033.
HOMZIE, M.J., RUDY, J.W. et CARTER, E.N. (1970): Runway performance in rats as a function of goal-box placements and goal-event sequence. *J. comp. physiol. Psychol.*, **71**, 283-291.
HULL, C.L. (1929): A functional interpretation of the conditioned reflex. *Psychol. Rev.*, **36**, 498-511.
HULL, C.L. (1931): Goal attraction and directing ideas conceived as habit phenomena. *Psychol. Rev.*, **38**, 487-506.
HULL, C.L. (1934): The rat's speed-of-locomotion gradient in the approach of food. *J. comp. Psychol.*, **17**, 393-422.
HULL, C.L. (1943): *Principles of behavior*. Appleton-Century, New York.
HULL, C.L. (1952): *A behavior system*. Yale Univ. Press, New Haven.
HULL, J.H. (1977): Instrumental response topographies of rats. *Anim. Learn. Behav.*, **5**, 207-212.
HULSE, S.H., DEESE, J. et EGETH, H. (1975): *The psychology of learning*. McGraw Hill, New York.
HUNTER, W.S. (1913): The delayed reaction in animals and children. *Behav. Monogr.*, **2**, 21-30.
HURWITZ, H.M.B. (1964): Method for discriminative avoidance training. *Science*, **145**, 1070-1071.
ISON, J.R. (1962): Experimental extinction as a function of number of reinforcements. *J. exp. Psychol.*, **64**, 314-317.
JENKINS, H.M. et HARRISON, R.H. (1960): Effect of discrimination training on auditory generalization. *J. exp. Psychol.*, **59**, 246-253.
JENKINS, H.M. et MOORE, B.R. (1973): The form of the autoshaped response with food and water reinforcements. *J. exp. Anal. Behav.*, **20**, 163-181.
KALISH, H.I. et GUTTMAN, N. (1957): Stimulus generalization after equal training on two stimuli. *J. exp. Psychol.*, **53**, 139-144.
KAMIL, A.C., JONES, T.B., PIETREWICZ, A. et MAULDIN, J.E. (1977): Positive transfer from successive reversal training to learning set in bluejays. *J. comp. physiol. Psychol.*, **91**, 79-86.
KAMIL, A.C. et MAULDIN, J.E. (1975): Intraproblem retention during learning-set acquisition in bluejays. *Anim. Learn. Behav.*, **3**, 125-130.
KAMIN, L.J. (1956): The effect of termination of the CS and avoidance of the US on avoidance learning. *J. comp. physiol. Psychol.*, **49**, 420-424.
KAMIN, L.J. (1959): The delay-of-punishment gradient. *J. comp. physiol. Psychol.*, **52**, 434-437.

KAMIN, L.J. (1965): Temporal and intensity characteristics of the conditioned stimulus, *in*: W.F. Prokasy (Ed.), *Classical conditioning*. Appleton Century Crofts, New York.
KAMIN, L.J. (1969): Predictability, surprise, attention, and conditioning, *in*: B.A. Campbell et R.M. Church (Eds), *Punishment and aversive behavior*. Appleton Century Crofts, New York.
KANDEL, E.R. (1976): *Cellular basis of Behavior*. Freeman, San Francisco.
KARPICKE, J. et HEARST, E. (1975): Inhibitory control and errorless discrimination learning. *J. exp. Anal. Behav.*, **23**, 159-166.
KATZ, S., WOODS, G.T. et CARRITHERS, J.H. (1966): Reinforcement after-effects and intertrial intervals. *J. exp. Psychol.*, **72**, 624-626.
KELLER, R.J., AYRES, J.J.B. et MAHONEY, W.J. (1977): Brief versus extended exposure to truly random control procedures. *J. exp. Psychol., anim. Behav. Proc.*, **3**, 53-65.
KIMBLE, G.A. (1961): *Hilgard and Marquis' conditioning and learning*. Appleton Century Crofts, New York.
KINTSCH, W. (1962): Runway performance as a function of drive strength and magnitude of reinforcement. *J. comp. physiol. Psychol.*, **55**, 882-887.
KINTSCH, W. et WITTE, R.S. (1962): Concurrent conditioning of bar press and salivation responses. *J. comp. physiol. Psychol.*, **55**, 963-968.
KLING, J.W. (1952): Generalization of extinction of an instrumental response to stimuli varying in the size dimension. *J. exp. Psychol.*, **44**, 339-346.
KOHN, B. et DENNIS, M. (1972): Observation and discrimination learning in the rat: specific and non-specific effects. *J. comp. physiol. Psychol.*, **78**, 292-296.
KONORSKI, J. (1948): *Conditioned reflexes and neuron organization*. Cambridge Univ. Press, Cambridge.
KONORSKI, J. (1967): *Integrative activity of the brain*. Univ. of Chicago Press, Chicago.
KONORSKI, J. et SWEJKOWSKA, G. (1952): Chronic extinction and restoration of conditioned reflexes. IV. *Acta Biol. exper.*, **16**, 95-113.
KOHLER, W. (1925): *The mentality of apes*. Harcourt Brace, New York.
KRAELING, D. (1961): Analysis of amount of reward as a variable in learning. *J. comp. physiol. Psychol.*, **54**, 560-565.
KRANE, R.V. et WAGNER, A.R. (1975): Taste aversion learning with delayed shock US: implications for the «generality of the laws of learning». *J. comp. physiol. Psychol.*, **88**, 882-889.
KRECHEVSKY, I. (1932): Hypotheses in rats. *Psychol. Rev.*, **39**, 516-532.
KREMER, E.F. (1974): The truly random control procedure: conditioning to the static cues. *J. comp. physiol. Psychol.*, **86**, 700-707.
LASHLEY, K.S. (1929): *Brain mechanisms and intelligence*. Univ. of Chicago Press, Chicago.
LASHLEY, K.S. (1938): The mechanism of vision: XV. Preliminary studies in the rat's capacity for detail vision. *J. gen. Psychol.*, **18**, 123-193.
LAWRENCE, D.H. (1949, 1950): Acquired distinctiveness of cues, I & II. *J. exp. Psychol.*, **39**, 770-784 et **40**, 175-188.
LAWRENCE, D.H. (1952): The transfer of a discrimination along a continuum. *J. comp. physiol. Psychol.*, **45**, 511-516.
LAWRENCE, D.H. et MASON, W.A. (1955): Systematic behavior during discrimination reversal and change of dimension. *J. comp. physiol. Psychol.*, **48**, 1-7.
LEONARD, D.W. (1975): Partial reinforcement effects in classical aversive conditioning in rabbits and human beings. *J. comp. physiol. Psychol.*, **88**, 596-608.

LINDEN, D.R. (1974): Transfer of approach responding between punishment, frustrative nonreward, and the combination of punishment and nonreward. *Learn. Motiv.*, 5, 498-510.
LOGAN, F.A. (1960): *Incentive*. Yale Univ. Press, New Haven.
LOGAN, F.A. (1969): The negative incentive value of punishment, in: B.A. Campbell et R.M. Church (Eds), *Punishment and aversive behavior*. Appleton Century Crofts, New York.
LoLORDO, V.M. (1978): Selective associations, *in*: A. Dickinson et R.A. Boakes (Eds), *Mechanisms of Learning and motivation*. Lawrence Erlbaum, Hillsdale (New Jersey).
LORD, B.J., KING, M.G. et PFISTER, H.P. (1976): Chemical sympathectomy and two-way escape and avoidance learning in the rat. *J. comp. physiol. Psychol.*, 90, 303-316.
LOVEJOY, E. et RUSSELL, D.G. (1967): Suppression of learning about a hard cue by the presence of an easy cue. *Psychon. Sci.*, 8, 365-366.
LUBOW, R.E. (1973): Latent inhibition. *Psychol. Bull.*, 79, 398-407.
LUBOW, R.E. (1974): High-order concept formation in the pigeon. *J. exp. Anal. Behav.*, 21, 475-483.
LUBOW, R.E., ALEK, M. et ARZY, J. (1975): Behavioral decrement following stimulus preexposure: effects of number of preexposures, presence of a second stimulus, and interstimulus interval in children and adults. *J. comp. physiol. Psychol., anim. Behav. Proc.*, 1, 178-188.
LUDVIGSON, H.W. et SYTSMA, D. (1967): The sweet smell of success: apparent double alternation in the rat. *Psychon. Sci.*, 9, 283-284.
LUKASZEWSKA, I. (1968): Some further failures to find the visual overlearning reversal effect in rats. *J. comp. physiol. Psychol.*, 65, 359-361.
MACKINTOSH, N.J. (1971): An analysis of overshadowing and blocking. *Quart. J. exp. Psychol.*, 23, 118-125.
MACKINTOSH, N.J. (1971): Reward and aftereffects of reward in the learning of goldfish. *J. comp. physiol. Psychol.*, 76, 225-232.
MACKINTOSH, N.J. (1973): Stimulus selection: learning to ignore stimuli that predict no change in reinforcement, *in*: R.A. Hinde et J. Stevenson-Hinde (Eds), *Constraints on learning*. Academic Press, New York.
MACKINTOSH, N.J. (1974): *The psychology of animal learning*. Academic Press, Londres.
MACKINTOSH, N.J. (1975): A theory of attention: variations in the associability of stimuli with reinforcement. *Psychol. Rev.*, 82, 276-298.
MACKINTOSH, (1975): Blocking of conditioned suppression: role of the first compound trial. *J. exp. Psychol. anim. Behav. Proc.*, 1, 335-345.
MACKINTOSH, N.J. (1976): Overshadowing and stimulus intensity. *Anim. Learn. Behav.*, 4, 186-192.
MAIER, N.R.F. et SCHNEIRLA T.C. (1942): Mechanisms in conditioning. *Psychol. Rev.*, 49, 117-134.
MALOTT, R.W. et MALOTT, M.K. (1970): Perception and stimulus generalization, *in*: W.C. Stebbins (Ed.), *Animal psychophysics*. Appleton Century Crofts, New York.
MALONE, J.C. (1976): Local contrast and pavlovian induction. *J. exp. Anal. Behav.*, 26, 425-440.
MANDLER, J.M. (1968): The effect of overtraining on the use of positive and negative stimuli in reversal and transfer. *J. comp. physiol. Psychol.*, 66, 110-115.
MARCHANT, R.G. et MOORE, J.W. (1974): Below-zero conditioned inhibition of the rabbit's nictitating membrane response. *J. exp. Psychol.*, 102, 350-352.

MARGOLIUS, G. (1955): Stimulus generalization of an instrumental response as a function of the number of reinforced trials. *J. exp. Psychol.*, **49**, 105-111.
MARSH, G. (1969): An evaluation of three explanations for the transfer of discrimination effect. *J. comp. physiol. Psychol.*, **68**, 268-275.
MAXWELL, F.R., CALEF, R.S., MURRAY, D.W., SHEPARD, J.C. et NORVILLE, R.A. (1976): Positive and negative successive contrast effects following multiple shifts in reward magnitude under high drive and immediate reinforcement. *Anim. Learn. Behav.*, **4**, 480-484.
McHOSE, J.H. et PETERS, D.P. (1975): Partial reward, the negative contrast effect, and incentive averaging. *Anim. Learn. Behav.*, **3**, 239-244.
McALLISTER, W.R. (1953): The effect on eyelid conditioning of shifting the CS-UCS interval. *J. exp. Psychol.*, **45**, 423-428.
McALLISTER, W.R. et McALLISTER, D.E. (1963): Increase over time in the stimulus generalization of acquired fear. *J. exp. Psychol.*, **65**, 576-582.
McCAIN, G. (1966): Partial reinforcement effects following a small number of acquisition trials. *Psychon. Monogr. Suppl.*, **1**, 251-270.
McCLEARN, G.E. et HARLOW, H.F. (1954): The effect of spatial contiguity on discrimination learning by rhesus monkeys. *J. comp. physiol. Psychol.*, **47**, 391-394.
McCLEARY, R.A. (1960): Type of response as a factor in interocular transfer in the fish. *J. comp. physiol. Psychol.*, **55**, 311-321.
McHOSE, J.H. et MOORE, J.N. (1976): Reinforcer magnitude and instrumental performance in the rat. *Bull. psychon. Soc.*, **8**, 416-418.
McHOSE, J.H. et MOORE, J.N. (1976): Expectancy, salience, and habit. *Psychol. Rev.*, **83**, 292-307.
MEEHL, P.E. et MacCORQUODALE, K. (1948): A further study of latent learning in the T-maze. *J. comp. physiol. Psychol.*, **41**, 372-396.
MEIKLE, T.H., SCHEZER, J.A. et STELLAR, E. (1962): Interhemispheric transfer of tactile conditioned responses in corpus callosum-sectioned cats. *J. Neurophysiol.*, **25**, 530-543.
MELLGREN, R.L. (1972): Positive and negative contrast effects using delayed reinforcement. *Learn. Motiv.*, **3**, 185-193.
MELTZER, D. et BRAHLEK, J.A. (1968): Quantity of reinforcement and fixed-interval performance. *Psychon. Sci.*, **12**, 207-208.
MILLENSON, J.R. et VILLIERS P.A. de (1972): Motivational properties of conditioned anxiety, in: R.M. Gilbert et J.R. Millenson (Eds), *Reinforcement: behavioral analyses*. Academic Press, New York.
MILLER, N.E. (1935): A reply to «Sign-Gestalt or conditioned reflex?» *Psychol. Rev.*, **42**, 280-292.
MILLER, N.E. (1948): Studies of fear as an acquirable drive: I. *J. exp. Psychol.*, **38**, 89-101.
MILLER, N.E. (1960): Learning resistance to pain and fear: effects of overlearning, exposure and rewarded exposure in context. *J. exp. Psychol.*, **60**, 137-145.
MILLER, N.E. (1969): Learning of visceral and glandular responses. *Science*, **163**, 434-445.
MILLER, N.E. et DOLLARD, J.C. (1941): *Social learning and imitation*. Yale University Press, New Haven.
MILLER, N.E. et STEVENSON, S.S. (1936): Agitated behavior of rats during experimental extinction and a curve of spontaneous recovery. *J. comp. Psychol.*, **21**, 205-231.
MITCHELL, D. (1978): The psychological vs. the ethological rat: two views of the poison avoidance behavior of the rat compared. *Anim. Learn. Behav.*, **6**, 121-124.

MOLTZ, H. (1957): Latent extinction and the fractional anticipatory response mechanism. *Psychol. Rev.*, **64**, 229-241.
MOON, L.E. et HARLOW, H.F. (1955): Analysis of oddity learning by rhesus monkeys. *J. comp. physiol. Psychol.*, **48**, 188-194.
MOORE, B.R. (1973): The role of directed pavlovian reactions in simple instrumental learning in the pigeon, *in*: R.A. Hinde et J. Stevenson-Hinde (Eds), *Constraints on learning*. Academic Press, Londres.
MOORE, J.W. (1972): Stimulus control: studies of auditory generalization in rabbits, *in*: H. Black et W.F. Prokasy (Eds), *Classical conditioning*, vol. II. Appleton Century Crofts, New York.
MORGAN, C.L. (1894): *An introduction to comparative psychology*. Walter Scott, Londres.
MORRIS, R.G.M. (1975): Preconditioning of reinforcing properties to an exteroceptive feedback stimulus. *Learn. Motiv.*, **6**, 289-298.
MORRISON, R.R. et LUDVIGSON, H.W. (1970): Discrimination by rats of conspecific odors of reward and nonreward. *Science*, **167**, 904-905.
MORSE, W.H. et KELLEHER, R.T. (1977): Determinants of reinforcement and punishment, *in*: W.K. Honig et J.E.R. Staddon (Eds), *Handbook of operant behavior*. Prentice Hall, Englewood Cliffs (New Jersey).
MOSCOVITCH, A. et LOLORDO, V.M. (1968): Role of safety in the pavlovian backward fear conditioning procedure. *J. comp. physiol. Psychol.*, **66**, 673-678.
MOWRER, O.H. (1947): On the dual nature of learning: a reinterpretation of «conditioning» and «problem solving». *Harvard educ. Rev.*, **17**, 102-148.
MOWRER, O.H. (1950): *Learning theory and personality dynamics*. Ronald Press, New York.
MOWRER, O.H. (1960): *Learning theory and behavior*. John Wiley, New York.
MOWRER, O.H. et LAMOREAUX, R.R. (1946): Fear as an intervening variable in avoidance conditioning. *J. comp. Psychol.*, **39**, 29-50.
MUENZINGER, K.F. (1934): Motivation in learning, I. *J. comp. Psychol.*, **17**, 267-277.
NEVIN, J.A. (1968): Differential reinforcement and stimulus control of not responding. *J. exp. Anal. Behav.*, **11**, 715-726.
NEVIN, J.A. (1969): Interval reinforcement of choice behavior in discrete trials. *J. exp. Anal. Behav.*, **12**, 875-885.
NEVIN, J.A. et SHETTLEWORTH, S.J. (1966): An analysis of contrast effects in multiple schedules. *J. exp. Anal. Behav.*, **9**, 305-315.
NEWMAN, J.R. et GRICE, G.R. (1965): Stimulus generalization as a function of drive lovel, and the relation between two measures of responses strength. *J. exp. Psychol.*, **69**, 357-362.
NORTH, A.J. (1959): Discrimination reversal with spaced trials and distinctive cues. *J. comp. physiol. Psychol.*, **52**, 426-429.
NORTH, A.J. et STIMMEL, D.T. (1960): Extinction of an instrumental response following a large number of reinforcements. *Psychol. Reports*, **6**, 227-234.
OBRIST, P. et WEBB, R.A. (1967): Heart rate during conditioning in dogs: relationships to sensori-motor activity. *Psychophysiol.*, **4**, 7-34.
OVERMIER, J.B. (1966): Instrumental and cardiac indices of pavlovian fear conditioning as a function of UCS duration. *J. comp. physiol. Psychol.*, **62**, 15-20.
OVERMIER, J.B. et BULL, J.A. (1969): On the independance of the stimulus control of avoidance. *J. exp. Psychol.*, **79**, 464-467.
PAVLOV, I.P. (1927): *Çonditioned reflexes*. Oxford Univ. Press, Oxford.
PERKINS, C.C. et WEYANT, R.G. (1958): The interval between training and test

trials as a determiner of the slope of generalization gradients. *J. comp. physiol. Psychol.*, **51**, 596-600.
PERT, A. et BITTERMAN, M.E. (1970): Reward learning in the turtle. *Learn. Motiv.*, **1**, 121-128.
PERT, A. et GONZALEZ, R.C. (1974): Behavior of the turtle in simultaneous, successive, and behavioral contrast situations. *J. comp. physiol. Psychol.*, **87**, 526-538.
PETERS, D.P. et McHOSE, J.H. (1974): Effects of varied preshift reward magnitude on successive negative contrast effects in rats. *J. comp. physiol. Psychol.*, **86**, 85-95.
PLATT, J.R. (1971): Discrete trials and their relation to free-behavior situations, in: H.H. Kendler et J.T. Spence (Eds), *Essays in neobehaviorism*. Appleton Century Crofts, New York.
PLOTKIN, H.C. et OAKLEY, D.A. (1975): Backward conditioning in the rabbit. *J. comp. physiol. Psychol.*, **88**, 586-590.
PULLEN, M.R. et TURNEY, T.H. (1977): Response modes in simultaneous and successive visual discriminations. *Anim. Learn. Behav.*, **5**, 73-77.
QUINSEY, V.L. (1971): Conditioned suppression with no CS-UCS contingency in the rat. *Canad. J. Psychol.*, **25**, 69-82.
RACHLIN, H. (1973): Contrast and matching. *Psychol. Rev.*, **80**, 217-234.
RACHLIN, H. et HERRNSTEIN, R.J. (1969): Hedonism revisited: on the negative law of effect, *in*: B.A. Campbell et R.M. Church (Eds), *Punishment and aversive behavior*. Appleton Century Crofts, New York.
RASHOTTE, M.E. et AMSEL, A. (1968): Transfer of slow-response rituals to extinction of a continuously rewarded response. *J. comp. physiol. Psychol.*, **66**, 432-443.
RASHOTTE, M.E. et SURRIDGE, C.T. (1969): Partial reinforcement and partial delay of reinforcement effects with 72-hour intertrial intervals and interpolated continous reinforcement. *Quart. J. exp. Psychol.*, **21**, 156-161.
RATLIFF, R.G. et RATLIFF, A.R. (1971): Runway acquisition and extinction as a joint function of magnitude of reward and percentage of rewarded acquisition trials. *Learn. Motiv.*, **2**, 289-295.
RAZRAN, G. (1956): Backwards conditioning. *Psychol. Bull.*, **63**, 55-69.
REDFORD, M.E. et PERKINS, C.C. (1974): The role of autopecking in behavioral contrast. *J. exp. Anal. Behav.*, **21**, 145-150.
REESE, E.P. (1978): *Human behavior: analysis and application*. William Brown, Dubuque (Iowa).
REID, L.S. (1953): The development of noncontinuity behavior through continuity learning. *J. exp. Psychol.*, **46**, 107-112.
REISS, S. et WAGNER, A.R. (1972): CS habituation produces a «latent inhibition effect» but no active «conditioned inhibition». *Learn. Motiv.*, **3**, 237-245.
RESCORLA, R.A. (1966): Predictability and number of pairings in pavlovian fear conditioning. *Psychon. Sci.*, **4**, 383-384.
RESCORLA, R.A. (1967): Pavlovian conditioning and its proper control procedures. *Psychol. Rev.*, **74**, 71-80.
RESCORLA, R.A. (1968): Probability of shock in the presence or absence of shock in fear conditioning. *J. comp. physiol. Psychol.*, **66**, 1-5.
RESCORLA, R.A. (1969): Conditioned inhibition of fear resulting from negative CS-UCS contingencies. *J. comp. physiol. Psychol.*, **67**, 504-509.
RESCORLA, R.A. (1969): Pavlovian conditioned inhibition. *Psychol. Bull.*, **72**, 77-94.
RESCORLA, R.A. (1971): Summation and retardation tests of latent inhibition. *J. comp. physiol. Psychol.*, **75**, 77-81.

RESCORLA, R.A. (1973): Evidence for «unique stimulus» account of configural conditioning. *J. comp. physiol. Psychol.*, **85**, 331-338.
RESCORLA, R.A. (1974): Effect of inflation of the unconditioned stimulus value following conditioning. *J. comp. physiol. Psychol.*, **86**, 101-106.
RESCORLA, R.A. (1976): Stimulus generalization: some predictions from a model of pavlovian conditioning. *J. exp. Psychol., anim. Behav. Proc.*, **2**, 88-96.
RESCORLA, R.A. et FURROW, D.R. (1977): Stimulus similarity as a determinant of pavlovian conditioning. *J. exper. Psychol., anim. Behav. Proc.*, **3**, 203-215.
RESCORLA, R.A. et HOLLAND, P.C. (1977): Associations in conditioned pavlovian inhibition. *Learn. Motiv*, **8**, 429-447.
RESCORLA, R.A. et LOLORDO, V.M. (1965): Inhibition of avoidance behavior. *J. comp. physiol. Psychol.*, **59**, 406-412.
RESCORLA, R.A. et SOLOMON, R.L. (1967): Two-process learning theory: relationships between pavlovian conditioning and instrumental learning. *Psychol. Rev.*, **74**, 151-182.
RESCORLA, R.A. et WAGNER, A.R. (1972): A theory of pavlovian conditioning, *in*: A.H. Black et W.F. Prokasy (Eds), *Classical conditioning*, Vol. II. Appleton Century Crofts, New York.
RESTLE, F. (1958): Towards a quantitative description of learning set data. *Psychol. Rev.*, **65**, 77-91.
REYNOLDS, G.S. (1961): Behavioral contrast. *J. exp. Anal. Behav.*, **4**, 57-71.
REYNOLDS, G.S. (1963): Some limitations on behavioral contrast and induction during successive discrimination. *J. exp. Anal. Behav.*, **6**, 131-139.
RIESS, D. (1971): Shuttleboxes, Skinner boxes, and Sidman avoidance in rats. *Psychon. Sci.*, **25**, 283-286.
RILEY, D.A., RING, K. et THOMAS, J. (1960): The effect of stimulus comparison on discrimination learning and transposition. *J. comp. physiol. Psychol.*, **53**, 415-421.
RILLING, M. (1977): Stimulus control and inhibitory processes, *in*: W.K. Honig et J.E. Staddon (Eds), *Handbook of operant behavior*. Prentice Hall, Englewood Cliffs (New Jersey).
ROBERTS, W.A. et GRANT, D.S. (1976): Studies of short-term memory in the pigeon using the delayed matching to sample procedure, *in*: D.L. Medin et coll. (Eds), *Processes of animal memory*. Lawrence Erlbaum, Hillsdale (New Jersey).
ROBINSON, J.S. (1955): The sameness-difference discrimination problem in chimpanzees. *J. comp. physiol. Psychol.*, **48**, 195-197.
ROMANES, G.J. (1881): *Animal intelligence*. D. Appleton, New York.
ROSELLINI, R.A. et TERRIS, W. (1976): Fear as a discriminative stimulus for an appetitive instrumental response. *Learn. Motiv.*, **7**, 327-339.
ROSEN, A.J., GLASS, D.H. et ISON, J.R. (1967): Amobarbitol sodium and instrumental performance changes following reward reduction. *Psychon. Sci.*, **9**, 129-130.
ROSS, R.R. (1964): Positive and negative partial reinforcement effects carried through continuous reinforcement, changed motivation, and changed response. *J. exp. Psychol.*, **68**, 492-502.
SAAVEDRA, M.A. (1975): Pavlovian compound conditioning in the rabbit. *Learn. Motiv.*, **6**, 314-326.
SALDANHA, E.L. et BITTERMAN, M.E. (1951): Relational learning in the rat. *Amer. J. Psychol.*, **64**, 37-53.
SCHOENFELD, W.N., ANTONITIS, J.J. et BERSCH, P.J. (1950): Unconditioned response rate of the white rat in a bar pressing apparatus. *J. comp. physiol. Psychol.*, **43**, 41-48.

SCHOENFELD, W.N. et COLE, B.K. (1972): *Stimulus schedules: the T - τ systems*. Harper and Row, New York.
SCOBIE, S.R. (1972): Interaction of an aversive pavlovian conditional stimulus with aversively and appetitively motivated operants in rats. *J. comp. physiol. Psychol.*, **79**, 171-188.
SCHLOSBERG, H. (1936): Conditioned responses in the white rat: II. *J. genet. Psychol.*, **49**, 107-138.
SCHNEIDER, B.A. (1969): A two-state analysis of fixed-interval responding in the pigeon. *J. exp. Anal. Behav.*, **12**, 677-687.
SCHRIER, A.M. (1958): Comparison of two methods of investigating the effect of amount of reward on performance. *J. comp. physiol. Psychol.*, **49**, 117-125.
SCHUSTERMAN, R.J. (1964): Successive discrimination-reversal training and multiple discrimination training in one-trial learning by chimpanzees. *J. comp. physiol. Psychol.*, **58**, 153-156.
SCHUTZ, S.L. et BITTERMAN, M.E. (1969): Spaced-trials partial reinforcement and resistance to extinction in the goldfish. *J. comp. physiol. Psychol.*, **68**, 126-128.
SCHWARTZ, B. (1975): Discriminative stimulus location as a determinant of positive and negative behavioral contrast in the pigeon. *J. exp. Anal. Behav.*, **23**, 167-176.
SCHWARTZ, B. et GAMZU, E. (1977): Pavlovian control of operant behavior, *in*: W.K. Honig et J.E. Staddon (Eds), *Handbook of operant behavior*. Prentice-Hall, Englewood Cliffs (New Jersey).
SCHWARTZ, B. et WILLIAMS, D.R. (1972): The role of response-reinforcer contingency in negative automaintenance. *J. exp. Anal. Behav.*, **17**, 351-357.
SELIGMAN, M.E.P. (1970): On the generality of the laws of learning. *Psychol. Rev.*, **77**, 406-418.
SEVENSTER, P. (1953): Incompatibility of responses and rewards, *in*: R.A. Hinde et J. Stevenson-Hinde (Eds), *Constraints on learning*. Academic Press, Londres.
SEWARD, J.P. (1949): An experimental analysis of latent learning. *J. exp. Psychol.*, **34**, 177-186.
SEWARD, J.P. et LEVY, H. (1949): Latent extinction: sign learning as a factor in extinction. *J. exp. Psychol.*, **39**, 660-668.
SHAPIRO, K.L., JACOBS, W.J. et LOLORDO, V.M. (1980): Stimulus-reinforcer interactions in Pavlovian conditioning of pigeons. *Anim. Learn. Behav.*, **8**, 586-594.
SHAPIRO, M.M. (1962): Temporal relationship between salivation and lever pressing with differential reinforcement of low rates. *J. comp. physiol. Psychol.*, **55**, 567-571.
SHEAFOR, P.J. et GORMEZANO, I. (1972): Conditioning the rabbit's jaw-movement responses: US magnitude effects on URs, CRs, and pseudo-CRs. *J. comp. physiol. Psychol.*, **81**, 449-456.
SHEFFIELD, F.D. (1948): Avoidance training and the contiguity principle. *J. comp. physiol. Psychol.*, **41**, 165-177.
SHEFFIELD, V.F. (1949): Extinction as a function of partial reinforcement and distribution of practice. *J. exp. Psychol.*, **39**, 511-526.
SHEPP, B.E. et EIMAS, P.D. (1964): Intradimensional and extradimensional shifts in the rat. *J. comp. physiol. Psychol.*, **57**, 357-361.
SHEPP, B.E. et SCHRIER, A.M. (1969): Consecutive intradimensional and extradimensional shifts in monkeys. *J. comp. physiol. Psychol.*, **67**, 199-203.
SHETTLEWORTH, S.J. (1973): Food reinforcement and the organization of behavior in golden hamsters, *in*: R.A. Hinde et J. Stevenson-Hinde (Eds), *Constraints on learning*. Academic Press, Londres.

SHETTLEWORTH, S.J. (1978): Reinforcement and the organization of behavior in golden hamsters: punishment of three action patterns. *Learn. Motiv.*, 9, 99-123.
SHIMP, C.P. (1975): Perspectives on the behavioral unit. Choice behavior in animals, *in*: W.K. Estes (Ed.), *Handbook of learning and cognitive process*, Vol. 2. Lawrence Erlbaum Associates, Hillsdale (New Jersey).
SHIMP, C.P. et WHEATLEY, K.L. (1971): Matching to relative reinforcement frequency in multiple schedules with a short component duration. *J. exp. Anal. Behav.*, 15, 205-210.
SIDLEY, N.A. et SCHOENFELD, W.N. (1964): Behavioral stability and response rate as functions of reinforcement probability on «random ratio» schedules. *J. exp. Anal. Behav.*, 7, 281-283.
SIDMAN, M. (1953): Avoidance conditioning with brief shock and no exteroceptive warning signal. *Science*, 118, 157-158.
SIDMAN, M. (1966): Avoidance behavior, *in* : W.K. Honig (Ed.), *Operant behavior*. Appleton Century Crofts, New York.
SIEGEL, S. (1967): Overtraining and transfer processes. *J. comp. physiol. Psychol.*, 64, 471-477.
SIEGEL, S. (1976): Morphine analgesic tolerance: its situation specifity supports a pavlovian conditioning model. *Science*, 193, 323-325.
SIEGEL, S. et DOMJAN, M. (1971): Backward conditioning as an inhibitory procedure. *Learn. Motiv.*, 2, 1-11.
SKINNER, B.F. (1938): *The behavior of organisms*. Appleton Century Crofts, New York.
SKINNER, B.F. (1950): Are theories of learning necessary? *Psychol. Rev.*, 57, 193-216.
SKINNER, B.F. (1969): *Contingencies of reinforcement*. Appleton Century Crofts, New York.
SMALL, W.S. (1901): Experimental study of the mental processes of the rat. *Amer. J. Psychol.*, 12, 206-239.
SMITH, L. (1967): Delayed discrimination and delayed matching in pigeons. *J. exp. Anal. Behav.*, 10, 529-533.
SMITH, M.C. COLEMAN, S.R. et GORMEZANO, I. (1969): Classical conditioning of the rabbit's nictitating membrane response at backward, simultaneous, and forward CS-UCS intervals. *J. comp. physiol. Psychol.*, 69, 226-231.
SMITH, R.F. (1974): Topography of the food-reinforcced key peck and the source of the 30-millisecond inter-response times. *J. exp. Anal. Behav.*, 21, 541-551.
SOLOMON, R.L., KAMIN, L.G. et WYNNE, L.C. (1953): Traumatic avoidance learning: the outcome of several extinction procedures with dogs. *J. abn. soc. Psychol.*, 48, 291-302.
SOLOMON, R.L. et TURNER, L.H. (1962): Discriminative classical conditioning under curare can later control discriminative avoidance responses in the normal state. *Psychol. Rev.*, 69, 202-219.
SOLOMPN, R.L. et WYNNE, L.C. (1953): Traumatic avoidance learning: acquisition in normal dogs. *Psychol. Monogr.*, 67, n° 4.
SPENCE, K.W. (1937): The differential response in animals to stimuli varying within a single dimension. *Psychol. Rev.*, 44, 430-444.
SPENCE, K.W. (1942): The basis of solution by chimpanzees of the intermediate size problem. *J. exp. Psychol.*, 31, 257-271.
SPENCE, K.W. (1956): *Behavior theory and conditioning*. Yale Univ. Press, New Haven.
SPENCE, K.W. (1966): Extinction of the human eyelid CR as a function of presence or absence of the UCS during extinction. *J. exp. Psychol.*, 71, 642-648.

SPENCE, K.W., BERGMAN, G. et LIPPITT, R. (1950): A study of simple learning under irrelevant motivational-reward conditions. *J. exp. Psychol.*, **40**, 539-551.
SPENCE, K.W. et LIPPITT, R. (1940): «Latent» learning of a simple maze with relevant needs satiated. *Psychol. Bull.*, **37**, 429.
STADDON, J.E.R. et SIMMELHAG, V.L. (1971): The «superstition» experiment: a reexamination of its implications for the principles of adaptive behavior. *Psychol. Rev.*, **78**, 3-43.
SUITER, R.D. et LOLORDO, V.M. (1971): Blocking of inhibitory pavlovian conditioning in the conditioned emotional response procedure. *J. comp. physiol. Psychol.*, **76**, 137-144.
SURRIDGE, C.T. et AMSEL, A. (1966): Acquisition and extinction under single alternation and random partial-reinforcement conditions with a 24-hour intertrial interval. *J. exp. Psychol.*, **72**, 361-368.
SUTHERLAND, N.S. et MACKINTOSH, N.J. (1971): *Mechanisms of animal discrimination learning*. Academic Press, New York.
SWELLER, J. (1972): A test between selective attention and stimulus generalization interpretations of an easy-to-hard effect. *Quart. J. exp. Psychol.*, **24**, 252-255.
SZEJKOWSKA, G. et KONORSKI, J. (1959): The influence of the primary inhibitory stimulus upon the salivary effect of excitatory conditioned stimuli. *Acta Biol. exper.*, **19**, 161-174.
TAUB, E. et BERMAN, A.J. (1963): Avoidance conditioning in the absence of relevant proprioceptive and exteroceptive feedback. *J. comp. physiol. Psychol.*, **56**, 1012-1016.
TENNANT, W.A. et BITTERMAN, M.E. (1973): Asymptotic free operant discrimination reversal in goldfish. *J. comp. physiol. Psychol.*, **82**, 130-136.
TENNANT, W.A. et BITTERMAN, M.E. (1973): Some comparisons of intra- and extradimensional transfer in discriminative learning of goldfish. *J. comp. physiol. Psychol.*, **83**, 134-139.
TENNANT, W.A. et BITTERMAN, M.E. (1975): Blocking and overshadowing in two species of fish. *J. exp. Psychol., anim. Behav. Proc.*, **1**, 22-29.
TENNANT, W.A. et BITTERMAN, M.E. (1975): Extradimensional transfer in the discrimination learning of goldfish. *Anim. Learn. Behav.*, **3**, 201-204.
TERRACE, H.S. (1963): Discrimination learning with and without «errors». *J. exp. Anal. Behav.*, **6**, 1-27.
TERRACE, H.S. (1966): Stimulus control, *in*: W.K. Honig (Ed.), *Operant behavior: areas of research and application*. Appleton Century Crofts, New York.
TERRACE, H.S. (1968): Discrimination learning, the peak shift, and behavioral contrast. *J. exp. Anal. Behav.*, **11**, 727-741.
THISTLETHWAITE, D. (1951): A critical review of latent learning and related experiments. *Psychol. Bull*, **48**, 97-129.
THOMAS, D.R., FREEMAN, F., SVINICKI, J.G., BURR, D.E. et LYONS, J. (1970): Effects of extradimensional training on stimulus generalization. *J. exp. Psychol. Monogr.*, **83**, n° 1.
THOMAS, D.R. et KING. R.A. (1959): Stimulus generalization as a function of the level of motivation. *J. exp. Psychol.*, **57**, 323-328.
THOMAS, D.R. et LOPEZ, L.J. (1962): The effects of delayed testing on generalization slope. *J. comp. physiol. Psychol.*, **55**, 541-544.
THOMPSON, R. (1955): Transposition in the white rat as a function of stimulus comparison. *J. exp. Psychol.*, **50**, 185-190.
THOMPSON, R.F. (1958): Primary stimulus generalization as a function of acquisition level in the cat. *J. comp. physiol. Psychol.*, **51**, 601-606.

THORNDIKE, E.L. (1911): *Animal intelligence: experimental studies*. Macmillan, New York.
THORNDIKE, E.L. (1932): *Fundamentals of learning*. Teachers College, Columbia Univ., New York.
TIGHE, T.J. et FREY, D. (1972): Subproblem analysis of discrimination shift learning in the rat. *Psychon. Sci.*, **28**, 129-133.
TIGHE, T.J. et GRAF, V. (1972): Subproblem analysis of discrimination shift larning in the pigeon. *Psychon. Sci.*, **29**, 139-141.
TIMBERLAKE, W. et GRANT, D.L. (1975): Auto-shaping in rats to the presentation of another rat predicting food. *Science*, **190**, 690-692.
TOLMAN, E.C. (1932): *Purposive behavior in animals and men*. Century, New York.
TOLMAN, E.C. (1933): Sign-Gestalt or conditioned reflex? *Psychol. Rev.*, **40**, 246-255.
TOMIE, A., DAVITT, G.A. et THOMAS, D.R. (1975): Effects of stimulus similarity in discrimination training upon wavelength generalization in pigeons. *J. comp. physiol. Psychol.*, **88**, 945-954.
TRAPOLD, M.A. et OVERMIER, J.B. (1972): The second learning process in instrumental learning, in: A.H. Black et W.F. Prokasy (Eds), *Classical conditioning*, Vol. II. Appleton-Century Crofts, New York.
TRAUPMAN, K. et PORTER, J.J. (1971): The overlearning-extinction effect in free-operant bar pressing. *Learn. Motiv.*, **2**, 296-304.
TURNER, L.H. et SOLOMON, R.L. (1962): Human traumatic avoidance learning. *Psychol. Monogr.*, **76**, n° 559.
TURRISI, F.D., SHEPP, B.E. et EIMAS, P.D. (1969): Intra- and extradimensional shifts with constant- and variable-irrelevant dimensions in the rat. *Psychon. Sci.*, **14**, 19-20.
TYLER, D.W., WORTZ, E.C. et BITTERMAN M.E. (1953): The effect of random and alternating partial reinforcement on resistance to extinction in the rat. *Amer. J. Psychol.*, **66**, 57-65.
UHL, C.N. et EICHBAUER, E.A. (1975): Relative persistence of avoidance and positively reinforced behavior. *Learn. Motiv.*, **6**, 468-483.
VOGEL, J.R., MIKULKA, P.J. et SPEAR, N.E. (1966): Effect of shifts in sucrose and saccharine concentrations on licking behavior in the rat. *J. comp. physiol. Psychol.*, **66**, 661-666.
WAGNER, A.R. (1961): Effects of amount and percentage of reinforcement and number of acquisition trials on conditioning and extinction. *J. exp. Psychol.*, **62**, 234-242.
WAGNER, A.R. (1977): Priming in STM: an information processing mechanism for self-generated or retrieval-generated depression in performance, in: T.J. Tighe et R.N. Leaton (Eds), *Habituation*. Lawrence Erlbaum Associates, Hillsdale (New Jersey).
WAGNER, A.R. et RESCORLA, R.A. (1972): Inhibition in pavlovian conditioning: application of a theory, in: R.A. Boakes et M.S. Halliday (Eds), *Inhibition and learning*. Academic Press, Londres.
WAGNER, A.R., SIEGEL, S., THOMAS, E. et ELLISON, G.D. (1964): Reinforcement history and extinction of the classical reward response. *J. comp. physiol. Psychol.*, **58**, 354-358.
WAGNER, A.R., THOMAS, E. et NORTON, T. (1967): Conditioning with electrical stimulation of the motor cortex: evidence of a possible source of motivation. *J. comp. physiol. Psychol.*, **64**, 191-199.
WAHLSTEIN, D.L. et COLE, M. (1972): Classical and avoidance training of leg

flexion in the dog, *in*: A.H. Black et W.F. Prokasy (Eds), *Classical conditioning*, vol. II. Appleton Century Crofts, New York.
WALLER, T.G. (1971): Effect of irrelevant cues on discrimination acquisition and transfer in rats. *J. comp. physiol. Psychol.*, **73**, 477-480.
WARREN, J.M. (1953): Additivity of cues in visual pattern discriminations by monkeys. *J. comp. physiol. Psychol.*, **46**, 484-486.
WARREN, J.M. (1966): Reversal learning and the formation of learning sets in cats and rhesus monkeys. *J. comp. physiol. Psychol.*, **61**, 421-428.
WARREN, J.M. (1973): Learning in Vertebrates, *in*: D. Dewsbury et D.A. Rethlingshafer (Eds), *Comparative psychology*. McGraw Hill, New York.
WASSERMAN, E.A. (1973): Pavlovian conditioning with heat reinforcment produces stimulus-directed pecking in chicks. *Science*, **182**, 941-943.
WASSERMAN, E.A., FRANKLIN, S.R. et HEARST, E. (1974): Pavlovian appetitive contingencies and approach vs. withdrawal to conditioned stimuli in pigeons. *J. comp. physiol. Psychol.*, **86**, 616-627.
WATSON, J.B. (1908): Imitation in monkeys. *Psychol. Bull.*, **5**, 169-178.
WATSON, J.B. (1916): The place of the conditioned reflex in psychology. *Psychol. Rev.*, **23**, 89-116.
WEINSTEIN, L. (1970): Negative incentive contrast effects with saccharin vs. sucrose and partial reinforcement. *Psychon. Sci.*, **21**, 276-278.
WEINSTOCK, S. (1958): Acquisition and extinction of a partially reinforced running response at a 24-hour intertrial interval. *J. exp. Psychol.*, **46**, 151-158.
WEISMAN, R.G. (1970): Factors influencing inhibitory stimulus control: differential reinforcement of other behavior during discrimination training. *J. exp. Anal. Behav.*, **14**, 87-91.
WEISMAN, R.G. et LITNER, J.S. (1969): Positive conditioned reinforcement of Sidman avoidance behavior in rats. *J. comp. physiol. Psychol.*, **68**, 597-603.
WENZEL, B.M. (1968): Behavioral studies of immunosympathetectomized mice. *J. comp. physiol. Psychol.*, **66**, 354-362.
WESSELS, M.G. (1973): Autoshaping, errorless discrimination, and conditioned inhibition. *Science*, **182**, 941-943.
WICKENS, D.D. et WICKENS, C.D. (1942): Some factors related to pseudo-conditioning. *J. exp. Psychol.*, **31**, 518-526.
WILLIAMS, D.R. (1965): Classical conditioning and incentive motivation, *in*: W.F. Prokasy (Ed.), *Classical conditioning*. Appleton Century Crofts, New York.
WILLIAMS, D.R. et WILLIAMS, H. (1969): Auto-maintenance in the pigeon: sustained pecking despite contingent non-reinforcement. *J. exp. Anal. Behav.*, **12**, 511-520.
WILLIAMS, K.A. (1929): The reward value of a conditioned stimulus. *Univ. Calif. publ. Psychol.*, **4**, 31-55.
WILLIAMS, S.B. (1938): Resistance to extinction as a function of the number of reinforcements. *J. exp. Psychol.*, **23**, 506-521.
WILLNER, J.A. (1978): Blocking of a taste aversion by prior pairings of exteroceptive stimuli with illness. *Learn. Motiv.*, **9**, 125-140.
WODINSKY, J. et BITTERMAN, M.E. (1953): The solution of oddity-problem by the rat. *Amer. J. Psychol.*, **66**, 137-140.
WOODARD, W.T. BALLINGER, J.C. et BITTERMAN, M.E. (1974): Autoshaping: further study of automaintenance. *J. exp. Anal. Behav.*, **22**, 47-51.
WOODARD, W.T. et BITTERMAN, M.E. (1973): Pavlovian analysis of avoidance conditioning in the goldfish. *J. comp. physiol. Psychol.*, **82**, 123-129.
WOODARD, W.T. et BITTERMAN, M.E. (1974): A discrete trials / fixed-interval method of discrimination training. *Behav. Res. Meth. Instrum.*, **6**, 389-392.

WOODARD, W.T., SCHOEL, W.M. et BITTERMAN, M.E. (1971): Reversal learning with singly presented stimuli in pigeons and goldfish. *J. comp. physiol. Psychol.*, **76**, 460-467.

WOODRUFF, G., CONNER, N., GAMZU, E. et WILLIAMS, D.R. (1977): Associative interaction: joint control of key pecking by stimulus-reinforcer and response-reinforcer relationships. *J. exp. Anal. Behav.*, **28**, 133-144.

WOODRUFF, G. et WILLIAMS, D.R. (1976): The associative relation underlying autoshaping in the pigeon. *J. exp. Anal. Behav.*, **26**, 1-13.

YARCZOVER, M. et BITTERMAN, M.E. (1965): Stimulus generalization in the goldfish, *in*: D.I. Mostofsky (Ed.), *Stimulus generalization*, Stanford Univ. Press, Stanford.

YERKES, R.M. (1916): The mental life of monkeys and apes: a study of ideational behavior. *Behav. Monogr.*, **3**, 1-145.

YERKES, R.M. (1927): The mind of a gorilla. *Genet. Psychol. Monogr.*, **2**, 1-193.

ZENTALL, T.R. et LEVINE, J.M. (1972): Observational learning and social facilitation in the rat. *Science*, **178**, 1220-1221.

Table des matières

PREFACE 5

INTRODUCTION ET HISTORIQUE 7

- Les débuts de l'approche expérimentale 8
- Conditionnement classique et conditionnement instrumental 11
- Les premières théories du conditionnement 14
  Conditionnement classique 14
  Conditionnement instrumental 15
  Unité ou dualité du conditionnement? 16

LE CONDITIONNEMENT CLASSIQUE 17

- Les conceptions de Pavlov et de son école 17
  Description d'une expérience de conditionnement classique 17
  Buts des recherches sur le conditionnement classique 19
  Contiguïté temporelle entre SC et SI 20
  Facteurs non associatifs et groupes témoins 22
  Extinction et inhibition 24
  Les critères modernes de l'inhibition 27
  Conception pavlovienne et conception moderne de l'inhibition 29
  Nature et orientation des RC et des RI 33
- Contiguïté et éventualité dans le conditionnement 37
  L'espace des éventualités ou contingences 37
  Effets des contingences positives et négatives 40
    Les effets des SC d'après les procédures de conditionnement aversif 40
    Les effets de contingence et leur généralité 45
    Aspect quantitatif des contingences 46
  Le conditionnement conçu comme effet de contingence 46

Les limites et les défauts du modèle probabiliste	48
Les effets de la contingence nulle entre le SC et le SI	49
- Signaux composites et blocage du conditionnement	52
Renforcement et non-renforcement des SC composites	52
Le modèle de Wagner et Rescorla	55
Autres conceptions modernes	58
- Conclusion	61

RECOMPENSE ET APPRENTISSAGE 63

- Méthodes d'étude et principaux résultats	63
La première réponse	64
Les principales variables	65
Essais distincts et sessions continues	65
Programmes de récompense	66
Le renforcement continu	66
Le renforcement partiel	66
Le renforcement alterné	67
Programmes de renforcement operant	68
Délai de récompense	70
Aspects quantitatifs de la récompense	71
Fréquence des récompenses	72
Aspects qualitatifs de la récompense	72
Contiguïté spatiale entre stimulus, réponse et récompense	74
La motivation	74
La relation entre réponse et récompense, et sa signification	75
Conclusion	76
- L'apprentissage latent	77
Les premières expériences d'apprentissage latent	77
Procédures d'essais sans récompense	77
Procédure de séjour prolongé sans récompense	78
Les principales théories	80
Les théories S-R du renforcement	80
La théorie contiguïste S-S	81
La théorie S-R du conditionnement de la réponse au but	81
Les travaux ultérieurs sur l'apprentissage latent	84
Procédure de récompense non pertinente	84
Apprentissage avec motivations équilibrées	84
Apprentissage avec une motivation prédominante	85
Procédure de placement direct au but	86
Conclusion	87
- Les effets de contraste	87
Effets de contraste par succession	88
Le contraste négatif	88
Le constraste positif	92
Les conséquences théoriques	93
Effets de contraste par simultanéité	94
Effets de contraste comportemental	96
Conclusion	102
- L'Extinction	103
Principales données expérimentales	103

Conceptions et théories	107
Théorie de l'inhibition	107
Conceptions invoquant des modifications des stimulus	108
Conceptions relatives à la compétition entre différentes réponses	111
Les mécanismes de contraste négatif par succession	114
Conclusion	117

PUNITIONS ET EVITEMENT ... 119

- L'apprentissage par punition	119
Le stimulus punitif	120
Intensité et durée	120
Délai d'application	122
Les théories de la punition	122
La Loi de l'Effet négative	123
La réponse émotionnelle conditionnée (REC)	123
La compétition entre diverses réponses	126
Autres facteurs des effets de punition	127
Les conditions de renforcement de la réponse punie	127
L'expérience acquise	128
Effets d'un traitement punitif préalable	128
Punition des réponses de fuite ou d'échappement	129
La punition comme stimulus discriminatif	130
- L'apprentissage d'évitement	132
Le paradigme d'évitement	132
Questions de méthode	133
Quelques variables expérimentales	135
La topographie de réponse	135
L'extinction	137
Les théories	137
Les théories à un seul processus	138
Les théories contiguïstes	138
La théorie du renforcement	139
La théorie operante	140
La théorie à deux processus	140

LOIS GENERALES ET CONTRAINTES SPECIFIQUES DE L'APPRENTISSAGE INSTRUMENTAL ... 145

- Les théories à processus unique	145
Théories contiguïstes S-R	146
Théories du renforcement S-R	146
Théories contiguïstes S-S	147
- Les théories à deux processus	149
L'hypothèse de la médiation	150
Apprentissage par récompense	150
Apprentissage d'évitement	152
La théorie de la médiation centrale	152
L'hypothèse de la modulation	153
L'hypothèse d'indépendance des deux processus	155
La nature des réponses apprises	155
Les lois fonctionnelles	155
Les mécanismes physiologiques	156

- Les contraintes spécifiques 156
Signal et renforcement 157
Réponse et renforcement 160
Implications théoriques de ces interactions 162

L'APPRENTISSAGE DISCRIMINATIF ET L'ATTENTION 163

- La généralisation 163
Les sources de généralisation 164
Facteurs déterminant la généralisation qualitative 169
La généralisation de l'inhibition, et son interaction avec l'excitation 172
- La différenciation 179
Principales procédures expérimentales 180
Présentation isolée des stimulus 180
Présentation simultanée des stimulus 181
La procédure des choix successifs 185
Traces, combinaisons et relations entre stimulus 185
Traces mnémoniques 185
Stimulus composites et combinaisons de stimulus 186
L'apprentissage de relations 187
Transfert d'apprentissage 188
- L'attention 194
Les stimulus redondants 197
Masquage 197
Blocage 199
La discriminabilité des indices et son acquisition 201
Effets d'attention sur une ou plusieurs dimensions perceptives 206

BIBLIOGRAPHIE 211

Nota : Nous sommes redevables, pour chacun des chapitres ci-dessus, à l'un des auteurs américains, qui en a rédigé le texte original. Ainsi, « Introduction et Historique » est dû à M.E. BITTERMAN, « Le conditionnement classique » à V. LOLORDO, « Récompense et apprentissage » à M.E. RASHOTTE, « Punitions et évitement » à J.B. OVERMIER, et « L'Apprentissage discriminatif et l'Attention » à M.E. BITTERMAN, Seul, le chapitre « Lois générales et contraintes spécifiques » résulte de la réunion de deux textes, l'un de J.B. OVERMIER et l'autre de V. LOLORDO.

PSYCHOLOGIE ET SCIENCES HUMAINES
collection publiée sous la direction de MARC RICHELLE

1. Dr Paul Chauchard
   LA MAITRISE DE SOI, *9ᵉ éd.*
5. François Duyckaerts
   LA FORMATION DU LIEN SEXUEL, *9ᵉ éd.*
7. Paul-A. Osterrieth
   FAIRE DES ADULTES, *16ᵉ éd.*
9. Daniel Widlöcher
   L'INTERPRETATION DES DESSINS D'ENFANTS, *9ᵉ éd.*
11. Berthe Reymond-Rivier
    LE DEVELOPPEMENT SOCIAL DE L'ENFANT ET DE L'ADOLESCENT, *9ᵉ éd.*
12. Maurice Dongier
    NEVROSES ET TROUBLES PSYCHOSOMATIQUES, *7ᵉ éd.*
15. Roger Mucchielli
    INTRODUCTION A LA PSYCHOLOGIE STRUCTURALE, *3ᵉ éd.*
16. Claude Köhler
    JEUNES DEFICIENTS MENTAUX, *4ᵉ éd.*
21. Dr P. Geissmann et Dr R. Durand
    LES METHODES DE RELAXATION, *4ᵉ éd.*
22. H. T. Klinkhamer-Steketée
    PSYCHOTHERAPIE PAR LE JEU, *3ᵉ éd.*
23. Louis Corman
    L'EXAMEN PSYCHOLOGIQUE D'UN ENFANT, *3ᵉ éd.*
24. Marc Richelle
    POURQUOI LES PSYCHOLOGUES?, *6ᵉ éd.*
25. Lucien Israel
    LE MEDECIN FACE AU MALADE, *5ᵉ éd.*
26. Francine Robaye-Geelen
    L'ENFANT AU CERVEAU BLESSE, *2ᵉ éd.*
27. B. F. Skinner
    LA REVOLUTION SCIENTIFIQUE DE L'ENSEIGNEMENT, *3ᵉ éd.*
28. Colette Durieu
    LA REEDUCATION DES APHASIQUES
29. J.C. Ruwet
    ETHOLOGIE: BIOLOGIE DU COMPORTEMENT, *3ᵉ éd.*
30. Eugénie De Keyser
    ART ET MESURE DE L'ESPACE
32. Ernest Natalis
    CARREFOURS PSYCHOPEDAGOGIQUES
33. E. Hartmann
    BIOLOGIE DU REVE
34. Georges Bastin
    DICTIONNAIRE DE LA PSYCHOLOGIE SEXUELLE
35. Louis Corman
    PSYCHO-PATHOLOGIE DE LA RIVALITE FRATERNELLE
36. Dr G. Varenne
    L'ABUS DES DROGUES
37. Christian Debuyst, Julienne Joos
    L'ENFANT ET L'ADOLESCENT VOLEURS
38. B.-F. Skinner
    L'ANALYSE EXPERIMENTALE DU COMPORTEMENT, *2ᵉ éd.*
39. D.J. West
    HOMOSEXUALITE
40. R. Droz et M. Rahmy
    LIRE PIAGET, *3ᵉ éd.*
41. José M.R. Delgado
    LE CONDITIONNEMENT DU CERVEAU ET LA LIBERTE DE L'ESPRIT
42. Denis Szabo, Denis Gagné, Alice Parizeau
    L'ADOLESCENT ET LA SOCIETE, *2ᵉ éd.*
43. Pierre Oléron
    LANGAGE ET DEVELOPPEMENT MENTAL, *2ᵉ éd.*
44. Roger Mucchielli
    ANALYSE EXISTENTIELLE ET PSYCHOTHERAPIE PHENOMENO-STRUCTURALE
45. Gertrud L. Wyatt
    LA RELATION MERE-ENFANT ET L'ACQUISITION DU LANGAGE, *2ᵉ éd.*
46. Dr. Etienne De Greeff
    AMOUR ET CRIMES D'AMOUR
47. Louis Corman
    L'EDUCATION ECLAIREE PAR LA PSYCHANALYSE
48. Jean-Claude Benoit et Mario Berta
    L'ACTIVATION PSYCHOTHERAPIQUE
49. T. Ayllon et N. Azrin
    TRAITEMENT COMPORTEMENTAL EN INSTITUTION PSYCHIATRIQUE
50. G. Rucquoy
    LA CONSULTATION CONJUGALE
51. R. Titone
    LE BILINGUISME PRECOCE
52. G. Kellens
    BANQUEROUTE ET BANQUEROUTIERS
53. François Duyckaerts
    CONSCIENCE ET PRISE DE CONSCIENCE

54 Jacques Launay, Jacques Levine et Gilbert Maurey
LE REVE EVEILLE-DIRIGE ET L'INCONSCIENT
55 Alain Lieury
LA MEMOIRE
56 Louis Corman
NARCISSISME ET FRUSTRATION D'AMOUR
57 E. Hartmann
LES FONCTIONS DU SOMMEIL
58 Jean-Marie Paisse
L'UNIVERS SYMBOLIQUE DE L'ENFANT ARRIERE MENTAL
59 Jacques Van Rillaer
L'AGRESSIVITE HUMAINE
60 Georges Mounin
LINGUISTIQUE ET TRADUCTION
61 Jérôme Kagan
COMPRENDRE L'ENFANT
62 Michael S. Gazzaniga
LE CERVEAU DEDOUBLE
63 Paul Cazayus
L'APHASIE
64 X. Seron, J.L. Lambert, M. Van der Linden
LA MODIFICATION DU COMPORTEMENT
65 W. Huber
INTRODUCTION A LA PSYCHOLOGIE DE LA PERSONNALITE, 2e éd.
66 Emile Meurice
PSYCHIATRIE ET VIE SOCIALE
67 J. Château, H. Gratiot-Alphandéry, R. Doron et P. Cazayus
LES GRANDES PSYCHOLOGIES MODERNES
68 P. Sifnéos
PSYCHOTHERAPIE BREVE ET CRISE EMOTIONNELLE
69 Marc Richelle
B.F. SKINNER OU LE PERIL BEHAVIORISTE
70 J.P. Bronckart
THEORIES DU LANGAGE
71 Anika Lemaire
JACQUES LACAN, 2e éd. revue et augmentée
72 J.L. Lambert
INTRODUCTION A L'ARRIERATION MENTALE
73 T.G.R. Bower
DEVELOPPEMENT PSYCHOLOGIQUE DE LA PREMIERE ENFANCE
74 J. Rondal
LANGAGE ET EDUCATION
75 Sheila Kitzinger
PREPARER A L'ACCOUCHEMENT
76 Ovide Fontaine
INTRODUCTION AUX THERAPIES COMPORTEMENTALES
77 Jacques-Philippe Leyens
PSYCHOLOGIE SOCIALE, 2e éd.
78 Jean Rondal
VOTRE ENFANT APPREND A PARLER
79 Michel Legrand
LE TEST DE SZONDI
80 H.J. Eysenck
LA NEVROSE ET VOUS
81 Albert Demaret
ETHOLOGIE ET PSYCHIATRIE
82 Jean-Luc Lambert et Jean A. Rondal
LE MONGOLISME
83 Albert Bandura
L'APPRENTISSAGE SOCIAL
84 Xavier Seron
APHASIE ET NEUROPSYCHOLOGIE
85 Roger Rondeau
LES GROUPES EN CRISE ?
86 J. Danset-Léger
L'ENFANT ET LES IMAGES DE LA LITTERATURE ENFANTINE
87 Herbert S. Terrace
NIM, UN CHIMPANZE QUI A APPRIS LE LANGAGE GESTUEL
88 Roger Gilbert
BON POUR ENSEIGNER ?
89 Wing, Cooper et Sartorius
GUIDE POUR UN EXAMEN PSYCHIATRIQUE
90 Jean Costermans
PSYCHOLOGIE DU LANGAGE
91 Françoise Macar
LE TEMPS, PERSPECTIVES PSYCHOPHYSIOLOGIQUES
92 Jacques Van Rillaer
LES ILLUSIONS DE LA PSYCHANALYSE
93 Alain Lieury
LES PROCEDES MNEMOTECHNIQUES
94 Georges Thinès
PHENOMENOLOGIE ET SCIENCE DU COMPORTEMENT
95 Rudolph Schaffer
COMPORTEMENT MATERNEL

- 96 Daniel Stern
  MERE ET ENFANT, LES PREMIERES RELATIONS
- 97 R. Kempe & C. Kempe
  L'ENFANCE TORTUREE
- 98 Jean-Luc Lambert
  ENSEIGNEMENT SPECIAL ET HANDICAP MENTAL
- 99 Jean Morval
  INTRODUCTION A LA PSYCHOLOGIE DE L'ENVIRONNEMENT
- 100 Pierre Oleron et al.
  SAVOIRS ET SAVOIR-FAIRE PSYCHOLOGIQUES CHEZ L'ENFANT
- 101 Bernard I. Murstein
  STYLES DE VIE INTIME
- 102 Rondal/Lambert/Chipman
  PSYCHOLINGUISTIQUE ET HANDICAP MENTAL
- 103 Brédart/Rondal
  L'ANALYSE DU LANGAGE CHEZ L'ENFANT
- 104 David Malan
  PSYCHODYNAMIQUE & PSYCHOTHERAPIE INDIVIDUELLE
- 105 Philippe Muller
  WAGNER PAR SES REVES
- 106 John Eccles
  LE MYSTERE HUMAIN
- 107 Xavier Seron
  REEDUQUER LE CERVEAU
- 108 Moreau/Richelle
  L'ACQUISITION DU LANGAGE
- 109 Georges Nizard
  ANALYSE TRANSACTIONNELLE ET SOIN INFIRMIER
- 110 Howard Gardner
  GRIBOUILLAGES ET DESSINS D'ENFANTS, LEUR SIGNIFICATION

Hors collection

Paisse
PSYCHO-PEDAGOGIE DE LA LUCIDITE
Paisse
ESSENCE DU PLATONISME
Anna Michel
L'HISTOIRE DE NIM LE CHIMPANZE QUI PARLE
Collectif
SYSTEME AMDP
Boulangé/Lambert
LES AUTRES, L'EXPRESSION ARTISTIQUE CHEZ LES HANDICAPES MENTAUX

Dossiers

- 1 Rey
  LES TROUBLES DE LA MEMOIRE
- 5 Kohler
  LES ETATS DEPRESSIFS CHEZ L'ENFANT
- 7 De Waele
  LES CAS PROGRAMMES EN CRIMINOLOGIE
- 9 Tissot
  L'AGRAMMATISME
- 10 Bronckart
  FORMES VERBALES CHEZ L'ENFANT

Manuels et Traités

- 2 Thinès
  PSYCHOLOGIE DES ANIMAUX
- 3 Paulus
  LA FONCTION SYMBOLIQUE ET LE LANGAGE
- 4 Richelle
  L'ACQUISITION DU LANGAGE
- 5 Paulus
  REFLEXES-EMOTIONS-INSTINCTS

Droz-Richelle
MANUEL DE PSYCHOLOGIE
Hurtig-Rondal
MANUEL DE PSYCHOLOGIE DE L'ENFANT (Tome 1)
Hurtig-Rondal
MANUEL DE PSYCHOLOGIE DE L'ENFANT (Tome 2)
Hurtig-Rondal
MANUEL DE PSYCHOLOGIE DE L'ENFANT (Tome 3)
Rondal-Seron
LES TROUBLES DU LANGAGE (DIAGNOSTIC ET REEDUCATION)